至性仓央·至情纳兰

郭航远——著

浙江大学出版社
ZHEJIANG UNIVERSITY PRESS

仓央嘉措(1683—1706 年),门巴族,六世达赖喇嘛,西藏历史上著名的诗人、政治人物。康熙二十二年(1683 年),仓央嘉措生于西藏南部门隅纳拉山下的一户农奴家庭,父亲扎西丹增,母亲次旺拉姆。康熙三十六年(1697 年),仓央嘉措被当时的西藏摄政王第巴·桑结嘉措认定为五世达赖的转世灵童。同年十月二十五日,在拉萨布达拉宫举行了坐床典礼。康熙四十四年(1705 年)被废,在康熙四十五年(1706 年)被押解途中圆寂,年仅二十三岁。

仓央嘉措是西藏最具代表性的民歌诗人,写了很多细腻真挚的诗歌,其中最为经典的是拉萨藏文木刻版《仓央嘉措情歌》。仓央嘉措的六十六首诗歌表现了他短暂而传奇一生的爱与憎、苦与乐、行与思、感与悟,在一定程度上反映了他追求自由美好生活的愿望。

至性仓央

屋脊之巅的末代情圣，用二十三年的叛逆，
把凄美的真言祭上了苍天，将忧伤的不悔植入了民间。

不为长生为修身，不为来生为见君。
执子之手，一世情深付东流；唤子之心，万世轮回终无果。

那一世，你静守在月光下，把一份温暖传递在指尖。
那一生，你回眸在山水间，把一份悲喜含化在心中。

我知道，相见不恋难上难；我懂得，相知不思苦中苦。
我希望，为死而活无牵挂；我坚信，半梦半醒不负情。

佛心滴血可怜人，心碎无痕谁人知。
默然问佛菩提心，生死来去非闲事。

见与不见无所谓，何处天宫不流浪。
放下天地不放卿，幽居伤口独自痛。

纳兰性德(1655—1685 年),字容若,满洲正黄旗人,原名成德。清朝著名词人。父亲是康熙朝武英殿大学士、一代权臣纳兰明珠。自幼饱读诗书,文武兼修。十七岁入国子监。十八岁参加顺天府乡试,考中举人。十九岁参加会试中第,成为贡士。康熙十五年(1676 年)补殿试,考中第二甲第七名,赐进士出身。纳兰性德于康熙二十四年(1685 年)暮春,抱病与好友一聚,一醉一咏三叹,而后一病不起。七日后,于 1685 年 7 月 1 日(农历五月三十日)溘然而逝,年仅三十岁。

纳兰容若的词作现存 349 首,内容涉及爱情友谊、边塞江南、咏物咏史及杂感等方面。其词以“真”取胜,词风“清丽婉约,哀感顽艳,格高韵远,独具特色,直指本心”。

至情纳兰

三百年前塞外，用三十年的缠绵，将风流清词吟成绝唱。
三分梦雨看斜阳，一道炊烟飘明月，身在高门心饮水。

山一程，水一程，敢教关山长相思。
风一更，雪一更，婉约灵性无此声。
人生如若初相见，伤心往事悲画扇。

一位心事惆怅客，两处销魂生死别，三道寒光照冰心。
满腹辛苦哭无声，信步红楼独自唱，断肠之声冷画屏。

一生一世五月花，谁念西风多少恨。
挑灯吹断江南梦，笑看尘世不老柳。
千年沧海桑田路，残月香腮泪两行。

性德狂生柔似水，流年残诗解相思。
片片梨花落庭院，比翼连枝多情累。
只道旧事添憔悴，东风可解浮生愁。

谨以此书
献给

我的长辈师长、子女晚辈、同事同道、我爱的人和爱我的人。

正是由于我的“一己之私”“一念之差”，
为了自私的理想和梦想，
为了医者的事业和价值，
使自己成了无根浮萍、离线风筝，
使父母成了“空巢老人”，
使儿女成了“留守儿童”。
一份亏欠、百感交集、万般无奈，
满心愧疚、灵魂沉重、压力山大。
对生命的重新认识和解读，
对情感的重新理解和反省，
对真性情的重新对照和定位，
会使我更加珍惜生命、珍爱亲情、珍视友情。

感　谢

韩敏女士的精美照片

和

蒋瑛女士、钟朱裔女士的优美随笔

自　序

之一

半百光阴虚度，半头白发徒增。步入这个年龄，好像是到了一个拐点，到了一道坎，总觉得身心俱疲、体力不支、激情不再。

在这五十年中，顽童期近十年，读书期二十年，工作期二十年，恍恍惚惚、浑浑噩噩、忙忙碌碌、辛辛苦苦了半辈子。

今世为医者，前生应文人；

情感有温度，医文本一家。

这是我对五十年光阴的一点感悟，也是对自己的定位和要求。我自己也在这亦文亦医中徘徊了整整五十年。医学是我的至爱，医生是我的职业，而文学也是我生命的一部分。

但一路走下来，总的感觉是，身不由己，忙着生、忙着活，碌碌无为，愧对的人很多很多。接下来，可能就是忙着死。“忙”，是现代人的通病，我也不能免。

近十余年，我一直生活在绍兴。这个小城比较别致，也比较精致。因为文化底蕴深，名仕辈出。这对绍兴来说，既是一种荣耀，也是一种负担。因正值“知天命”之时，故希望自己能在这片净土中入定，多些淡定，多些笃定，多些思考，多些稳重。

“知天命”不是听天由命、无所作为，而是相信谋事在人、成事在天，努力作为但不去企求结果。所以，在五十岁之前，全力以赴,希望有所成就,而在五十岁之后,知道了理想实现之艰难,故而做任何事情不再刻意去追求结果;虽然仍是“发愤忘食”“乐以忘忧”,但对个人的荣辱、进退已经淡然了一些,常常是知其不可为而为之。

因参加学术活动之故,我去京城的机会比去其他地方多些,偶会去一些故居。京城故居几易其名的很多,一个故居往往会有几个名称,这和绍兴故居的专一性不太一样。

位于京城什刹海河畔的宋庆龄故居,以前是地位显赫、声名远扬的纳兰府邸。在这里,孕育过我心仪已久的纳兰公子。这位心思妙灵、才华横溢,具有荷花清香的惆怅客,一直在这里守望着三百年前他亲手种下的那两株夜合树。

纳兰清词,经过三百年的沉淀,宛如夜合树上初发的嫩芽,犹如相思树上的那颗红豆,映入了世人的眼帘,植入了世人的心扉,唤醒了世人的情感。

纳兰词,无人懂;纳兰情,无人解。

纳兰短暂的三十年,是至情的三十年。

在纳兰离世前两年,在千里之外那神秘的青藏高原,诞生了另一位我心仪的情圣,他就是仓央。这位圣洁的转世灵童,处至尊之位,享敬仰之宠,拥寂寞之心,其至性的人生震惊了整个中国。

仓央的人生是个谜,仓央的诗也是个谜。仓央用佛性和俗情在雪域高原上唱响了一首首情歌,用忧愁和痛楚在布达拉宫里奏起了一曲曲情思。

仓央的名字,从陌生、遥远而神秘的古代西藏,走入了纷杂的红尘俗世。虽然，现在那些已经脍炙人口的“仓央诗作”，很多被证明是后人的“伪作”和“仿作”。比如《那一月，那一年，那一世》《见与不见》，就连那首著名的《十诫诗》，也只有前面的“两诫”是出自仓央的手笔。不过，我还是愿意相信，这样空灵澄明的情诗，除了这位多情的活佛，别人是写不出的。就算真的是后人所摹写，那也是被他诗中的意境和情感所感染，受他的传奇故事和坎坷命运所启发而写成的。

仓央诗，无人懂；仓央情，无人解。

仓央短暂的二十三年，是至性的二十三年。

词，又叫长短句，有小令和慢词两种，一般分上下两阕。词有词牌，有固定的格式、固定的平仄、固定的字数、固定的标点符号，所以我们把写词叫“填词”。后来细细一想，纳兰的人生正是一曲清词。他一出生就被命运安排好了，按部就班，没有自我，每一步、每一格只要把自己“填”进去就行了。

诗，虽然也有诗体，也讲究格式工整、对仗押韵，但总体来说要灵活得多。字数随性、平仄随意、格式随心，诗人可以天马行空、恣意发挥，所以，我们把写诗叫“作诗”。诗中情感的成分要多一些，创作的成分要多一些，自我的成分也要多一些。仓央的人生正是一首清诗。虽然命运捉弄了他，但他依心而行，把自己的情感淋漓尽致地向世人宣示，从不掩饰、从不缩水、从不扭扭捏捏。

仓央的传奇与传说要多于纳兰，仓央的人生轨迹和归宿更要复杂于纳兰，但他们有一点是相同的，那就是，他们都是至情至性的男子汉。

仓央和纳兰之间，我更偏爱纳兰。这是因为，纳兰是用汉语写作的，我读他的词，不需要隔着译者的思想。藏语与汉语之间的隔膜，还有藏汉之间的文化差异，使得仓央的诗，读起来如雾里看花一般，有一丝异域的神秘气息，有些遥远和模糊的佛性，更有些“思无邪”的民歌风味。

纯真、质朴、自然的仓央诗，在有的人看来，是情诗，而在有的人看来，是在表达对佛的敬仰。其实，真爱如佛心。在香雾氤氲、梵唱漂渺中，字字句句反复吟唱着的就是对爱的信仰和虔诚，对人生的彻悟与悲悯。

仓央与纳兰，一个不允许有“尘缘”，一个却“尘缘容易绝”。一个被命运选为活佛，另一个因为内心的痛苦，“曾染戒香消俗念，莫又多情”。

仓央和纳兰，一个说，“最好不相见，如此便可不相思”，另一个说，“人到情多情转薄，而今真个悔多情”。

甜蜜和凄苦交织的情感，是仓央诗和纳兰词感动我的真正原因。

“冷月葬诗魂。”仓央与纳兰，浸染在红尘，生活在现实，迷失在命运，痛苦一生，追求一生，抗争一生，梦想一生。

“人生若只如初见”，三百年来，我想也不过仓央和纳兰这两人而已。

一个是转世活佛，有六十六首美丽的情诗流传于世；

一个是清代第一大词人，写尽了人生的美丽与哀愁。

我希望成为仓央诗中的句子，我也希望成为纳兰词里的段落。

自　序

之二

仓央如莲，雪山之青莲；

公子如兰，空谷之幽兰。

对于仓央来说，诗与远方，就是他心中的梦；而对于纳兰来说，词和家国，就是他梦中的心。

仓央有太多的心情无法释怀，纳兰也有太多的人无法放下。

从十四岁前的放养，变成后来的“圈养”，布达拉宫对于仓央来说，只是一个美丽的金色牢笼。从红教到黄教，他不再是于蓝天白云间自由飞翔的小鸟，沉重的精神枷锁让他偏离了自己向往的人生之路。

仓央嘉措是藏族最著名的诗人之一。他所写的诗歌流传中外，不但在藏族文学史上有重要的地位，在藏族人民中产生了广泛而深远的影响，而且在世界诗坛上也是引人注目的一朵奇花异卉。

仓央嘉措十四年的乡村生活，使他有了大量尘世生活的经历。另外，他本人对大自然的热爱，激发了他内心深处花一般的梦想、诗一般的灵感。他不仅没有用教规来约束自己的思想和言行，反而以自己独立的思想和意志，做出了当时为世人所不容的异事，写下了许多缠绵而有哲理的“情歌”。

仓央嘉措的诗歌大多是描写男女爱情的。诗中有初识乍遇的羞怯，有两情相悦的欢欣，有失之交臂的惋惜，有山盟海誓的坚贞，也有对于负心背离的怨尤，充分表达了仓央对爱情生活的热切渴望与真挚追求。

仓央嘉措的诗歌大量地运用了比拟、双关、象征、排比等手法，以此烘托意境，渲染气氛，塑造鲜明的艺术形象，创设出了悠远的艺术境界，取得了完美的艺术效果。仓央嘉措堪称使用意象传情达意的一代诗坛巨匠。

“别有根芽，不是人间富贵花”，独守初心，不忘本心。“千古第一伤心人”的纳兰则更偏爱无根的雪花，因为雪花的根芽不是来自泥土，而是来自天外。

“人间自是有情痴，此恨不关风与月”，“十年生死两茫茫，不思量，自难忘”，纳兰用三分之一的生命践行了苏东坡的咏叹。

最后，仓央的爱情是他反抗的武器，而纳兰的爱情则成了他自虐的理由。仓央和纳兰想要的不过是“岁月静好，现世安稳”的生活，可惜一个是“不可得”，另一个是“已失去”。

斯人只应天上有，人间哪得几回见？“住在布达拉宫，我是雪域最大的王；流浪在拉萨街头，我是世上最美的情郎。”这个接天地之灵气、得日月之精华的人间精灵，不露痕迹地把文字“玩弄”于股掌之间，令世人眩目惊叹，但他自己却躲不过命运那只翻云覆雨之手。

仓央单枪匹马要为自己的自由和梦想抗争到底，决不妥协，不给自己留下退路，决绝到从不回头，“宁可抱香枝头老”“不随黄叶舞秋风”。为了心中的自由，他选择了“玉碎”的人生，选择了一条最孤独的不归路。

纳兰较之于仓央，要温润自律得多。因其出生贵胄，从小受儒学教化，所以他宁愿默默地承受一切。他以“多愁多病的身”，把所有的心事填进纸笺，把自己窒息般的痛苦撕裂成了一道道血流不止的伤口。

纳兰作为中兴清词的一代宗师，他的词美得让人心醉，悲哀得更让人心碎。如果没有强大的内心，我们尘世俗人真是不忍卒读。同样的，没有相同的情怀，没有相似的性情，也无法看得懂这些三百年前的温情篇章。

纳兰，相门翩翩公子，江湖落拓狂生；

纳兰，清代第一才士，千古伤心词人。

纳兰的一生始终在仕与隐、情与债之间徘徊着、纠缠着、矛盾着。身在豪门而心向江湖，成了他性格当中主要的悲剧情结。

“一往情深深几许”，与爱妻的生离死别，是纳兰成为“千古伤心词人”的缘由。而对亡妻的追忆，成了纳兰后半生爱情生活的主旋律，也是他有理由和勇气生活下去的唯一支撑。

至性至情的仓央和纳兰，是那么的纯真无邪，是那么的貌似神似，是那么的心灵相通。

一个是桀骜不驯的六世达赖喇嘛，一个是出淤泥而不染的侯门贵公子；一个是游走于布达拉宫与拉萨街头的活佛，一个是身处紫禁城而心向布衣生活的词人。

一个是被认定的转世灵童,却寻觅着"不负如来不负卿"的双全之法;一个是被注定的庙堂权臣,却常有远离高门广厦,心系山泽鱼鸟之思。

两个难逃宿命的人,怀揣着同一种淡泊离世的愿望,拥有着同样刻骨铭心的深情,在短暂一生的苦苦寻觅与悲情伤怀中,留给了我们一篇篇绝世情话和童话传说。

他们的身份不同,处境不同,生命轨迹不同,却有同样的情思,同样的诗性,同样的北国情怀,同样的纯净与真实。

前 言

之一

一个不认识源头的国家是没有希望的；

一个不记得来路的民族是没有出路的；

一个不懂得感恩和反思、不懂得情感和温度的人是没有未来的。

所以，我一直建议我们的年轻人多去读一些有情感、有温度、有信仰的东西。因为这些东西可增加正向、正势、正能量，可以使躁动不安的内心平静下来，可以使快节奏的生活慢点下来。

我们这个时代需要科学和技术，更需要信仰和情感。

仓央嘉措的诗和纳兰容若的词，值得一读，值得细细品味。我们可以忽视他们那个时代的凄凉和无奈，但要保存他们的那一份心情和执着。因为我们每个普通人，做牛做马，万般无奈，常常身不由己，虽心有不甘，但每日依旧重复着琐屑之事。所以，要做到这一点，我们必须要有一种龙马精神，必须要有一种孺子牛之魂。

一个是仓央，一个是纳兰，他们两个是三百年前拥有绝世才华的文人墨客，也是重情重义、“清凉孤绝”的弱小生命。

人已故去，但他们那些隽永的诗词永远在世间静静地流淌，被那些有缘的人，一次次记起，一次次感动，又一次次传颂。

在他们各自的寂寞与悲伤中，因为世间那份最深情、最本心的爱，使得他们的世界变得温暖；也是因为这份温暖，使得他们的生命并不那么苍白。

他们在各自的生命中用最纯真的天性、最纯真的初心，谱写了一首首融入灵魂和骨髓的诗词。

他们虽然有不同的命运，却有着同样的诗性和词魂，有着同样的真实与纯净。三百年后的我们，也因为他们的这一份真诚而感动不已、感叹不已。

一个生命，若有真爱，若有真情，便不再苍白。

性情中人，就是至真至善至美之人，就是人间之极品。

性情中人，有情有义，重情重义，感情充沛深厚，举止率性而为，道义爱憎分明。

性情中人，应该是忠于内心感受的人，是感情丰富、情感大于理智的人，是能够义无反顾的人，是敢爱敢恨、爱恨分明的人，但有时也是一个不合时宜的人。

在现今这个越来越复杂的社会上，在物欲压抑人性的潮流中，能凸显其真实本性、真诚而感情丰富的人，就显得特别稀有。

人的内心是多么的难以把握，所以说，性情中人就是一种感觉，是一种变化不定的感觉。

性情中人不必定是一个有温度的人，而这种温度就是情感。

一个有温度的人，心态阳光，有光度；

一个有温度的人，生活热情，有热度；

一个有温度的人，保持自信，有信度；

一个有温度的人，微笑生活，有笑度；

一个有温度的人，宽容他人，有宽度。

仓央的情诗是一颗滴血的佛心。他短暂的人生充满了传奇色彩，充满了坎坷与意外。既有宗教的神圣，又有政治的诡谲；既有命运的多舛，更有爱情的凄美。

纳兰的《饮水集》，如鱼饮水，冷暖自知。子非鱼，安知鱼之乐？子非鱼，安知鱼之悲？一切的一切，终归于冷暖自知。

这两个人间多情郎，一个“转山转水转佛塔，不为修来世，只为途中与你相见”，另一个“看尽一帘红雨，为谁轻系花铃”。

一个为恋人谱唱不朽的情歌，另一个为爱妻写下传世的清词。

一个被命运选为活佛，另一个却因为内心的痛苦，“曾染戒香消俗念，莫又多情”。

他们诗词的字里行间，都诉说着薄情绝情的话，骨子里却充溢着多情和痴情。这样的矛盾与挣扎交融，这样的甜蜜和凄苦交织，正是他们的诗词能够穿越三百年的时光，抵达我们内心深处的真正原因。

“转山转水转佛塔”，仓央一生一世的暗恋，注定是一个无望的结局；“一生一代一双人”，纳兰用情真意切，传承了人间少有的绝唱。

曲折多舛的命运，是滋养诗词最好的土壤。“雕栏玉砌应犹在，只是朱颜改”的李煜如此，“黑夜给了我黑色的眼睛，我却用它寻找光明”的顾城亦是如此。

韶华易逝，烟花易冷；

翻手仓央，覆手纳兰。

一样的结局，不一样的过程；一样的痴情，不一样的人生。

“锦瑟无端五十弦，一弦一柱思华年。”

“行人莫问当年事，故国东来渭水流。”

因本书是于静寂入定之时，利用零碎时间，在手机备忘录上用指尖书写完成的，所以，常常是一边手酸痛，一边心滴血；一边身疲惫，一边泪满眶。但面对这两位心仪的才子，我心依然，一往情深，无怨无悔。纵有千百个理由想放弃，我想，一定也有亿万个理由让我再坚持。

前　言

之二

隔着遥远的岁月长河，我站在今世的滚滚红尘，静静地眺望着彼岸那两位万众心仪、至情至性、才华横溢的男子，一位是纳兰容若，另一位便是仓央嘉措。

有些情，需要用一生去铭记；

有些爱，需要用一世去忘记；

有些思念，却需要用三生三世才能消去。

“人生若只如初见”，你在此岸，我却在彼岸。若没有相遇，若没有回首，我们依然如陌尘，依然如初见。你依然玉树临风、潇洒儒雅，而我还是心静如水、风轻云淡。

仓央的“世间安得双全法”与纳兰的“人生若只如初见”一样，将人生中种种舍与得的苦楚，将尘世中爱与情的无奈，深深地埋在心底。生如落花，死若流乐。仓央和纳兰一直在遥祭苍天，叩问苍生，情究竟为何物？只可惜，三百年来，世人至今尚无法回答，因为我们也没有明确的答案。

美丽的西藏和蒙古，美丽的诗和词，美丽的人和物，美丽的风情月意，美丽的人生悲剧，这就是至性仓央和至情纳兰共同的人生轨迹。

三生三世桃花源，不负如来不负卿；

人生若只如初见,三百年来仅两人。

一个是清朝词人,写尽了人生的美丽与哀愁;一个是六世活佛,唱响了人间的情诗与无奈。

他们都是人间少有的情圣;

他们都生活在康熙朝;

他们都是少数民族;

他们都是才华绝代:纳兰词如水晶般澄澈,而仓央诗如山花般烂漫,足以颠倒众生;

他们都信佛:仓央是六世活佛,而纳兰也自号"楞伽山人";

他们几乎都拥有人世间的一切,唯独没有快乐;

他们都是人世间最美的情郎,也是受尽造化作弄的失意之人;

他们为爱执着、为爱忧郁,为情所困、为情所伤;

他们都是温润如玉的人间奇葩,却都英年早逝,情深不寿,"冷月葬诗魂";

他们的生命都很短暂,却如夏花般绚烂。

"家家争唱饮水词,纳兰心事几人知?"

纳兰短暂的三十年,竟"忧愁居其半,心事如落花",很早就产生了"海鸥无事,闲飞闲宿"的出世之想,这种心绪给他的作品涂上了一层浓重的哀愁。思乡、思亲、思友的主题,词集里多有所见。作为清代第一词人,纳兰容若一直被后世所称道,"谁料晓风残月后,而今重见柳屯田"。

清代文学家、词人顾贞观说:"容若词一种凄婉处,令人不能卒读。”

清代乐读居士聂先说：“容若为相国才子，少工填词，香艳中更觉清新，婉丽处又极俊逸。真所谓笔花四照，一字动移不得者也。”

明末清初词人陈维崧说：“饮水词哀感顽艳，得南唐二主之遗。”

清末民初国学大师，中国近、现代相交时期享有国际声誉的著名学者王国维说：“纳兰容若以自然之眼观物，以自然之舌言情。此由初入中原，未染汉人风气，故能真切如此。北宋以来，一人而已。”

清末民初著名学者谭献说：“以成容若之贵，项莲生之富，而作词皆幽艳哀断，异曲同工，所谓别有怀抱者也。”

晚清四大词家之一的朱祖谋说：“八百年来无此作者。”

人人谈情又说爱，仓央《情歌》谁可解？

藏传佛教高僧说：“六世达赖以世间法让俗人看到了出世法中广大的精神世界，他的诗歌和歌曲净化了一代又一代人的心灵。他用最真诚的慈悲让俗人感受到了佛法并不是高不可及，他的特立独行让我们领受到了真正的教义。也正因为如此，仓央嘉措在藏传佛教中一直被奉为六世，而把后来指定的六世达赖称为七世。”

杜齐在《西藏中世纪史》中说：“年轻的仓央嘉措在其中成为受难者并非偶然，他的结局乃是护法神显示的预言，这一切都使人们忘掉或者原谅了他的弱点。现在人们又普遍对他怀有好感了，他的奇怪举动被解释为神的一种朦胧隐晦的行为。”

张松操说:“仓央嘉措是被造的神,他的叛逆却否定了造神运动本身。”

荣立宇说:“仓央嘉措是藏族文学史上最为杰出的诗人,其诗歌作品在整个藏区家弦户诵了三百余年,深入人心,脍炙人口。”

李学琴说:“仓央嘉措采用这种格律,写下了脍炙人口的《仓央嘉措情歌》,又推动‘谐’体情歌的蓬勃发展,使之成为藏族情歌中一种影响大、流传广的诗歌格律,而与多段回环的‘鲁’体情歌相抗衡。”

仓央嘉措是最多情的无情人。情商奇高的六世达赖,不拘于世俗,超脱于红尘,看淡了情爱。同时,他又深陷红尘,以身试情,生不逢时,心不入世。

仓央嘉措虽然是转世的活佛,但他却是出身红教家庭而被迫成为黄教领袖。红教的教规并不禁止僧侣娶妻生子,而黄教则严禁僧侣接近女色,更不能结婚成家。

仓央嘉措被迎到拉萨的时候已经十四岁了,正是情窦初开的年纪。在家乡的平凡生活让仓央嘉措养成了追求自由、热爱自然的天性,而这些天性一旦受到束缚,就会让他感觉到异常难受。仓央嘉措追求自由,向往爱情,渴望尘世中的生活,这些都是其在家乡生活中养成的习性,很难改变。所以,仓央嘉措不会为了自己活佛的身份去放弃这些,也不会去迎合别人的期待而去改变自己的内心。这是一种天性的释放,而写作情诗就是其天性使然。

仓央嘉措虽然是活佛,但没有任何的实权,实际上就是一个傀儡。这样的一个傀儡却又要被佛教的清规戒律所束缚,这对于天性爱自由的仓央嘉措来说是痛苦的,这就导致他最终走上了一条反叛的道路。仓央嘉措写作情诗,就是对这些束缚自己、让自己成为傀儡的实权人物的无声反抗。

仓央与纳兰,一半是海水,一半是火焰。

仓央与纳兰,一个是风一样不留痕迹却拂动凡心之人,一个是谜一样让人痴狂而不知如何解读之人。

一万个人心中有一万个哈姆雷特,一万个人心中自然也有一万个仓央嘉措和一万个纳兰容若。

阅读这两位才子的作品,最好是在满天星光、一轮明月的晚上,焚一炷清香,煮一壶绿茶,桌上只摆两本书,一本是仓央的,另一本是纳兰的。交替朗诵,我们就会发现,自己在与两个灵魂进行对话;我们就会发现,他们三百年来从未走远过。

恋曲 1990

罗大佑　填词/谱曲

乌溜溜的黑眼珠和你的笑脸
怎么也难忘记你容颜的转变
轻飘飘的旧时光就这么溜走
转头回去看看时已匆匆数年
苍茫茫的天涯路是你的漂泊
寻寻觅觅长相守是我的脚步
黑漆漆的孤枕边是你的温柔
醒来时的清晨里是我的哀愁
或许明日太阳西下倦鸟已归时
你将已经踏上旧时的归途
人生难得再次寻觅相知的伴侣
生命终究难舍蓝蓝的白云天
轰隆隆的雷雨声在我的窗前
怎么也难忘记你离去的转变
孤单单的身影后寂寥的心情
永远无怨的是我的双眼

目　录

CONTENTS

前世今生

（一）

情义本真礼梵行，入山何须别倾城，
佛法本是双全法，何负如来何负卿。

佛说："我看天地万物，各自都有他们的宿世因缘。"

佛又说："前世因，今世果，每次相遇皆是冥冥中注定的因果。爱情是前世的因缘和今世的怜爱造成的。"

两个人会成为夫妻，除了因为爱情，也需要缘分。

佛教徒认为，每个人都有他自己的前世。前世所造之种

纳兰是那么的清晰，清晰如画像；而仓央是那么的模糊，模糊如背影。纳兰的词是明白易懂的，一如他的人、他的情；仓央的诗是深奥费解的，一如他的人、他的爱。雾里看花花非花，水中望月难捉月。雾里看仓央，是虚无缥缈的。但是，有时候，朦胧也是一种美。有些事，看透了，就没有意义了。水中的月，虽然难以捞到，可望而不可即，但终究是清晰的，这就是纳兰的人生。如果纳兰能与仓央相遇，那一定是美醉了，也一定会生出更多的故事。这两个奇男子在三百年前真实地活过，而且，他们的诗词和传奇使得世人的精神和灵魂有了一份寄托。死海不死，纳兰不死；天空不空，仓央不空。

种善恶业,总是影响着今世一切的命与运。人要改善今世的业命,则必须从前世的记忆中开始探索。

有生就有死,死之后又有生,这种生死循环是自然规律。生死就是一个轮回,于是,就有了前世,有了今生,有了来世。

生命一旦被创造出来,就不会消失。因为生命的本质是有灵性的,而有灵性的东西是无法被消灭的。它只会从一种形式转化成另一种形式,从一个空间进入另一个空间。

生命不死,佛教中把死亡后叫作"往生"。死亡只是生命的一种现象,永恒才是生命的本质。生命的实质无所谓生死,只是一次次轮回转化而已,这已是无可争辩的铁的事实。

如果人们相信因果轮回,就会告诫自己,哪怕这一生结束了,那也仅仅是漫长生命之路中一个阶段的结束,同时,也是下一个阶段的开始。我们要相信,在不同的时空中,生命会以不同的形式再次出现。

相信因果轮回,可以让我们看得更远,活得更开心、更有意义。前世与你相遇是缘分,今生与你相遇是不舍。"我愿化身石桥,受五百年的风吹、雨打、日晒,只愿你从桥上走过。"

其实,不只是在藏传佛教区域,汉地的生命也在循环轮回之中。不同之处在于,传统的藏区是政教合一的,不管是在黄教、红教还是在白教的不同人文背景中;而汉地则一直是分开的,且有儒、释、道交相辉映一说。

"假如真有来世,

我愿生生世世为人,

仓央，一个情僧，写出了六十六首情诗；纳兰，一个情种，写出了三百四十九首情词。这个世间，纳兰和仓央的文字，一直让我一读再读，爱不释手。我真想穿越尘世去撩开他们的面纱，看看能写下这么优美文字的深情男子，到底是个什么样子？我想，即使我能穿越尘世，也是无法去面对、去目睹他们的真性情的，因为世俗的浸染无法去承受高贵的洗礼。所以，我只能在他们的文字里畅游，感受着他们所有的真情和深情，落一滴不知是悲是喜的泪；吟一阕不知是爱是恨的词。我在三百年后的今天，建一座灵堂，焚一炷清香，献一束鲜花，悼念绵延于你我之间的那无尽的岁月，和那永不绽放的爱情。

只做芸芸众生中的一个，
哪怕一生贫困清苦，
浪迹天涯，
只要能爱恨歌哭，
只要能心遂所愿。”

若有来生，就让我们做一棵木棉，不怕风雨，不怕沧桑，在一脉泥土里，轻轻地相依，素素地相爱；

若有来生，就让我们走一程山水，参一段云烟，执子之手，远离红尘的纠缠，心无旁骛地相爱，不诉离殃；

若有来生，我愿是你心坎上的一株青莲，以佛的包容之心，宽恕彼此的缺憾，相濡以沫，不哀霓裳；

若有来生，就让我们朝夕相依，而不是两两相望，却望不见彼此的模样。

万物有情，天地有爱。一花一草，一石一木，都是一种因果循环，自有一份情愫，虽然这份情愫各不相同，但其内在的核心是一样的。

一个人生下来，与父母结缘，与兄弟姐妹结缘，这是亲人之间的缘。在这个世界上，还有一种男女间的爱情之缘，虽然没有血缘关系，但这也是一种亲情之缘。

仓央，几缕清风过断桥，数枝寒梅挂愁伤；
纳兰，一纸浮殇书断肠，半轮弯月吐悲凉。

前世的仓央，是佛前的一朵青莲。本来他在佛前静静地陪伴着，却是因为情缘，就奋不顾身地穿过时空隧道，刺破记忆长河，自天上至人间寻找真爱；

中国是一个诗的国度。从《诗经》开始，历朝历代涌现出了数不清的诗人。一直到今天，诗人、词人就如同漫天的星斗，点亮了华夏星空。不过在这些诗词名家中，要选择出情诗情词的高手，那么仓央和纳兰这两位就当仁不让了。仓央的诗，体现的境界比较开阔，有看破世间的大彻大悟，更具佛性，读起来会有醍醐灌顶般的顿悟。纳兰的词，体现出的是一种婉约、悲凉，有时则是一种凄美，更具美感，但有一种洒脱不足的感觉。一个是注定的转世灵童，一个是注定的庙堂权臣，却都想着流水草原、江南雪山。这两个难逃命运束缚的人，怀揣着同一种淡泊离世的深情，留给了我们一篇篇绝世的情话。

前世的纳兰，是遗落在三生石上的爱。他三十年的痴情，穿过今生遗漏的时光，依然在记忆的长河里悠然漂浮。

仓央和纳兰的前世今生，有很多相似之处，但也有许多不同。

仓央是模糊的，纳兰是清晰的；

仓央是朦胧的，纳兰是清楚的。

纳兰有年谱，仓央没有年谱；

纳兰的人生按年计算，仓央的生命按段划分。

仓央有谜一样的人生、谜一样的诗歌，已成为当今世人消费的话题和模仿的对象。

纳兰清晰的人生轨迹与其谜一样的丰富情感形成了鲜明的对比，世人对其着迷，由着迷而膜拜。可是世人只能想象，只能臆想，只能在梦中与他相见。

他们同样用自己的人生书写着诗词，用自己的经历书写着诗词，用自己的真实书写着诗词，用自己的生命书写着诗词。

高原情圣，一抹在高空与佛伴行的凄凉背影；

贵胄才子，一抹在夜间伴花独饮的惆怅身影。

佛说，爱是前世的亏欠，是今生的纠缠。

仓央的情重，伴着情窦初开、不知所终的初恋，深深地刻在了骨中；

纳兰的情殇，伴着感情笃深、难产而亡的妻子，深深地刻在了心间。

仓央和纳兰都爱水。仓央有“嘉措”名，意为“大湖”，而

因为诗美、词美、情美，所以爱诗、爱词、爱情，所以爱仓央、爱纳兰、爱诗词。“我们喜欢一个人、一幅画、一本书、一首诗，真正喜欢的往往不是那人、画、书、诗本身，而是从中看到了我们自己的影子。人是一种自恋的动物，总在其他人身上寻找着适合自己的镜子。”再多的赞美，也形容不了纳兰的绝世芳华；再多的故事，也道不完仓央的生命传奇。“人生若只如初见”，三百年来，唯此两人而已。“看山看水独坐，听风听雨高眠。客来客往日日，花开花落年年。”不谙阴阳者，不足以论命；不哭长夜者，不足以语人生。仓央和纳兰，两个在命运枷锁下的男人，是最悲情的雪域之王，是最凄美的御前侍卫，也是世间最美的情郎。

纳兰也有《饮水集》,这是因为他们的性子都像水。

水有德,其德宛若君子之德。

仓央名为“嘉措”,最后的归宿是青海湖畔。纳兰词中也多有写水与荷的,因为,纳兰的住所“渌水亭”里有一个开满青荷的碧湖。

爱水,是因为水有德;爱荷,是因为出淤泥而不染的荷,在佛教中是超凡脱俗的象征。

仓央本是佛门中人,而纳兰号“楞伽山人”,也有些禅的意味。所以,这两位才子都爱莲,就是情理之中的事了。

莲花的花语都是清白、纯洁、高尚、谦虚。在佛教中,莲花是圣洁的代表,更是佛教神圣洁净的象征。在文人的心目中,莲花“出淤泥而不染,濯清涟而不妖”,出尘离染、清洁无瑕,都表示坚贞、纯洁、无邪、清正的品质,低调中更显高雅。

莲花是友谊的象征,中国古代的民间就有春天折梅赠远、秋天采莲怀人的传统。“莲”与“怜”音同,所以在古诗中,常常借莲以表达爱情。如南朝乐府《西洲曲》:“采莲南塘秋,莲花过人头;低头弄莲子,莲子青如水。”

莲是花中高洁者,传统文化赋予了它们高贵的情操。纳兰之恋荷,仓央之恋莲,未尝不是希望在莲花身上寄托一些文人的情怀和思绪。

纳兰词旖旎多情,词风清新隽秀、哀感顽艳,颇似南唐后主李煜。纳兰之所以赞赏李煜,也许就是因为自己内心也有那份不弱于李煜的寂寞情殇。

仓央和纳兰之间，似乎没有什么交集，但是作为后人的我们，从他们的诗词中，读到了灵魂相通的东西。他们在各自的生命中，用最纯真的天性，写着灵魂里的诗词。他们有不同的命运和人生，却有着同样的性情，同样的真实与纯净。“一片晕红才著雨，几丝柔绿乍和烟。倩魂销尽夕阳前。”这种美的东西，是一种真情实感，是一种直指本心的感受。我们也因这一份真诚，至今感动不已。心里有座坟，藏着未亡人。仓央，“行云流水一孤僧”；纳兰，“寸寸相思寸寸灰”。这两个性情中人，在短暂的二三十年中，哭也哭得痛快淋漓，醉也醉得心甘情愿，死也死得了无遗憾。

这份情殇，让纳兰的眉头总是紧锁的，心情总是沉郁的，背影总是凄凉的；

这份情殇，让纳兰的生命变得如此短暂，更让清朝文坛平添了许多遗憾。

一个忙忙碌碌的现代人，即使对自己的生活和爱情满怀愁郁，也不太容易在仓央和纳兰的身上找到点对点的寄托。因为，忙得晕头转向的现代人，常常找不到北，找不到情感和心灵的安顿之法，也找不到灵魂的寄存之所。于是，有情感、有温度的仓央和纳兰就脱颖而出、横空出世了。

诗词，是古代先贤们为中华民族子子孙孙留下的一大笔宝贵的文化遗产。他们用一首首优美又而极具哲理的诗词，为我们呈现了一幕幕唯美或凄美的画面。他们付出了自己的情感，耗尽了自的心血，也最终感动了世人的灵魂。

诗，用它唯美、浪漫、朦胧的情调感染了你我，“黑夜给了我一双黑色的眼睛，我却用它来寻找光明”。

词，用它精致的本身感动了你我。一首首、一句句，无不催人泪下，发人深省，就连词牌名：蝶恋花、菩萨蛮、采桑子、木兰花令……也是那么的纯美，那么的雅致。

三百年前，仓央和纳兰用至情至美的诗词，留下了绝世的天籁之音，穿越时空，穿越古今，令世人痴迷。

三百年前，仓央和纳兰都是佛前的一朵百合，绽放在瑶池中，唱着梵音，散发着花香，静静地偎依在忘忧河上，听风、看雨、追月，想家、思亲、忧国。

子非鱼，安知鱼之乐；子非鱼，安知鱼之悲？一切的一切，均归于每个人的冷暖自知。仓央和纳兰，他们浓缩了一生的情，于热烈处迸发出来的平凡和真实，把三百年的情路照得五彩缤纷。爱情是他们共同的信仰。他们都清秀俊美、浪漫、缠绵、痴情、深情。哪怕一生情路杳遥，只要能爱恨歌哭，只要能心遂所愿，对于他们来说，此生就了无遗憾了。他们同样的风流潇洒，同样的才华横溢，却也同样摆脱不了忧郁一生、英年早逝的宿命。仓央与纳兰，宛如两朵孤独地盛开在午夜的昙花，虽然只是绚烂一时，但浓烈的花香留转了三百年。

仓央和纳兰,是清朝两位身负绝世天才的少年。他们的人生一个止于二十三岁,一个止于三十岁;他俩一个站在了诗的顶峰,一个站在了词的巅峰。

仓央和纳兰仅有的两年短暂交集,是在彼此陌生的时光和空间里流逝的。仓央只看到了纳兰离去时的背影,可那一个背影,却分明就是后来他自己的背影,同样的落寞,同样的孤单,同样的忧伤。

他们像是两颗星辰,一颗星已经陨落,另一颗星才开始绚丽。然后,终于全部消失在寂寥的夜空中,留下了一抹绚丽的金光,和那一抹清丽的回忆。

最终,他们都飞不出命运的牢笼。他们的性灵被俗世的尘烟封锁着,只有他们的文字和故事,深深浅浅、疏疏落落地敲击着每一个后世者的心门。“原为一面之缘,赌上千年的宿命”,“还君明珠双泪垂,恨不相逢未嫁时”。

这两个有诗性、有灵性、有佛性的男子,他们孤寂的悲情让人心痛,他们被命运切断的梦想让人心碎。

三百年前的这两个身影,孤独而清俊,落寞而优雅,犹如开在尘埃里的两朵百合花,任由岁月如秋风吹过,在尘世的一角静静地盛开着、寂寞着、憔悴着、寻觅着。

西藏没有海,但有许多湖,这就是藏语的“措”,而且是大湖,即“嘉措”。三大圣湖之一的纳木措,就是“天湖”的意思;羊卓雍措就是“天鹅湖”的意思;玛旁雍措就是“永恒不败的碧玉湖”的意思。

因为西藏的水是天上的水,所以,陆地上的聚水之湖,被

如果不经意间，推开三百年前那扇历史的大门，我们走进去，停步于中国历史上最后的一个封建王朝，就会蓦然间看到两个身影，孤寂而清俊、落寞而优雅。仓央和纳兰，他们就像沙漠中的两朵玫瑰花，盛开在那恢宏的画卷、喧嚣的人海之中。即使时空再向前推三百年，我们也总能穿过历史的长河，清晰地看到他们。因为，在我们的手中和心里，有他们的诗词和情怀。仓央的诗、纳兰的词，既如行云流水，又如江南桃李。那种淡淡的、漠漠的相思和悲伤，从诗词的那一头绵延到诗词的这一头。他们的真情之处总是那么的深入人心，而那惊鸿艳影一直隐藏在字里行间，这无不令我痴、让我狂。

称之为圣湖；因为西藏的水是天山上的雪水，所以，湖水是那么的湛蓝清澈、圣洁瑰丽、旖旎曼妙、神秘静谧。

这湖水静静的，像一块无垠的翡翠闪烁着美丽的光泽；这湖水蓝蓝的，像一颗蓝宝石镶嵌在大地之上。

远处是连绵不断的雪山，近处是郁郁葱葱的草地，眼前是一汪清澈欢快的小溪，头顶是朵朵白云、蔚蓝天空……这就是仓央最留恋的地方，一个不仅要用眼睛来看、用耳朵来听，更需要用灵魂来感受的圣地西藏。

西藏的美，是一种脱俗的美，是一种尘世间难寻的美，是一种让人敬畏的美，是一种荡涤心灵的美，是一种震撼人心的美……

藏族，在世人的心目中总是有着一种神秘感。而仓央，估计很多喜欢优美文字和唯美诗歌的人，都会记住他、称颂他、膜拜他。

“忍住了看你，却忍不住想你。”“雪莲花开了，开在冰山之巅。我看不见，却能想起来，想起来也一样的美。”仓央的六十六首诗中，有很多佛学的真谛，道出了人生的酸甜苦辣。

在藏文中，所谓的“仓央嘉措情歌”，本意是“仓央嘉措道歌”或“仓央嘉措诗集”。其实，道即情，情即道。“道法无关言语，实相要离虚义。参禅无关岁月，风花雪月面壁。莲花出自淤泥，烦恼即是菩提。冷眼笑看百态，风尘任我游戏。”

现代人向往着西藏，向往着这个与天最接近的一方圣地。人们常常不畏路途的遥远艰险、高原的恶劣气候，义无反顾地寻梦而去。

从“人生若只如初见，何事西风悲画扇”，到“世间安得双全法，不负如来不负卿”；从“西风多少恨，吹不散眉弯”，到“这一世，我转山转水转佛塔，不为修来生，只为途中与你相见”。纳兰和仓央，在各自的孤寂世界里，用最真诚的心性和最纯净的魂灵，刻画了同样深情、同样清灵的形象。他们仿佛是两道清泉，从大清山岳一般的庄严与肃穆中流出，一直流了三百年，流到了无数人的心中。如果纳兰遇上仓央，我始终相信，他们会一见如故、相见恨晚。因为，他们是那样相似的两个纯粹生命，至情至性、至义至仁。他们在最华美的年龄，书写了最华美的诗词，最后又回归到了最初的宁静，留给世人无尽的唏嘘。这两个凄凉的身影，在三百年前一直寂寞着、憔悴着、寻寻觅觅着，但从不曾消失过。

是雄伟壮丽的布达拉宫,还是世界之巅的喜马拉雅山,吸引着我们去朝圣,谁也说不清。但有一点是肯定的,那就是现代人想去看看那个挺立在寒风之中,以身体丈量与佛的距离的、虔诚的藏族大妈,想去看看她那花白的头发、刀刻般的脸庞和那充满虔诚与平和的目光、宁静与坚持的信仰。

世代生存在西藏的人们,敬畏并感激天地所给予的一切。所以,在那里,山是神山、水是圣水、湖是圣湖、树是圣树、器是神器,就连这个“圣”字也是神圣。

他们深知天地的力量,所以,始终怀有一颗敬畏之心,并把自己融入大自然;他们把每一滴水、每一粒青稞、每一头牛羊都奉为上天的恩赐;他们倾听着佛的教诲,相信生死轮回就是自己的最终宿命。

我们可以踏上西藏的土地,但我们能走进西藏的内心吗?也许我们没有那么虔诚的信仰;因为我们想得太多、要得太多;因为我们有太多的东西无法放下,也不想放下。也正因为我们无法走进西藏的灵魂,所以,她才成为我们心中最遥远的梦想。

仓央嘉措,虽然有些沉重,但也是一个美丽的名字,在藏语里的意思是“梵音湖”“音律之湖”,代表着大智慧。在西藏人的眼里,仓央的诞生就意味着佛祖转世。他是如此的聪慧和敏思、如此的英俊和潇洒,让这个英俊潇洒、才华横溢的藏族诗人一出世就被封为转世灵童、六世达赖的继承人。这或许是上苍早已注定的。

如果有人要问其他达赖喇嘛的名字,绝大多数人无法说

人生中，一定有冥冥之中的那一个瞬间，她被摄入了他的眼，落入了他的心，化作了一世的倾情。从此，无论是万丈红尘，还是一方化外，她最终成了他的佛，也成了他的劫。“还卿一钵无情泪，恨不相逢未剃时”，仓央，最终跳不出红尘，也做不成佛主。同样，“梦好难留，诗残莫续，赢得更深哭一场”，纳兰也跳不出红尘，更做不回自己。“华严瀑布高千尺，不及卿卿爱我情”，“众生一日不成佛，我梦终宵有泪痕”，真是“无量春愁无量恨”啊！人生，当为情死，不可为情怨。沧海桑田叹缠绵，至情不渝长相思。在西藏，仓央“天天有人做伴，从来未曾独眠；虽有女子在房，从来没有沾染”，而在京城，纳兰“抗情尘表，则视若浮云；抚操闺中，则志存流水”。向爱而生、为死而活的生命，必将留下高贵而神奇的传说。我想说，仓央嘉措和纳兰容若的名字，在中国文学史上，早已成为一种不朽。

清楚,但唯有第六世的仓央嘉措,广为人知,知之甚多。

前世是因,今生是缘,来世是果。

每个人都是从前世来,在今生真实地活着,为的是来世的安心。

前世、今生、来世,就是一个人的前因后果,就是一个人的循环报应,就是一个人的生生不息。

积善积德,是我们所希望的前世;那快乐平安,就是我们所盼望的今生。

积善积德,是我们所生活的今生;那快乐平安,就是我们所期望的来世。

愿用我的三世烟火,换你一世迷离,这是对前世今生的承诺;海枯石烂,沧海桑田,这是对前世今生的希求。

仓央的前世在佛前沉睡了千年,直到有一天,他遇见了一位心仪的佳人,落下了一滴忧郁的眼泪。

佛说:"我因无爱而成佛,你贪恋凡尘如何成佛?"

仓央回答:"我忏悔。"

佛说:"忏悔无用。你有未了的前缘,去吧!去续你的姻缘,我等你回来。"

为此,仓央在菩提树下求了五百年,失眠了五百年,修行了五百年。后来,仓央的今生,终于在三百年前成就了一段奇缘,变成了一个情种。

佛说,修百世方可同舟渡,修千世方能共枕眠。前世五百次的回眸,只能换来今生的一次擦肩而过。

于是,在三百年前,在西藏的布达拉宫,在拉萨的街头小

对于仓央来说，命运被安排得如此的天衣无缝，只能在无法掌控的轨迹里行驶。当年幼的他抓起五世达赖的物件时，他便没有了自主的权利。在桑结嘉措的安排下，仓央离开至亲，出家为僧，到后来成为众人朝拜的活佛，纵使一万个不愿意，又能怎样？他弱小的身躯是那样的苍白无力，根本无法逃脱命运的摆布。佛祖始终是慈悲的。仓央生命中的几位女子，恰如在其沉寂的心里开出的几朵茉莉，洁白芳香，给了他最美的人生记忆，也浸染了他那分崩离析的心。其实，命运早已在生死簿上写好。我们所能做的，便是不辜负上天这转瞬即逝的馈赠。凡所有相，皆是虚妄。若见诸相非相，即见如来。世间的情，就像春日里的一股清风，温情芬芳，沁人心脾。风吹雨散叶落之时，前进的脚步仍在继续。人的一生，终归是要放下执念的，因为唯有如此，才能明心见性。也许，仓央和纳兰若能少一点情爱执着，人生便会有更多的精彩和艳丽。

巷，就出现了这样一个神奇男子的身影。

他，就是裹着风影，自带佛光，眼含星露，足踏莲花，一路穿尘而来的仓央。

如果说僧人中也有情种，仓央就是一个代表。

仓央不爱他的江山，只爱他的美人；仓央不听佛的教诲，只听内心的召唤。

人生是一本备忘录，打开是绚丽的今生，合上便是曾经的前世。正因为有了这一份感悟和认知，我们会整理出一方空间，把那些点点滴滴的细碎拾掇起来，拼缀出人生的彩虹，把每一片心情折叠成只只千纸鹤，装进那只思绪的行囊。今生注定一半是风，一半是雨，但也只有风风雨雨才能演绎出一段独特的生命旅程。

桑德伯格说，人生像一只洋葱，我们一边流着泪，一边一层一层地把它剥开。伏尔泰也说，人生布满了荆棘，我们能想的唯一办法就是从那些荆棘上迅速跨过。

“经一番挫折，长一番见识；容一番横逆，增一番气度。”折磨是人生的必修课。只有上过这堂课的人，才会将成功和幸福追求到底。因为他们深知其中的滋味，所以他们的内心也最渴望摆脱这种感觉。我们对自己所遭遇的不幸想得越多，它们对我们的伤害也就越大。罗曼·罗兰曾说：“只有把抱怨别人和环境的心情化为上进的力量，才是成功的保证。”

在纸上一撇一捺，瞬间就写出了一个“人”字，但在现实生活中，“人”字却需要用一生去诠释、去书写。人的一生有

在西藏，有座世界公认的神山，它叫冈仁波齐，也叫“阿里之巅”。那阳光照耀下的奇异光芒，加上特殊的山形，让人的内心充满了一种宗教般的虔诚与惊叹。几个世纪以来，冈仁波齐一直是朝圣者和探险家心目中的神往之地，但是至今还没有人能够登上这座神山，或者说至今还没有人敢触犯这座神山。在这片雪域高原上，居住着纯朴的藏族人，他们虔诚、谦卑，是富有信仰的民族。信仰对于他们来说，既是生活，也是生命。有信仰的生活，会让生命不再空洞、不再迷失。这里安详、淡然，荡涤掉了纷繁社会的浮躁，令人明镜止水。于是，我双手合十，掌心相印，将信仰的印记深深地刻在胸前。不要轻易去冈仁波齐，因为一不小心很容易把魂魄遗失在那里。去西藏，应先问信仰，后观风景；去西藏，应先用心灵去感受信仰，后用脚步去丈量高原。

太多的酸甜苦辣咸，五味俱全，但关键还是要看我们以怎样的心态去面对生活、面对人生。

如果我们以高兴、浪漫、阳光的心情去看待人生，人生回报我们的将是一片阳光灿烂；如果我们以灰暗、消沉、阴郁的心情去体味人生，人生回报我们的将是一个阴雨连绵。

春去秋来，捻指流年，数不尽的过往；雁来雁去，岁月如风，停不下的脚步；潮起潮落，几重几跌，散不尽的流沙；花开花谢，情牵几许，留不住的繁华；蝶来蝶往，几度蛹变，数不尽的沧桑。

满足的状态是刚刚好，幸福的状态是比刚刚好再多一点点。

快乐是人精神上的一种愉悦，是一种心灵上的满足，它会使一个人变得开心。对快乐而言，幸福是不容易获得的；相对幸福而言，快乐是比较容易获得的。有幸福就一定有快乐，但有快乐并不一定有幸福。快乐往往是很多人热闹地共享，而幸福却是自己或与至亲的人默默地分享。幸福是快乐的结果，快乐是幸福的原由。所以追求幸福比快乐更重要，因为只要你得到幸福了，快乐也会始终陪伴你的左右。

纳兰有词曰：山一程，水一程，身向榆关那畔行，夜深千帐灯；风一更，雪一更，聒碎乡心梦不成，故园无此声。

仓央也有诗曰：第一最好不相见，如此便可不相恋；第二最好不相知，如此便可不相思。

不躲避，不寂寞，不孤单，不喜不悲，万语千言，心中化作一圈年轮。

“从来不见也好，也省得情丝萦绕。原来不熟也好，就不会这般颠倒。”“在看得见你的地方，我的眼睛和你在一起。在看不见你的地方，我的心和你在一起。”仓央，在爱情里发现了慧心，在温柔里弘扬了慈悲，是宗教与人类争夺爱情的又一只荆棘鸟。仓央，入红尘也有隐逸，处平淡却有传奇。他的自由性情，成就了三百年前最飘逸的一个喇嘛。何为佛？佛就是人，只不过佛是大彻大悟了的人。佛在藏文中是“桑结”，“桑”的意思是觉醒，而“结”就是开花。很多高僧都强调，佛大慈大悲，不可能有世俗的爱与恨，所以根本不会把自己喜爱的送上天堂，把自己不喜欢的打入地狱。释迦牟尼曾说：“我不能用圣水洗净人的罪业，也不能用双手去掉人的身心之苦，我的悟心也不能移植给别人，只能用真理教化，使人们自脱。”藏传佛教认为，佛就在每个人的心中，一旦觉悟，众生就是佛。

不担心，不纠结，不失望，淡定清静，优雅安闲，送给风雨一片落叶。

不记忆，不想念，不奢望，五味杂陈，参悟清愁，酿成季节满树芬芳。

不开始，不结束，不凝固，红尘花开，流年迷离，细诉光阴流淌故事。

相传，人死后，会失去21克重量，这就是灵魂的重量，也是全部爱的重量。那些不懂得如何活着、如何去爱的人，永远也没有这21克。因为，这些人只有肉体，没有灵魂。在这人世间，多少人走着却困在原地，多少人活着却如同死去，多少人爱着却好似分离，多少人笑着却满含苦楚。

仓央曾经说过，这是一个婆娑世界。婆娑即遗憾，没有遗憾，给你再多的幸福你也不可能体会到快乐。

总的来说，在仓央与纳兰的人生中，有过快乐，但并不幸福。

1706年6月27日，仓央被押送回北京，一路上艰难跋涉。从“风吹草低见牛羊”的风雪高原，走到“黄沙直上白云间”的青海湖畔时，这位年仅二十三岁，才华横溢、风华正茂，在藏民心中与日月同辉的神，突然消失了，从此销声匿迹、无影无踪。

有人说，仓央在青海湖畔，抱着一块石头和他的爱情永远地沉入了湖底。

有人说，仓央舍弃名位，决然遁去，周游各地，后来在阿拉善去世。

对于仓央而言，孤独是一种常态。“生我何用？不能欢笑；灭我何妨？不减狂傲。”他所受的一切都是源于无法摆脱的束缚，他所做的一切也只是为了摆脱那种束缚。仓央明知结果，仍拼了命地去尝试。在短短的二十三年里，命运一会把他捧到天上，一会又硬将他踩在地上。其实，地上的风云比天上的风云还要多变，还要迅猛。仓央的一生，诗歌上有功，政治上无辜，生活上多情，宗教上寡趣，最终是刑枷上身、不知所终。这是一个渴望自由的灵魂，所以仓央的一生，都在致力于挣脱世俗的禁锢。然而，最终仍然是一辈子的身不由己。

有人说，仓央被康熙帝软囚，并圆寂于五台山的观音洞内。

关于他的经历和去世的情况，还有他的种种传说，至今未有定论。

但对于西藏人来说，他永远是他们心中那个至高无上的活佛；而对于世人来说，他却是一直陪伴着我们的那个情诗王子。

在这片万物生灵生长的大地上，在这片承载一切苦难命运的大地上，三百年来，我们只听到从高原飘来的圣歌，却不见圣人仓央向我们走来。因为，仓央背负了太重的爱情，背负了太多的冥想，他再也走不动了，也不想再走了。

在春天与春色之间，在远途与远天之间，仓央恰似一团无形的火，熔化了情人的吟唱和故乡的寂寞。仓央心中的喜马拉雅，仓央心中的圣湖天湖，就是对情人的无限眷恋，就是对亲人的无限思念。

一个人的天涯，再美的风光，也不过是印证凄凉、风化孤单。仓央不是一个喜欢漂泊的人，却有着一颗漂泊的心。仓央一个人的天涯，荆棘遍地，踽踽独行，也没什么不好，人生或许就是如此。其实，一个人的天涯，即使孤独，也是超然。

一个人的时候，仓央喜欢抬头望天，喜欢仰天对月。因为，在他的心目中，只有天空可以容纳一切，它不会嘲笑仓央的多情，更不会鄙视仓央的幼稚。仓央始终相信，那蓝天白云的搭配，一定是这个世界上最唯美的色彩。

既然无法改变结果，那么就努力去完善过程，这是一种

在仓央六岁那年，他的阿爸，因为劳累过度去世了。他和阿妈相依为命，似乎一夜之间长大了很多，变得有思想了，也会猜测、体谅阿妈的心情了。阿妈也给了他世上最无私的母爱，给他唱无穷无尽的民歌，讲各种故事和传说。他沉浸在母爱之海的最深处，像一条无忧无虑的小鱼，暂时忘记了失去阿爸的伤痛。但是，后来六世达赖的这个身份，给他带来了太多的负担，亦开启了他悲剧的一生。于是，这个本不该成为悲天悯人活佛的少年，随意抒发着他的心性，肆意宣扬着他的才华。最后，他以“我不入地狱谁入地狱”的心态，踏上了一条救赎灵魂的不归路。

自我安慰,也是一种生活态度。有人说,伤感的时间长了,有时就会情不自禁地想办法去悲伤。我却认为,如果你努力去微笑,时间长了,自然就会忘记悲伤的味道。

我们每个人都一样,一个人来,就必然会一个人走。自始至终,从古至今,唯一陪我们走到世界尽头的只有我们自己,冷暖自知。“知我者,谓我心忧;不知我者,谓我何求?”

“在这个世界上,没有人真正可以对另一个人的伤痛感同身受。你万箭穿心,你痛不欲生,也仅仅是你一个人的事。别人也许会同情,也许会嗟叹,但永远不会清楚你伤口究竟溃烂到了何种境地。所以,无须把血痂撕开让人参观。”

人不是生活在过去,也不是生活在未来,而是生活在当下。活在当下,把握当下,才能有生命真正的现实意义。

过去的,已经过去了;未来的,还没有来。所以,仓央随性而动,随心而行,活在自己的影子里,活在自己的真实里。这一点至性的表达,也正是仓央常常被人记起的缘由。

佛说,万法皆生,皆系缘分。偶然的相遇,蓦然的回首,注定了彼此的一生,只为眼神交汇的刹那。缘起即灭,缘生已空。

“缘分是本书,翻得不经意会错过,读得太认真会流泪。”

传说只是传说,无关希望还是绝望。流传三百年的说法,又有多少会与现实相契合。即使会有,我想,那也是三百年之后的神话。

仓央在自我中认知,在孤独中行走,在缘定中企盼。我

三百年前，仓央在雪域高原上演绎了一段关于命运、政治与情感的凄美传奇；三百年后，仓央在茫茫尘世中留下了一部赞叹真情、纯善与自由的柔婉诗篇。李白诗才横溢，被尊为“诗仙”；杜甫诗风质朴，被誉为“诗圣”；仓央身披西藏佛袍，头戴藏诗王冠，较之王维，是名副其实的“诗佛”。从民间到布达拉宫，从西藏到青海，仓央走过的路途并不长。但他在曲折历程上的沉重脚步声，深深地撼动了青藏高原的王公贵族，撼动了朝廷和皇帝。他被高大的布达拉宫所抛弃，却成为藏族人民世世代代铭记着的六世达赖。所以，三百年来，他的人永被崇敬，他的歌永被传唱。

相信，仓央一直在雪域高原上寻找着知音和伴侣，一直在佛性梵音中参悟着“心与光”“情与殇”，一直在灵性修行中追问和追寻着信仰的支点和精神的家园。

万物有佛性，所以人人都能成佛。这才是佛的大慈大悲之所在，才是慈悲为怀的本意，而这种佛性与儒学的“人人皆可为圣人”是相通的。

仓央十四岁前有家，是父母亲膝下的孩子。但十五岁后，被奉为尊者，没有了家。他被迫离开了母亲，四处漂泊，任人摆布，无人理解。

一个谜一样的男人，一个很不幸的尊者。

金顶下的仓央显得那么的苍老，正如殿旁的古榆。只因他背负着沉重的莲花；只因他背负着一世的情孽和悲苦；只因他背负着一生的缘分和无奈。

金殿里诵经的仓央，闭着双眼，将意念紧紧地攥在掌心，直面苦难，直面孤寂；将情感的真理和温度的真相传递给后世；将哭泣的理由和风雨的秘密告诉后来者。

这就是至性的仓央，这就是仓央的至性。

仓央高唱着凄美的圣歌，在贺兰山上将自由高高地举起，朝着胡杨生长的地方，叩拜神灵，感念梵音。这是多么的荡气回肠，因为此时此地，压抑的仓央终于可以随心飞扬了。

情圣和圣徒，虽然只有一字之差，但千差万别。情圣随心所欲、放荡不羁；圣徒循规蹈矩、安守本分。但相同的“圣”字，意味着不顾流言，意味着心动意动，意味着松柏品质，意味着健全心智。

精神是一座丰碑，是一块基石，是前进道路上的灯塔，是灿烂人生的标尺。这座山，就是一块信仰的丰碑。它高高地坐落在西藏高原上，褪下了一丝神圣，披上了一抹蓝天。翻过这座山，那边有一位心仪的佳人，还有一片青青的草原。夜幕低垂时，你不用飞翔，我也无须歌唱，就这样静静地待在一起，站成了一种姿势。天是蓝的，风是轻的，雪是白的，你在我身边一定是好的。在天下，只要有你懂我，我就会看到天堂的模样；在人间，只要有你知我，我就会听到天际的回响。我独坐须弥山巅，将万里浮云一眼看穿，将世间生死一笔画淡，将人生烦恼一挥而散。

在天际界，有缝隙、有涓流、有冰川，也有距离；

有人世间，有相依、有相触、有痛苦，也有快乐。

仓央的情诗是经典，仓央的人生是劫难；

仓央的情歌是天书，仓央的情感是苍天。

在一个静谧的夜晚，仓央独自向世人倾诉情感，与天空对话苦难。他用轻声的话语，用苦涩的泪水，用淡淡的相思，用甜蜜的梦想，把自己以天葬的形式奉献给了苍天。

仓央十五岁后做出的种种不符合转世活佛身份的事，皆是因为他在十四岁时，心理的成长被打断了，亲情和恋情被割断了。此时的他，就永远停留在了处于青春期的十四岁，而这个年龄正处于反抗叛逆期。

前世，或许仓央是一只蝴蝶，只能起舞于爱人的身边，却无法去点缀爱人的梦想。失去了心爱的姑娘，离开了亲爱的母亲，仓央一开始真心希望献身于达赖喇嘛的事业。然而，倨傲的桑结嘉措并没有还政于他，达赖喇嘛只能作为傀儡而存在，这令他再次陷入了困顿和迷茫之中。

仓央既被一双势利的手掌控着，又被自身的情色之欲牵系着，所以，他的心情一直在上下起伏，难以平静。虽然，在仓央身上，早已植入了如雪山一般肃穆、如哈达一般圣洁、如磕长头一般虔诚的信仰，虽然佛法也一度让他宁静，让他有出世之感，让他得到种种美妙的慧悟，但他依然向往尘世间的情色，同时也摆脱不了对于大权旁落、威严不再的极度失落感。

亲情已经远去，爱情已经不在，理想又无法实现，仓央就开始了放浪形骸、放飞灵魂。他不但屡屡触犯佛规，而且在拉

在西藏，有一种信仰，叫一生朝拜。叩等身长头，是西藏地区信徒与教徒们一种虔诚的拜佛仪式，也叫磕长头。磕头朝圣的人，在其五体投地的时候，是为“身”敬；同时口中不断念咒，是为“语”敬；心中不断想念着佛，是为“意”敬。有心的人，天涯近咫尺；无心的人，咫尺却天涯。他们不惧千辛万苦，从家乡出发，三步一叩地向圣地拉萨进发。去西藏，感受到的是朝圣路上震撼人心的信仰。我坚信，只要拥有信仰，一根小小的火柴，也可以点亮一片星空；只要拥有信仰，一片小小的绿叶，也可以装点整个春天；只要拥有信仰，一叶小小的扁舟，也可以惊动一片海洋。

萨城里饮酒作乐、醉生梦死。

生活上遭到禁锢，政治上受人摆布，仓央的内心是那么的抑郁。他索性纵情声色，这既是出于他对自由与爱情的向往，也是他对强加在其身上的戒律和权谋的故意反叛。仓央的这种内心变化，就像他那首著名的诗歌写的：

“住进布达拉宫，
我是雪域最大的王。
流浪在拉萨街头，
我是世间最美的情郎。”

其实，仓央更喜欢原来父亲给他取的名字阿旺诺布；更希望转世灵童是一场梦；更愿意守着这一片让他留连忘返的山野，沿着清澈的湖边，去追寻心灵深处的莲花；更期待自己能够像苍鹰一样展翅高飞；更期望自己是天上最亮的一颗星，能够绽放无尽的光辉，为孤独的夜行者照亮黑暗，为迷失的路人指引回家的方向。

如果仓央果真如传说所言，出生在莲花之上，那么他一定有一颗苦涩的莲心，这个中滋味也只有他自己知道。

仓央的性格太过淳良，所以，他的生命从一开始，就埋下了一粒悲剧的种子。从住进布达拉宫的那一天开始，仓央就像一只被剪去了翅膀的小鸟，再也无法自由地飞翔了。但布达拉宫最终没有锁住仓央的念想，也没有禁住仓央的手脚，其宿世的理想和梦想不会让他的思维禁锢于此。

在那个动荡的时代，仓央没有能力去扭转动乱的时局纷争，也无力去阻止佛门内部的争斗，只能将内心的无奈和愤

朝拜的人们或匍匐在山路，或在圣殿之前，心无旁骛地沉浸在另一个世界里。在西藏，虔诚的朝拜者更是随处可见，让人无不为他们的精神所动容，虽然并不能完全理解。磕长头，这个“长”字既是指磕头时间长，也是指路程长。在他们看来，通过这种极苦的旅程，能洗清前世今生的罪，修来世的福，最终超出六道轮回，永登极乐世界。佛教徒们把一生能磕长头去一次拉萨，当作自己一生中最荣耀和必须做的事。一路上贫苦的生活和身体的疲惫，都无法阻挡他们前行的脚步。朝圣的路很苦，但他们的脸上始终是满足的微笑。因为，在他们的心目中，朝圣的路就是天堂。他们的手和衣服很脏，但心灵却是那么的纯洁。

慨植入诗中，用无声的诗句来发泄心中的郁闷。

“谁，执我之手，敛我半世癫狂？
谁，吻我之眸，遮我半世流离？
谁，抚我之面，慰我半世哀伤？
谁，携我之心，融我半世冰霜？”

“勘破、放下、自在”，这世间又有几人穷其一生能够真正做到；“利他就是利己”，这世间又有几人修行一世能够真正参透。

仓央已经成为一种永不磨灭的精神信仰，因为，他是那么的慈悲为怀，那么的才华横溢。仓央，宛如佛前那一朵清香的莲花。他纯净的灵魂将会被历代的人们不断地膜拜，他优美的诗歌也将会被一直传唱下去。

佛家的戒律，俗世的风情，仓央的一生是如此的矛盾。他只能在拉萨的八廓街，在黄墙的小酒馆，守候着他心爱的姑娘，不求同年同月同日生，但求同年同月同日死。

“情人丢了，
只能去梦中寻找。
莲花开了，
满世界都是菩萨的微笑。”

“坐亦禅，行亦禅”，“春来花自青，秋至叶飘零。”仓央，来到人世间，必定会被世人所误，被爱情所困，被宗教绑架，被命运捉弄。这是因为，仓央是凡尘间最美的莲花，而不是普度众生的佛主。

仓央天生情痴，即使心中的光灭了，仍要去寻找黑暗中

旅行，是一段时间里空间的改变。无论这种改变有多大，但终将回去。旅行最重要的，不是结果，而是放下一切去感受当下的那个过程。人生重要的不是目的地，重要的是沿途的风景。去了不同的地方，看了不同的风景，知道了不同的事，感悟了不同的人生，这才是旅行的全部意义。我们应该给灵魂放一个假期，给生命来一次洗礼，给心灵做一次旅行。但如果没有心，那么，走得再远，也不过是看看热闹，收获一身疲劳罢了。同样，真正的爱情，是心与心在一起，所以走到哪里都是风景。我愿用心灵，去寻找另一颗心，结伴而行，去完成一次优雅的旅行。

的火种，去点燃永生的希望，去绽放情爱的花蕾。因为仓央知道，一颗心与另一颗心相印，一个魂与另一个魂重叠，流浪就变成了回家，破碎就变成了完整。

十年才能修得同船渡，百年才能修得共枕眠。仓央是那么珍惜，是那么不舍，很想把这份感情紧紧地攥在手中，含化在口中。可惜，这份感情，最终还是从仓央的指缝中溜走了。

爱上一个人或许只是一瞬间，忘记一个人却可能需要一辈子，仓央就是这样活了二十三年、苦了二十三年。

仓央的失败与伟大，仓央的新生与寂灭，犹如花开花谢、潮起潮落，简静自持而珍贵永远。

“生如夏花之绚烂，死如秋叶之静美。”生，不过是一朵花开的时间；死，亦不过是一片叶落的刹那。仓央的人生，在十四岁的那一年就进入了一个分水岭，岭的那边是山花烂漫。如果，二十三岁后，仓央还有自己的人生，那么，二十三岁之前是纠结的，而二十三岁之后则是自由的。

仓央，左手佛经，右手情诗；左手经幡，右手情歌；左手经筒，右手佳人；左手天堂，右手地狱。

仓央不为来生，只为心情，只为一生一世地追随内心与绽放情怀；

仓央不为朝圣，只为焚香，只为全心全意去理解佛性和弘扬佛法。

仓央，你的身上被贴上了许多标签，所有这些，你在生前根本无法想到。

你是一位令人魂牵梦绕的十七世纪袈裟诗人；

诗词写得很多的人，可能并不是著名的诗人、词人。因为，这些诗词除了格律和音韵之外，没有诗情画意，没有词意深远。不写诗词的人，有一天被一首诗词感动了，他其实就是一个诗人、词人。因为，没有诗心词魂的人，是不会感动于诗词的。纳兰是站在古典词坛巅峰歌唱的词人，他所填词的艺术价值无可挑剔。而在白话诗里，极少有仓央那样的诗，和古典诗一样，醇厚似酒、清香如茶，虽然，仓央诗只有短短的六十六首。究其原因，是因为仓央是一个有温度、有信仰的激情青年。而信仰则是夸父逐日时不停的脚步，是雨中航行时那不灭的灯塔，是狂风肆虐中苍鹰搏击的身姿。

你是一位放浪不羁、不爱江山爱美人的传奇活佛；

你是一位“雪域高原最神秘的诗人”，也是一位“最多情的佛陀弟子”；

你是一位“离经叛道的情僧”，也是一位“悲剧性的历史人物”。

仓央，应该是中国历史上最惊世骇俗的达赖喇嘛。他最终让世人惊叹的成就，并不是他在禅宗佛法上的修为，而是他作为一位才华横溢的诗人在文学领域上的成就。

仓央，这个本该是在佛前研读经文的“转世灵童”，却勘不破人世间的情关。所以，他一直在青灯古佛与红尘情爱之间徘徊、挣扎、痛苦、抉择。他既未能了却情缘，也不能抛却佛缘，始终破不了那张命运之网，始终找不到那两全之法。仓央的二十三年，一直在矛盾中痛苦，在忧愁中挣扎，心灵备受煎熬。于是，他用这份复杂而又丰富的情感，写出了一首首流传世间的动人诗篇。

仓央，这个原本应该跪拜在佛祖面前，却不幸“被月色蛊惑的”男子，始终没有被佛祖所接纳。所以，在佛门圣地，终究没有仓央的容身之所。

仓央的诗，犹如雪域高原上盛放的一朵莲花，称得上是西藏文学史上难得一见的瑰宝，而这朵青莲一开就盛放了三百年。

仓央的文字，如同他那美丽而波折的童话爱情，没有青藏高原和草原文化的豪迈粗犷，却有几分类似江南文化的婉约细腻。在青草味和秀气之间，仓央的文字，偶尔会让人瞥

人们认为，江湖险恶、红尘世俗，再大再重的背负，到了西藏那一片净土都能得到解脱。其实不然，西藏是净土，也是俗世。人们来了，又走了。看到了美景，膜拜了神明，领略了人生的清欢，就足够了。茶不过两种姿态，浮与沉；饮茶人也不过两种姿势，拿起与放下。人生如茶，沉时应坦然，浮时应淡然，拿得起也要放得下。世人需要的是修行，而不是旅行；世人需要的是信仰，而不是西藏。而信仰是那青藏高原上高耸入云的山，是浩瀚圣湖中竞帆思归的岸。信仰就如那沙漠中的绿洲，滋润着跋涉者干涸的意志；信仰就如那黑暗中的灯火，燃亮了夜行者心中的希冀。

见那一丝禅定的空灵和佛性。

（二）

佛学常讲三世因果、六道轮回。佛说："欲知前世因，今生受者是；欲知后世果，今生作者是。"因此，我们可以通过今世的具体表现，来推知前世出于何处，来世又将去向何方。"种瓜得瓜、种豆得豆"，这句话一定有道理，而且被中国人信奉了几千年。其实，这句话讲的就是中国人平常所说的"因果报应"。

在这个世上，一定有一个人，你第一次见她就感觉非常熟悉、非常亲切，仿佛早已相识，梦中也曾相见。佛说，命运是可以轮回的，如若前世你爱一个人，深入骨髓、溶入血液，那么，今世那个你第一次见面就觉得熟悉的人，便是你前世相爱的人。

佛家认为，人世间的一切事情，皆有轮回之因果，看似偶然相遇而生出的感情，实则是冥冥之中命运的齿轮滑过。偶然中的必然，是因果；必然中的偶然，也是因果。

所以，"人面不知何处去，桃花依旧笑春风"，我们携着一生的希冀，带着前世注定的那个人，一程又一程，酝酿成今生最美好的记忆，且行且珍惜。

人生如戏，戏如人生。其实，我们就是最真实的戏子，每天都在演绎着属于自己的故事。几多的爱恨情仇，几多的喜

“这一刻，我升起风马，不为祈福，只会守候你的到来”，“那一瞬，我飘然成仙，不为求长生，只愿保佑你平安的笑颜”。上天不给我的，无论我十指怎样紧扣，仍然走漏；上天给我的，无论我怎么失手，都会拥有。所以，累了，应该让心吹吹风；伤了，应该让梦醒一醒；痛了，应该让脚步停一停。我们为了等待一个人的到来，愿意生生世世守候在忘川河畔，只为了前世今生的缘分，只为了守候自己命中注定的那个人的到来。我们为了那个自己所挚爱的人，都愿意保佑自己所爱的人一生平安，看到自己所爱的人一世笑容。

怒哀乐，在褪去了脂粉气息之后，剩下的常常只是黯然神伤，这就是命运主宰的力量。

席慕蓉说："请不要相信我的美丽，也不要相信我的爱情。在涂满了油彩的面容之下，我有的是颗戏子的心。所以请千万不要，不要把我的悲哀当真，也别随着我的表演心碎。"

席慕蓉又说："今生今世，我只是个戏子，永远在别人的故事里，流着自己的泪。"

"因为懂得，所以慈悲。"张爱玲也说："于千万人之中遇见你所要遇见的人，于千万年之中，时间的无涯的荒野里，没有早一步，也没有晚一步，刚巧赶上了，没有别的话可说，唯有轻轻地问一声：噢，你也在这里？"

今生今世，此情不渝，
厮守一生，不离不弃。
一缕相思，一缕哀伤，
望断秋水，愁断柔肠。

花开花落总有时，缘聚缘散终分离，人生就是这么无奈，岁月就是这么蹉跎，命运就是这么残酷。

三百年前的你，三百年后的我，三生三世，永生永世，多么希望能执子之手，与子畅谈，同甘共苦，同欢笑、共痛哭。

庄子距离我们两千年，
李白距离我们一千年，
纳兰距离我们三百年。

修行是痛苦的。生命是一叶扁舟，航行于茫茫沧海之中，只有经历暴风雨的洗礼，才会迎来海上初升的太阳。佛光下的大地，苍穹下的生灵，在高山峻岭间，在神灵的保护下，世纪轮回，生生不息。在蓝天白云下优雅地栖息，这种生活就是我们的诗和远方。“众生皆是佛”，佛不是万能的上帝，其实就是我们身边的善人。只要心中有善，便处处是善；只要心中有佛，便处处是佛。你行善时，你就是佛；别人行善时，别人也是佛。只要心中有佛，人人都是佛，所以人人皆可自度。人皆有佛性，只是未成佛，我想，仓央应该是成佛了；人皆有道德，只是未成德，我想，纳兰也应该是“成德”了。

千百年，不过是美人一回眸、佛家一弹指，但在人间却不知要经过多少的往复更迭。三百年何其短，短得几乎可以让我们踮起脚就可以看见那个在夜合树下填词的纳兰；三百年又何其长，长得可以使纳兰的人生变得很短很短。

纳兰在南楼亲手种下了两株夜合树，传说纳兰非常喜欢，生前的最后一首词也是作的《夜合花》，甚至纳兰的好友在纳兰的祭文中也写道：夜合之花，分咏同裁。

夜合花的花语，代表着合欢，有着婚姻美满的良好祝愿，也代表着亲密友好，以及夫妻之间相亲相爱、愉悦欢聚的一种美好心情。另外，大概是因为夜晚闭合的原因吧，夜合花的另一个花语则是幽会。

“纳兰”，是一个有诗意的姓，但并不是汉族的复姓。其实，纳兰与当初的那拉、后来的叶赫那拉是一家人，不是满姓，而是蒙古姓。

“容若”，也是一个有诗意的名。“性德”这个名则很有佛性，其核心是爱，是慈悲，而“成德”则取于儒学之祖的《易经》，“君子以成德为行”。

纳兰的前世，是忘忧河上一朵沉睡千年的青莲，是一滴晶莹的泪，坠落到万丈红尘，凝成了莲心上相思的露，惊醒了纳兰沉睡的灵魂。这几经轮回、擦肩而过的缘，注定了彼此的三生三世。而纳兰与卢氏的三年情缘，也只为了泪与莲相交的刹那。

前世今生来世，三生石上刻着相约三生的誓言。纳兰已经与卢氏约定了今生，所以纳兰在奈何桥上宁愿跳进忘川

看完仓央的传奇人生，读罢他的诗歌，如同经历了一场朝圣的之旅。只是旅途归来，心情有点复杂，既有感动，也有困惑。信教的人们，双手合十，高高地举过头顶，一步一叩首，朝着心的方向，慢慢地匍匐前行。这道震撼人心的风景，深深地刻在了我的心里。我们的一生会走过不同的路，路过不同的夕阳，走过不同的天空，看过不同的雨季，经历过每一个花季，但让人刻骨铭心的事可能只有一件。仓央的二十三年，有些凄美。凄在一生无自由，被禁锢在权势的牢笼里；美在他想要获得真爱的心，美在他不遮不藏表露爱意的诗。他是一个世人心目中最美的活佛，一个在权力的夹缝中，声称要还俗的活佛，一个从被废黜到被追认的活佛。如果说佛陀在天上，那么仓央就在人间。

河,受那千年的水淹火炙,也不愿意喝下那碗能忘却前世的孟婆汤。在受尽忘川河千年的痛苦摧残后,纳兰带着前世残存的记忆,轮回到了三百年前的今生。

在浩瀚的宇宙,我们每一个凡人都是一颗流星。虽然生命旅程短暂,可也曾经相知、相遇、相交、相依过,这也算是一种缘分吧。邂逅是缘,擦肩亦是缘;缘来缘去,缘散缘聚。所有这些,都应成为心灵深处一份永恒的记忆和收藏。

佛说:“相识是有缘,相惜是有情,相知是有福,相助是有心。”

纳兰是满族入关后,在北京出生的第一代年轻人,属于京城一少。

纳兰的祖先是长白山下、松花江畔的女真部落叶赫部的一个小酋长。为求自身的发展,女真部落之间时而联姻交好,时而相互讨伐,以致常常争夺激烈、骨肉相残。

1588 年,叶赫部的孟古格格嫁给建州部的努尔哈赤。

1592 年,孟古格格生努尔哈赤第八子皇太极。此后,努尔哈赤日益壮大。

1616 年,努尔哈赤建立金国。

1619 年,即在纳兰出生的三十六年前,努尔哈赤征叶赫,逼叶赫贝勒、纳兰的曾祖父金台石投降。金台石的亲外甥皇太极亲自向其喊话劝降。金台石不屈,最终被努尔哈赤绞杀。叶赫贵族及降众弃故地,归建州。从此,努尔哈赤完成了女真各部的统一大业。

1626年,皇太极登大汗位。十年后,即在纳兰出生前的

八十岁高龄的一对孪生姐妹，慢慢地行走在圣湖边，一圈又一圈，一天又一天，一年又一年，不离不弃，相伴相依，坚定轮回。因为她们相信，只有善念，才是最好的陪伴，有了善念，就不会感到困惑和烦恼；因为她们相信，头上的这片天和地上的这片湖，才是一切生命神圣的保佑；因为她们相信，身边的这个人和脚下的大地，才是她们的坚强依靠；因为她们相信，停留在这里，踏踏实实地走着，一步四个脚印，才能丈量八十年的心路。这就是她们想要的生活，这就是她们的吉祥如意，这就是她们的宁静平和。其实，在这个世界上，没有不平的事，只有不平的心。

十九年，是满族开国史上的一个新纪元。这一年，皇太极正式即皇帝位，改元崇德，定国号为大清，并立即封授大臣和妻室。叶赫那拉氏家族因姻亲关系，获取了不少封爵，占据了王朝的许多重要位置。

皇太极是大清王朝第一个当皇帝的满族人。在位十七年中，一直在关外征战杀伐。为了夺取全国统治权，他不但继续在辽西与明朝展开激烈的争夺战，而且不断派遣大军入关伐明。前后有五次大规模战争，其中，松锦决战极其惨烈。在沉重打击明朝势力的同时，也给广大百姓带来了深重灾难，当然也为清朝奠定了基础。

无论是努尔哈赤，还是皇太极，都是马背上的英雄。他们凭借北方民族崇尚武功、骁勇善战的民族精神，以武功创业，以武功获取一切。

因为原本女真部落没有严格的长子继承法，所以努尔哈赤去世后，皇太极被“拥立”，靠的就是他的“战功卓著”。而在崇德年间的征明决战中，皇太极的异母兄弟阿济格、多尔衮、多铎，也多曾依战功获赏晋爵。

阿济格是纳兰性德的外祖父，为努尔哈赤第十二子，“生而雄勇，屡专征伐，积战功授贝勒”。1636 年，“叙功晋封武英郡王”。1644 年“四月，入山海关，破流贼、平燕京俱有功。十月，册封和硕英亲王”。

1643 年八月初九，皇太极暴病身亡。于是，在帝位的继承问题上，斗争异常激烈。最终让六岁童子、皇太极第九子福临在盛京继位，由叔父郑亲王济尔哈朗和睿亲王多尔衮辅

转经筒，又叫“嘛呢转经轮”“玛尼经筒”，藏传佛教的信徒人人都持有。经筒内放着经文，外面刻着“六字真言”等其他宗教符号。据说，转一次经筒，就等于将经书诵读了一遍。我喜欢转山转水的人，喜欢磕长头的人，喜欢转经筒的人。因为，他们拥有了许多人所没有的信仰和精神，拥有了许多人所缺乏的入定与笃定。他们似乎只靠信仰便能过日子，其他一切皆可忽略。因为，在他们的眼里，物质没有价值，精神才是本源。其实，西藏不是梦想，只是一个朴素的信仰；其实，西藏是真正的信仰之地，是苦修者的天堂。信仰其实无关于富贵或贫穷，我始终认为，如果一个人身处贫困而依然坚守一份信仰，更值得尊敬。

政,改元顺治。随即多尔衮等在吴三桂的接应下,率十万清兵入关。1644年9月,福临在济尔哈朗护送下抵达北京,成为满族君临天下的第一人。

当福临未亲政之时,皇太极长子豪格与大权在握的多尔衮之间关于帝位的争夺一直在暗暗地持续着。与多尔衮为同母兄弟的阿济格支持多尔衮,曾公开表示:"郑亲王乃叔父之子,不当称叔王。予乃太祖之子,皇帝之叔,宜称叔王。"未曾料到,大权独揽的多尔衮于1650年十二月突然病死在喀喇城,后由阿济格护灵回京。

1651年2月1日,福临宣布亲政。而阿济格被告发,称其护灵回京时"欲为乱",被"议削爵,幽禁;逾月,复议系别室,籍其家,诸子皆黜为庶人;十月,监守者告阿济格将于因地举火,赐死"。纳兰的外祖父、战功显赫的英亲王阿济格的结局,竟是被顺治帝命令自尽。此事发生在纳兰出生的五年前。

以上这些发生在纳兰出生前的史实,全与纳兰的一生息息相关。因为他的家族史,也是满洲民族的发展史。一个原本在关外靠渔猎为生的少数民族,社会发展还处于部落酋长统治的时代,却依靠骁勇善战的民族精神,在六十年的时间里,在杰出的首领率领下,迅速崛起,不断征战杀伐,一直打进关内,最终开创了中国最后一个封建帝国——清王朝。这也是在古老中国的政治历史舞台上,最后一个由少数民族建立的政权。

纳兰出生在这个时代、这个民族、这个家族,他的前世今

在进藏的路上，原本还是灰蒙蒙的天，在快接近圣地的时候，渐渐地蓝了起来。公路边上，有一群马在安静地吃草喝水，旁若无人，悠然自得。周围的喧闹惊扰不到它们，人来车往，马群悠然如故。或许，它们早就学会了如何自处与相处，早就学会了如何与大自然和谐静处。而我知道，在这个地方，安静就是佛性的开始。只有守住内心的这一份宁静，才能享受完美的生活；只有守住内心的这一份宁静，才能领略多彩的世界；只有守住内心的这一份宁静，才能体味百态的人生；只有守住内心的这一份宁静，才能守住自我想要的温馨与幸福。让我们做一个平静的人，做一个善良的人，做一个把微笑挂在嘴边、把快乐放在心上的人。

生，命中注定，无法更改。当他拿起笔，走向词坛时，凭他的卓绝天资，凭他的敏感悟性，必然对人生有着独特的体验与理解。而其诗词的基调也必然是惆怅悲怆的。

只有阅读了充满悲情的满族开发史，阅读了在历史的偶然与必然中出现的大清王朝开国史，才能真正看懂纳兰这个人，读懂纳兰所写的那些词。

纳兰性德，乳名冬郎，后自取字容若，世人习惯称其为纳兰容若。纳兰一辈子被别人安排着命运，就连他原来的“成德”名，后来为“避东宫嫌名”，避太子“保成”的名讳，也只能改名为“性德”。其父明珠，是康熙朝的一代权臣。其母觉罗氏，是英亲王阿济格正妃第五女，1651 年阿济格被赐死之后，嫁明珠。

纳兰生于顺治十一年腊月十二日(1655 年 1 月 19 日)，其自幼饱读诗书，文武兼修。十七岁入国子监，被祭酒徐文元赏识，推荐给内阁学士徐乾学。十八岁参加顺天府乡试，考中举人。十九岁参加会试中第，成为贡士。康熙十二年因病错过殿试，后在康熙十五年补殿试，考中第二甲第七名，赐进士出身。

贵公子与文人的结合，满与汉文化的融合，造就了纳兰的气质和风骨，造就了纳兰“有贵族气”的词，造就了纳兰文武兼备的君子风范，也造就了一个多情而深情的男人。

佛说，前世五百次的回眸，才修得今生的一次擦肩而过，那么又是多少次的擦肩而过，才能等到那初遇时的美好？今生能够相遇，是因为前世有了约定。可是，在很多时候，纵是

“风吹草低见牛羊”。或许是因为季节的缘故，虽然没有见到丰茂的水草，但是，羊儿们依然在蓝天下欢快地成群结伴、吃草玩耍。小羊依偎在母羊的身边，“咩咩”叫着；母羊时而蹭蹭小羊，也“咩咩”和着。一幅天伦之乐的温馨画面，徐徐在我们眼前展开。这里，就是世外桃源；这里，就是灵性神灵。人们都说，一个有神灵保护的地方，是有灵性的；一个有信仰支撑的地方，是有佛性的。因为虔诚，所以灵动；因为真挚，所以情动；因为淳朴，所以爱恋；因为善良，所以美丽；因为和谐，所以幸福；因为有你，所以万幸。

有了这前世的约定，今生也不一定能够再续前缘。

所以，纳兰感恩自然，感恩世间的一草一木、一石一鸟；

所以，纳兰留恋人情，珍惜人生的平平淡淡、点点滴滴；

所以，纳兰淡泊名利，宁静致远，带着孤独刚毅的心智和超凡脱俗的灵魂，去接受人世间的一切磨难，即使化成水，也要留下一丝妩媚的忧伤。

有的人，不期而遇；

有的人，不言离别；

有的人，一瞥惊鸿；

有的人，匆匆而过；

有的人，注定从第一个问候起，故事就开始了；

有的人，注定一世陌生而至死不能邂逅。

而这个人，就是纳兰，就是那个三百年前让人一直迷恋至今的纳兰。

“怒发冲冠，凭栏处，潇潇雨歇。抬望眼，仰天长啸，壮怀激烈。三十功名尘与土，八千里路云和月。莫等闲，白了少年头，空悲切。”纳兰的三十年，无时无刻不在梦想着。

但梦想毕竟是梦想，纳兰只能在梦中冲锋陷阵、与敌厮杀，纳兰只能在词中驰骋疆场、保家卫国。

《浣溪沙·小兀喇》作于康熙二十一年春。纳兰随康熙东巡至松花江地区凭吊古迹时，“犹记当年军垒迹，不知何处梵钟声”，寄托了难以明言的兴废之感，“蛟龙鳞动浪花腥”，“莫将兴废话分明”，隐含了对祖先叶赫部被努尔哈赤征服的悼叹之情。

眺望着这条笔直的、不禁向远方延伸的道路，我不禁在想，当年，仓央被押解去京城时，是否也路过此地？他是病逝还是远遁？其实，所有的这一切，并不重要了。就让这一切成为一个谜吧，或许这也是一种绝唱。当我们试图透过层层迷雾，去走近仓央、了解仓央时，三百年前的仓央，只是遗世独立地回头一笑。可我从这苍凉一笑里，读出了暖意，一种真性情的暖意。佛一旦坠入红尘，亦是最动情之佛，也是最善良的佛。若有来生，愿与君相遇在布达拉宫，相遇在美丽拉萨，相遇在海阔天空的青藏高原。身体的平安和灵魂的宁静，才是所谓的幸福。也许，时光静好，彼此安好，就可以留一丝暖意在心间。

纳兰的词,写情真挚浓烈,写景逼真传神,但细读起来,却又使人感到一丝淡淡的忧伤。有人认为,纳兰是曹雪芹所著《红楼梦》中贾宝玉的原型。的确,纳兰和贾宝玉有许多相似处:都是贵族出生;都会写诗词,而且多情;都有一颗渴望自由的心;和初恋都是悲剧的结局;一个早殇,一个出家。怪不得乾隆看完《红楼梦》后说:“此盖为明珠家事作也。”

“星球映彻”,“天公毕竟风流绝”,纳兰如星辰般点缀于天际,似月光般辉映于苍穹。然而,他只能无奈地将一腔抱负、一腔热血以文字的形式流淌于笔尖。纳兰很努力,也很勤奋;纳兰很有才气,也很有武功。但他终究不能以一生的富贵,去换回如意的情意、如愿的愿望。

纳兰内心平静,但痛彻心扉;纳兰淡然安静,但热血沸腾;纳兰孤芳自赏,但文思泉涌。

才华横溢的纳兰,爱书藏书,擅书法,精于书画鉴赏。二十四岁时出版词集《侧帽集》,继而,另一词集《饮水集》也在吴中刊行,一时产生了“家家争唱饮水词,纳兰心事几人知”的轰动效应。他的汉文老师徐乾学将他的诗、词、文、赋综合编纂为《通志堂集》,影响也十分广泛。他的《渌水亭杂识》涉及历史、地理、天文、历算、佛学、音乐、文学、考证等方面,其广识博学由此可见一斑。

纳兰是一个卓越的词家和文化集大成者。这一成就的取得,除了他自己发奋勤学,融合中原主流文化外,还因为他所处的王朝正是一个完善文治、满汉文化交融的中兴时期。他所结交的朋友也大多是汉族布衣文人,尤以与顾贞观交往

“因为一首诗爱上一个人，所有的辞藻不过是后人臆想中强加于他的枷锁。”我不是朝圣的香客，望不见轮回之苦；我只是一个过客，在红尘中匆匆与你擦肩而过。看到西藏的颜色，看到湖水和经幡的颜色，一刹那，语言开始变得苍白。圣湖的蓝，真是一种让人窒息的湛蓝，而湖边的飘带，寄托着生灵对神灵的崇拜和爱戴。经幡，一端牵着天堂，另一端牵着人间；一端牵着灵界，另一端牵着世俗。这种飘带就是西藏的五彩经幡，也叫祭天、禄马、祈愿幡，在藏语中叫“隆达”。“隆”是“风”的意思，“达”是“马旗”的意思，所以也叫“风马旗”。

时所表现出来的真诚敬重的品格，在当时的文坛传为一段令人唏嘘的佳话。

纳兰的最大成就是在词上，借写自然的风物、景观等，赋予了人格化的真情实感、人事趣味和禅意佛性。纳兰词既有昂扬的高远，又有温婉的质韵，这个清朝才子所创下的文化图腾蕴含了生命的哲理和美学的和谐，意境广阔，图文隽永。

“漠陵风雨、寒烟衰草，江山满目兴亡。白日空山，夜深清呗，算来别是凄凉。往事最堪伤，想铜驼巷陌，金谷风光。几处离宫，至今童子牧牛羊。

荒沙一片茫茫，有桑干一线，雪冷雕翔。一道炊烟，三分梦雨，忍看林表斜阳。归雁两三行，见乱云低水，铁骑荒冈。僧饭黄昏，松门凉月拂衣裳。”

在这首词中，纳兰纵贯古今，寥寥数语就将沧海桑田的历史变迁、朝代更迭、都城兴废等信息尽述于里，读来让人掩卷深思，回味再三。

纳兰的身上流淌着高贵的血液，父族是外戚，母族是皇室，却自诩是天上痴情种，不是人间富贵花；

纳兰是康熙的御前侍卫，深得皇帝的信任和恩宠，却有“身将云路翼，缄恨在雕笼”的感叹；

纳兰有着绝世的才情、出众的容貌、濯濯的风采、高洁的品行，却一生不如意，一世不得志；

纳兰是一个完美的人，却英年早逝，正所谓“世间好物不坚牢，彩云易散琉璃脆”。

后来，梁启超是这样评论纳兰的：“当时一位权相明珠的

人的一生要经历两件事：一次说走就走的旅行，一次奋不顾身的爱情。往圣地去的路上，不时有尘烟掠起，这就是原生态。其实，圣地根本没有路，走的人多了，就变成了路。高低不平的路、稀薄的空气也阻挡不了美丽传说对人们的吸引，当然，还有那颗朝圣的心。夕阳西下，古老的余晖透过云层洒在现代的吉普车上，使一切变得柔和温暖，似乎给当下和现实罩上了一层佛光。这道佛光，就是佛教的“六字真言”，就是“六字大明咒”，就是“嗡嘛呢叭咪吽”。藏传佛教认为，常持诵“六字大明咒”，可以消除人间的病苦、刑罚和恐惧，可以增加寿命、充盈财富。

儿子，是独一无二的一位阔公子，他父母又很钟爱他；就寻常人眼光看来，他应该没有什么不满足。他不晓为什么总觉得他所处的环境是可怜的……说他无病呻吟，的确不是。他受不过环境的压迫，三十岁便死了。所以批评这个人只能用两句旧话说：'古之伤心人，别有怀抱。'"

徐健庵评价说："容若自幼聪敏，读书过目不忘，善为诗，尤工于词。好观北宋之作，不喜南渡诸家，而清新秀隽，自然超逸。海内名人为词者，皆归之。"顾贞观说："容若词，一种凄婉处，令人不忍卒读，人言愁我始欲愁。"钱仲联认为"纳兰性德是清代少数民族词人中的佼佼者，向有满洲词人第一之誉"。周之琦也认为纳兰词"格高韵远，极缠绵婉约之致，能使残唐坠绪，绝而复续"。王国维说："纳兰性德以自然之眼观物，以自然之舌言情。"纳兰以自然之心感悟，以自然之道立美，所以说，"真"和"自然"是纳兰词的"词心"。

缘分是今世的擦肩而过；

缘分是前世不变的誓言；

缘分是来世痛苦的约定。

三百年前的这种缘分，也只有纳兰一个人拥有，这是多么幸运的一件事啊！

如果说，缘分在桃枝上，耳边就会有蝴蝶的舞姿飘扬；如果说，缘分在绿草间，眼中就会涌动指缝间的激扬。这就是纳兰的缘分，也是纳兰的宿命。

缘是命，命是缘。缘如风，风不定，命如沙，沙随流。云聚是缘，云散也是缘。因为有缘，所以纳兰与卢氏相聚了三

路，拉近了西藏和外界的距离，所以，藏族这个古老而神秘的民族越来越被外界所了解。而对于很多人来说，西藏仍是那么的遥不可及。很多人向往之，但终因各种缘由不能成行，所以，西藏之旅一直是世人的梦想。多年来，人们反复做着这样一个美丽的梦：在金碧辉煌的布达拉宫，耳闻晨钟暮鼓、经诵梵音，禁不住双手合十，仿佛魂魄升天，无我自我。西藏，我梦中的圣境，多少次我在梦中畅游西藏。揽一卷诗文，看风听雨；煮一壶清茶，细品光阴；邀一缕荷香，静赏清月。我在菩提树下，斟一盏禅茶，饮一杯深情。此时，在灵魂深处，那份懂得、那份令人心动的初见，一直温柔着我的记忆。

年;因为纳兰与沈宛相聚了三个月,所以两人都很珍惜。

对于沈宛来说,最好的缘分不是相悦,而是相守。曾经沧海,一切难再为水;除却巫山,哪里还有彩云?“所谓伊人,在水一方。”秋风萧瑟,烟水苍茫。那情中之缘,那梦中之分,纳兰和沈宛曾经多少次踯躅在京郊,徘徊在心头。

当我们“溯洄从之”,那“道阻且长”;当我们“溯游从之”,一切又“宛在水中央”。

缘起、缘灭、缘聚、缘散,都是没有理由、没有原因的。“命里有时终须有,命里无时莫强求。”有缘自可度,无缘莫强求。在这个现实世界里,有的人有缘无分,有的人有分无缘。有缘无分的爱让人痛苦,有分无缘的爱让人无奈,其实,缘本天命,分在人为。人生在世,应该随缘而安,缘来不拒,缘去不哀。

悄悄的我走了,正如我悄悄的来。

我挥一挥衣袖,不带走一片云彩。

西藏，宁静而淡然，超脱于尘世，因为这份自然，便是最高的神祇。多如繁星的格桑花，垒石夯土的碉房，明黄鲜红的壁绘，依次旋转的经筒，虔诚仆地的朝圣，天上人间的贡嘎，情歌连绵的康定，还有，世间桃源的林芝……我一直认为，这片土地是神女无意间掉落在人间的璞玉，所以遍地都是圣山、圣湖、神鹰、神羊，还有仓央这个神人。三百年后的轮回，世人为你驻足。但我知道，用尽今世所有的文字，恐也谱不尽你那千世的愁，恐也无法触摸你那千世的恨。天山脚下，短短的二十三年，浅浅的六十六道脚印，任性、执拗、鲜活、不羁、孤独、寂寞。我看见，你在佛前，流下最后一滴泪，并在这眼泪中闭关了三百年。

凡尘俗流

（一）

以人物带动人文，用诗词传递文化。仓央与纳兰，两人皆才华绝代，一以诗著，一以词称，可谓一时瑜亮。然皆命不长，莫非天亦妒之？莫非天特为之以惊世人？

我喜欢仓央，也喜欢纳兰，因为他们曾经用真情、用心灵品味过世间幸福欢乐的美妙，品味过灵魂疾苦忧愁的挣扎，品味过红尘情爱缠绵的娇嗔，也聆听过人生相知相交的依赖。他们，委实是三百年前开在尘世间的两朵奇异小花。而我们在红尘中行走，没有遇见仓央和纳兰，这是一种遗憾。我

扎西得勒，是吉祥如意、幸福健康的意思。扎西德勒是最美的话语，是最美的问候。走进西藏，看那湛蓝的天、白白的云，和着微风，围着布达拉宫，去转一转经筒。在圣洁的雪域高原下，看一看自己，洗一洗心灵，听一声扎西德勒，希望幸福、平安伴随左右。“忽听得一声扎西德勒，那透明的声音好似百灵，一下就唱进我的心窝。那是一位年轻的藏族姑娘，美丽得像格桑花一朵，虽然我不知道她的名字，却知道她一定在问候我。”“格桑”为藏语，有美好时光的寓意。春末夏初，那风情万种的格桑花就会如约在草原上绽放着美丽，而姑娘们在格桑花的海洋里，找寻着自己幸福的爱情。那梦幻般的风景，洋溢着一生的浪漫与青春，让人如痴如醉。

们只有对月当歌，隔着缥渺的时空，重温这两位千古奇才的旷世情歌。

“一个人需要隐藏多少秘密，
才能巧妙地度过一生。
这佛光闪闪的高原，
三步两步便是天堂。
却仍有那么多人，
因心事过重，
而走不动路。”

这就是仓央给自己的人生画的一个自画像，虽然在仓央面前，“三步两步便是天堂”，但终“因心事过重，而走不动路”。

仓央，“生于康熙二十二年，十四岁时剃度入布达拉宫为黄教领袖，十年后为西藏政教斗争殃及，被清廷废黜，理由是‘耽于酒色，不守清规’”。

五世达赖坐化之时，西藏的局势正处于微妙之中。摄政王桑结嘉措恐自己失势，就对外隐瞒真相，长达十五年秘不发丧，只在私下里秘密查访转世灵童。当今世人已无从知晓，桑结嘉措怎么能将这个重大消息隐匿十五年之久？他将这个永远也解不开的谜底留给了后人。

这期间，在藏南的一个小山村里，仓央慢慢地长大了。他呼吸着最洁净的空气，喝着最醇香的酥油茶，晒着最温暖的阳光，拙朴自在地长大了，长成了一个英俊明朗的少年。

当然，此时的仓央也萌动了少年那份最初的情愫，但在

行进在去西藏的路上，除了穿梭的车辆外，还有络绎不绝的前往拉萨朝圣的藏民。他们双手合十，三叩一拜，三拜一跪，五体投地。他们中有的是从很远的地方，一路磕长头，风餐露宿，匍匐过来的。因为，这是藏区佛教信徒最虔诚的礼佛方式。亲眼看到那些人对佛的信仰，心里无不震撼。只有在此时此刻，我才知道什么叫虔诚，什么叫执着；才知道只有渗入骨髓的信仰，才能拥有强大的力量。湛蓝的天空，洁白的哈达，被打扮得五彩斑斓的牦牛，回味绵长的酥油茶，藏民手中的转经筒，无一不在诉说着信仰的力量。病痛的时候，信仰会给你慰藉；烦恼的时候，信仰会给你快乐；困惑的时候，信仰会给你答案。

西藏那场风起云涌的牌局中，仓央注定无法掌控自己的命运。幸好，无心佛事也无心政务的仓央，还有自己所专注的爱情，还有自己心爱的女人。

“守门的狗儿呀，
你比人还机灵，
别说我黄昏出去，
别说我清晨才归。”

让仓央傍晚出去而清晨才归的女子叫玛吉阿米，是八廓街上一家酒馆的卖酒姑娘，生得异常美丽。仓央为她写了好多情诗，大胆直白地赞美她的美丽。

“想她想得放不下，
如果这样去修法，
在今生今世，
就会成佛了吧。”

这一年，仓央二十岁。桑结嘉措唯恐仓央的惊世骇俗之举，会给自己带来更大的被动，于是，他就请来了五世班禅为仓央授比丘戒，并希望班禅能以上师的身份予以规劝。

在扎什伦布寺，仓央双膝跪地给班禅磕了三个响头：“违背上师之命，实在感愧。”他不但不肯接受比丘戒，就连五年前所受的出家戒和沙弥戒也要求班禅一并收回。“若是不能交回以前所受出家戒及沙弥戒，我将面向扎什伦布寺而自杀。二者当中，请择其一！”

仓央此语一出，众人皆惊呆。三大寺的堪布、拉藏汗、桑结嘉措都劝他不要退戒，甚至有人还泪流满面跪地恳求他。

经幡的蓝色象征天空，白色象征白云，红色象征火焰，绿色象征绿水，黄色象征土地，而镶边的、挂在民居房顶的五色经幡，则是家庭的象征。俯身一拜，倾尽此生悲凉；手转经轮，道尽世间沧桑。落花有意，流水无情，三百年前，到底是谁惊醒了那一帘幽梦？西藏，一个童话般的世界，拥有油画般的风景。“抬头能触天，伸手可抓云”，如果出汗了，可以撕块白云来揩揩汗。西藏的云、西藏的路，一个在天上，一个在地上；一个看不够，一个走不够。在云和路的中间，是一颗跳动着的佛心，是一群有信仰的灵魂。

仓央既然没有选择的权利,既然还要住在布达拉宫,还得继续把达赖喇嘛做下去,那就索性做一个放荡不羁的活佛,做一个西藏最快乐的情郎。

“黄昏去会情人,
黎明大雪飞扬,
莫说瞒与不瞒,
脚印已留雪上。”

守门的大黄狗没有泄露仓央的行踪,一场大雪却将他的踪迹暴露无遗。那串深深的脚印,将巷中的酒馆与布达拉宫连在了一起。在人们的一片惊愕声中,仓央写下了上面的这首诗。他是如此的坦然,是如此的坦白,对情人不瞒不欺,对世人也坦诚相待,他发誓要为爱情和自由高声吟唱:

“人家说我的闲话,
自以说得不差。
少年我轻盈步履,
曾走过女店主家。
住在布达拉宫,
我是持明仓央嘉措;
住在山下拉萨,
我是浪子宕桑旺波。
喇嘛仓央嘉措,
别怪他风流倜傥,
他所追寻的,
和我们没有两样。”

西藏的天，只能用一个蓝字来形容。这是无与伦比的蓝，让人沉醉的蓝，无法调色的蓝，让人惊异的蓝。在千山万壑之间，在黑山白水间，在一马平川的山道间，在拉萨的上空，你总会无意间拍摄到那沁人心脾的蓝。对于西藏的阳光，最不好去描述。灿烂、明媚，用这样的词汇去描述，显然是愧对了那轮充满雄性风采的太阳。西藏的阳光，是那么的刚烈，那么的威猛，那么的强健，那么的粗犷，那么的有灵魂。这是一种光的倾泻、光的奔腾、光的瀑布，从九天之上直泻而下，将一个辽阔的青藏高原，照射得山是山、水是水、树是树、草是草，一点不含糊，丝毫不朦胧。

“衣沾不足惜，但使愿无违。”“行到水穷处，坐看云起时。”尘世中，一定会有很多不期而至的相遇，相遇一个人、一件事、一件物、一处景、一支曲、一首歌。有时，在不经意间，心弦就被骤然弹响，似曾相识的感觉，仿佛就是前世的约定。

“饮酒半酣正好，花开半时偏妍。”“半少却饶滋味，半多反厌纠缠。”其实，念一个人只需片刻的沉沦便好，无须再伤心伤脾，恰如对一个人，只需那么一点点的倾心就行，不必再倾肝倾肺、撕心裂肺了。

深情，却不缱绻；依恋，却不缠绵。其实，这便是最好的，也是最理智的。

坚守住自己的一颗心，做安静的自己，就不会有那么多的痛彻心扉。其实，仓央也明白，云在青山水在瓶，只要自己明得本心，有云之飘逸和水之沉静，才能动静自如、随处自在。

在天上，仓央就做一片潇洒的云；在瓶中，仓央就做一瓢安静的水。

这就是坚守的力量，这就是坚守的美丽。

坚守是一本书，被鲁迅先生誉为“史家之绝唱，无韵之离骚”；

坚守是一句诗，被陶渊明赞为“采菊东篱下，悠然见南山”；

坚守是一种境界，就是《幽窗小记》中的“宠辱不惊，闲看庭前花开花落；去留无意，漫随天外云卷云舒”。

仓央是一位才华出众、富有文采的民歌诗人，写了很多

山外有山，天外有天，这就是西藏。苍天如果是一位画家，她一定是把自己最得意的画卷泼洒在了青藏高原；苍天如果是一位织女，她一定是把自己最艳丽的绣锦铺展到了青藏高原；苍天如果是一位歌者，她一定是把最美妙的音符定格在了青藏高原。仓央出生在杜鹃常啼和杜鹃花盛开的门隅地区，故乡的山水养育了他，故乡的山歌滋润了他。纵观仓央的一生，他对爱情的执着追求和在诗歌方面的成就，远远超出了宗教思想方面的追求和成就。而这种追求和成就，使他走下了神坛，活生生地来到了百姓当中。仓央走远了三百年，但他的超然精神，从此成为人们的心灵渴慕。

细腻真挚的道歌。最为经典的是拉萨藏文木刻版《仓央嘉措古鲁》,即《仓央嘉措情歌》《仓央嘉措诗集》。藏文“古鲁”,是高僧大德的语录性歌体文本,意为“道歌”,类似于儒家之《论语》。仓央的六十六首诗歌,词句优美,朴实生动,至今已被译成二十多种文字,几乎传遍了世界。他的诗歌已经超越民族、时空、国界,成为宝贵的世界性文化遗产。

仓央的一生是个难以捉摸的谜,也是一个永恒不朽的传奇。他是一个僧人,却写尽了凡尘俗世的情和爱。他的情诗,犹如青藏高原上的一颗明珠,照亮了无数男女的心房;他的传奇故事,恰似他的诗歌,一直让人们为之着迷。

仓央用华丽与忧伤写尽了人生的美丽与哀愁,向世人展示了另一种完美、另一种灵性。彗星般的人生,可以很短暂,但绝不黯淡,绝不沉沦。仓央在天际中一划而过,却留下了世间最美的诗歌,让后人孜孜不倦地品读和传唱。

“曾虑多情损梵行,
入山又恐别倾城。
世间安得双全法,
不负如来不负卿。”
“但曾相见便相知,
相见何如不见时。
安得与君相决绝,
免教生死作相思。”

如果仅仅沉溺于情爱,仓央就不会受到不同年代、不同民族、不同信仰的人的喜爱。对于他的诗歌,现在普遍带有

仓央，像一朵清香的白莲，不知从何处而来？又要归于何方？三百年来，所有孤独的灵魂，都朝拜在你的法座之下，虔诚地祈祷、默默地祝福、欢喜地生活。静静地走过了三百年的红尘轮回，我不知道，你是那个牧民的儿子阿旺诺布，还是尊贵的佛爷仓央嘉措？你秉承着佛的旨意降临到了人间，但你不是法座上高高在上的佛菩萨，而是以浅显易懂的佛理征服所有人的流浪汉宕桑旺波。多少年来，仓央一直在我们的记忆中，在我们的想象里，在我们的传说中，在我们的歌声里。仓央是西藏的一个图腾，是爱情生活的一个符号，也是精神世界的一个标签。他，是一个遥远的故事；他，是一种至高无上的信仰。

一些争议,即他的作品究竟是令人倾世的情歌,还是普通的宗教道歌。

其实,岁月能使地面上苍青的树木,变成地下蕴藏光热的煤石,亦会使久远年代一个平淡的故事,变成三百年后一个惊心动魄的传说。即使,仓央所创作的当真是道歌,那又如何,因为,他已然是一个时光铸就的传奇,早已成为雪域不朽的传说。

仓央,就是这样一个无法抛弃红尘的浪漫诗人,就是这样一个无法让人释怀的情歌王子。自由浪漫的思想与充满禁锢的身份相互对峙,此时,妥协和反叛是仅有的选择,仓央毅然决然地选择了离经叛道,选择了心中的向往。

“种如是因,收如是果,一切唯心造。笑言面对,不去埋怨。悠然,随心,随性,随缘。”如果真的动情了,就辜负了如来的佛法;如果丝毫不动情,就辜负了“她”的爱情。

仓央含着眼泪,万般无奈,无法抉择,只能从第一数到第十,骑着雪域草原上的宝马,迎着东山顶上吹来的清风,一路奔向远方。此时,落花飘飞,烟雨茫茫,湖水潮起,高山雪崩。“不相见”“不相恋”“不相爱”“不相弃”,仓央一声声的凄凉绝唱,使人痛彻心扉、凄然泪下,宛如珠子落盘,但那不是上苍的眼泪,而是仓央的心碎了一地。

高原上的诗人,离天空最近,离神灵最近。仓央仰望天空之时,就能把天空看透,把灵魂看清。仓央用佛眼看天看地、看人看己,但始终看不透一个“情”字。

仓央的哀伤是淡淡的,席卷了一地雪花,使得他在一夜

作为仓央的老师，班禅额尔德尼来到了布达拉宫，开始为自己的弟子传法灌顶。在老师的身证、意证、心证下，仿佛天地间所有的众生，都被法理的曼妙和灵明清洗了一遍神髓。班禅的语调轻柔优美，阐述佛理清晰独到，令仓央全身心地投入其中，感受到了第一次法喜。人生在世，如身处荆棘之中，心不动、人不妄动，不动则不会自伤；如心动，则人妄动，必定伤其身、痛其骨。于是，世人就体会到了世间诸般痛苦。顿悟后的仓央，以其精湛的佛理，令更多的人匍匐在他的脚下。他是人们精神领域里真正的法王，因为，他为无数世间穷苦众生，点亮了心中的一盏明灯。

之间一路从春奔到秋。仓央的心空了,泪干了,人跟着老去,情也走到了天荒地老。

在仓央的天空里,有忧伤,也有悲悯;有梦想的美好,也有现实的骨感。“路漫漫其修远兮”,但生命很短暂,我们无暇去顾及种种外物及闲事,这未必是一件坏事。保留自己一颗纯真的本心,为自己的生命而活,这才是一个人存于世间的最大意义,才是一个人畅游人生的最大理由。

所以,尼采说:“世界上若没有太阳,那我就是太阳。”

仓央自幼就很聪明,父亲教他的诗歌,听一遍便能背下。八岁时,就能在纸上写字;十一岁时,写出了著名的《马头明王诵》。仓央渴望知识,渴望有文化,但是当时的西藏,大部分的书籍都被收藏在寺院里。于是,在一次僧人扩招中,仓央含泪告别父母,踏上了学经的旅程。“思念丢在彼岸,通宵辗转难眠。”其实,这次所谓的僧人扩招的真正目的,是为了遴选五世达赖喇嘛的转世灵童。

接下来的几年,仓央读遍了寺中所有的佛文诗书。但仓央的骨子里渗透着与生俱来的浪漫情怀,他在小山村的十四年,就注定他不会成为普通的僧人,不会安于这种暮鼓晨钟的清寂。

在那遍地“道是杏花不是,道是梨花不是”的山谷里,仓央开始作诗。他以佛性为诗,以爱人为诗,也把自己“作”进了诗里。自从仓央踏进气势恢宏的布达拉宫的那一刻起,他才明白,出生红教的他,阴差阳错竟成为黄教的领袖。“曾虑多情损梵行,入山又恐别倾城。”从此,一路前行,雪山崩塌般

一切的美丽皆由心生，所以，仓央的呼吸就是梵唱，仓央的脉动就是钟鼓。在禅意的指引下，俗世的人们转着经筒，转山转水转佛塔，去寻觅那一个经幡里印染的美好心愿。这不需要答案，这只是一份信仰、一份执着，这只是精神的寄托、心灵的安顿。红尘多舛，随心、随缘，便是一种境界。风雨人生，浅浅笑，默默行，行到水穷处，坐看云起时。人生是一场孤单的旅程，总有太多回不去的曾经。红尘即道场，世间即禅房。似水流年，经年已成过往。“锦瑟无端五十弦，一弦一柱思华年。此情可待成追忆，只是当时已惘然。”

的痛苦就一路伴行于仓央的左右，香雾缭绕般的忧愁就一直笼罩在仓央的心头。

站在布达拉宫的屋顶上，望着脚下的芸芸众生，仓央双目紧闭，眉头紧锁，若有所思，又无所事事。虽然是活佛，但仓央连权杖也不曾触摸过，连政事也不曾商议过。所以，这金碧辉煌的布达拉宫，对于这个傀儡藏王来说，也不过是海市蜃楼罢了。

其实，仓央不是什么至尊佛爷，只是一个天涯浪子，一个人世间的最美情郎。这个满腹才情的男子，本该生活在美丽的情歌之乡，逍遥、自在，而远离尘世纠纷。然而，他却莫名其妙地被别人披上了袈裟，又卷入了政治纠纷的漩涡，最终成为他人争夺利益的牺牲品。

“文章合为时而著，歌诗合为事而作。”仓央的诗，既“为时”，又“为事”，所以美得使人窒息。仓央诗，有着绵绵的情意，有着幽幽的伤痛，有着水润万物细无声的忧伤，有着勘破人世轮回的豁达，也有着暮鼓晨钟、梵音佛唱般的盎然禅意。

万物皆有佛性。至善成佛，至真成佛，至简成佛，至情自然亦可成佛。“古来仕宦皆寂寞，唯有著者留其名”，仓央寂寞一时，成就千古，皆因其心力之作而流泽后世。

传说，仓央每到晚上就化名宕桑旺波，化身为一名贵族公子，流连于拉萨街头的酒家、民居之中。再后来，竟“身穿绸缎便装，手戴戒指，头蓄长发，醉心于歌舞游宴，夜宿于宫外女子之家”。可见到了最后，仓央已经完全挣脱了清规戒律对自己的束缚，随心而动，随性而行，恣意妄为地追求着自

在西藏，人们念的最多的是“六字真言”，而唱的最多的却是仓央情歌。没有人怀疑过仓央的情歌在青藏高原上的地位，就像没有人怀疑过他们念诵的“六字真言”对他们生命的重要性一样。藏族是一个信仰佛教的民族，但男女老少都会唱，而且爱唱仓央的情歌。“默念上师的尊面，怎么也不显现；默想那情人的脸蛋儿，却占满了我的心间。”“风从哪里吹来，风从故乡吹来。少年时代的情侣，风儿把她带来。”在西藏，近似于苦行的宗教是一生的信仰，是来世的寄托，而情感，则是漫漫长途中与人相伴的一份温馨与慰藉。在藏族同胞的心目中，仓央不仅是一位达赖喇嘛，更是一位歌神。

己喜欢的事物。

正因为如此，后人对仓央的评价褒贬不一。有人说他纵行任性、放浪不羁，也有人说他戒体清净、慈悲为怀。这些评价无论是怎样的，仓央都听不到了，或者他根本就不在乎任何当时和后世的评价，因为他就是世界上最至性的仓央。

现代人对仓央的评价还是比较积极的，认为他是一个追求自由、向往爱情、向往平凡尘世生活的人。在仓央短暂的生命中，他写下的这些诗歌让人们看到一个人的需求，一个人的真实，一个人发自内心的真情实感。

佛，就是慈悲，就是让人幸福。如果追求一件事能够让自己幸福，那么佛也会支持你。我想，仓央已经得到了佛的祝福、佛的认同、佛的理解、佛的宽容。那些优美的诗歌已经成为世界人民心中的一种共鸣，而仓央也被世人誉为一株流芳千古的奇葩。

“图章钤印的墨渍，
道不出尊贵话语。
良知信守的小印，
盖在了各自心底。”

虽然仓央最后被废黜，但是在广大藏民的心中，仓央就是六世达赖。后来藏人把再次选出的转世灵童称为七世达赖，这就是对仓央的最高评价。因为，人们在他的诗歌里，看到了一种真善美的流泄。

仓央，是一个掩盖在历史重重光辉和荣耀下的平凡俗人，是一个集各种人性矛盾于一身的佛家弟子。在世人的眼

恰恰用心时，恰恰无心用；无心恰恰用，常用恰恰无。有一种伤感叫“纳兰容若”，有一种心碎叫“仓央嘉措”。正是这位诗人，这位放浪的活佛，这位政教枷锁里的可怜人，用他那身不由己的二十三年，为后人呈现了一幅血淋淋的画面。有一种爱叫作心碎，有一种心情叫作心醉。仓央三百年前的回眸一笑，令人心碎，而他的仰天高歌，也令人心醉。现实中，谁都有身不由己、言不由衷的时候，谁都有随心飞扬、任性冲动的时候。也许，忠孝两难全；也许，事与愿违；也许，情非得已……所以，在不自由和两难全之时，便会想起这位不成功的活佛，便会把这种心痛叫做“仓央嘉措”。

中,他本应该是一个绝情绝爱的高僧,奈何他年少轻狂为情所伤,终于成了一个有血有肉的平凡人。多少人梦寐以求的荣耀,他随手弃之,他只是想和所爱的人在一起。

人生是一场修行,而修行就是走一条路,一条通往我们内心最深处的路。在这条路的尽头,我们可以找到一种智慧,而这种智慧能够让我们了解生命的真谛。

戏如人生,人生如戏。我们每个人既是自己人生的导演,也是人生的主角。而如何以自己为主角,去导演一部精彩的人生剧,关键在于品性和修行。

人生如梦,梦如人生。生命,从无到有,又从有走向无。有中无,无中有;无中生有,有中生无。有和无,就构成了生命和人生的全部。

人生如月,月如人生。残缺后终有圆满的到来,圆满后定会有残缺的一天,这是自然规律,也是人生的定律。

只要心中有爱,世界就不会无情;只要心里圆满,世界就不会残缺。

三百年前,仓央的声声念诵,响彻天宇。犹如晨钟暮鼓,敲醒了世人的暗昧昏沉;犹如雪山上盛开的青莲,指引着世人一路向善;犹如明镜般的胸怀,与澄澈的蓝天遥相呼应。

山的那边是仓央挚爱的家乡,在这片神圣的土地上,那些仓央爱过的,和爱过仓央的人们,至今仍在虔诚地匍匐前进。他们祈盼了三百年,祈祷了三百年,希望淳良的仓央把智慧的光芒洒向大地,撕破无边的黑暗,以拯救遗失的灵魂。

仓央,是一个遥远的故事,是一个远古的神话。

在仓央的一生中，有一位不得不说的关键人物，他就是仓央的导师桑结嘉措。与仓央一样，桑结嘉措也是一位才华卓越，但时运不济的政治家。集政治家、科学家、作家于一身的桑结嘉措，一生勤于治学，著作等身，为天文历算和医学的发展作出了重要贡献。这两个少年才子，一个是浪漫情种，另一个是博学之士。应该这样说，如果没有桑结嘉措，就不会有仓央的存在，就不会有他后来无尽的才华，就不会有他说不出、道不明的苦闷，更不会有他那让人惋惜的命运。他是影响仓央一生的最关键的人，因为，一手造就了仓央的是他，一手毁灭了仓央的也是他。

仓央,一直被世人误读,从未被世人所真正了解。

仓央,是雪域高原上的莲,一朵妖冶、放荡的莲,带着原生态的野气、无畏的风骨和玩世的不羁,带着张扬的颓废、无所谓的姿态和火玫瑰的热烈,在青海湖畔盛放了三百年。

布达拉宫关不住仓央,佛门的清规戒律也约束不了仓央。因为,多情的仓央,是一个把情感当成信仰、把自由当成生命的人。一个天然的情痴,一个天生的情圣,他用自己的本性,执着地撕开了宽大的僧袍。

仓央短暂的一生,一直都在缘和情之间行走。佛说:“有缘,无缘,只在一念之间。”和有情人一起做快乐的事,不问是劫是缘,这是仓央的执着和勇敢,这是仓央的执迷不悟和无怨无悔。

飞蛾扑火的凄美,其实是一种真实的超脱和慈悲。因为,仓央的情,就是他的信仰,就是他的生命,就是他二十三年存于世的全部理由。

“爱是一种慈悲。”在仓央的诗中,我们可以看到烈火焚身、万箭穿心的煎熬;我们可以看到缠绵悱恻、山盟海誓的深情;我们也可以看到坚如磐石、誓死不移的坚持。

仓央的故事,仓央的传奇,让无数世人为之倾慕,为之着迷。他的诗歌,犹如青藏高原上又一颗闪耀璀璨的明珠,照亮着每一个怀揣梦想的灵魂,指引着每一个寻求真爱的心灵。

仓央是一个地地道道的诗人,一个被宗教压抑弥久的绝望诗人,一个比诵经人更明白自我情感的普通人。“佛真的

仓央，这只囚鸟，只知道什么叫爱，却不知道什么叫恨。爱情是一种感觉，本无理智可言，因为，那是一种癫狂、一种惆怅、一种决绝、一种痴迷、一种迷茫、一种生死相随。爱情，含在嘴里是酸的，吞到肚里是苦的，但藏在心里一定是甜的。“只因为在人群中多看了你一眼，再也没能忘掉你的容颜，梦想着偶然能有一天再相见，从此我开始孤单思念。想你时，你在天边；想你时，你在眼前；想你时，你在脑海；想你时，你在心田。”其实，红尘的滔滔浊浪与佛界的禅心云水是相通的，但隔着一道悬崖、一条河流。世人要么纵身一跃，粉身碎骨；要么同舟共渡，白头偕老。

是在心底”,作为一个怀揣才情和佛性的诗人,仓央毫不犹豫地说出了自己心中的想法,大胆地向世人宣扬着他的离经叛道。

在仓央的情诗中,他既把高高在上的佛法和佛性认作情人,作为他一个六世达赖所要追求的对象,又把散落在红尘中的爱人和恋人认作情人,作为他一个凡夫俗子所要追求的目标。

很难想象,一个敏感而叛逆的少年,一个血气方刚的青年,在不到二十三岁的不太成熟的年龄,怎么可能写出那万般风情、千种相思的缠绵诗歌。所以,世人一直不明白,这种诗情画意、千古绝唱,怎么可能出自年轻的仓央之手。

在仓央的诗中,没有撕心裂肺的呐喊,只有娓娓道来的思念;没有震天动地的号啕,只有默默无言的流泪;没有激昂澎湃的诉说,只有细声细语的倾诉。

其实,仓央心里非常明白,他从来不羡慕那虚无缥缈的万世敬仰,也从来不要高高在上的虚假失实,因为高处不胜寒。在制高点上,仓央感受不到自我的存在,感觉不到真实的自我,更不用说去感悟自己的真实内心。

仓央凌霜傲雪,思绪飘逸,凭一支素笔,以禅意书写滚滚红尘,用佛法论道漫漫人生。他写尽了西藏的山水风情和百态人生,道尽了对在水一方那位佳人的思念之情。

在世人眼中,仓央是个才子,可偏偏又身在佛门;
在世人眼中,仓央是个喇嘛,可偏偏又心恋红尘;
在世人眼中,仓央是个诗人,可偏偏又佛法无边。

情，不为因果；缘，注定生死。仓央说："如果爱是一场修行，我就是那个遁入空门的僧。且行且爱，且行且参禅，因为，爱就是一场梦，爱就是一场劫。在这修行途中，修行者的情感、心灵、精神、灵魂都能得到提升，最终得到所谓的圆满。情感空灵了，心灵澄澈了，精神丰富了，灵魂幽静了。爱人啊，你的怀抱就是神秘安静的庙宇，你的心跳就是我日夜咏诵的佛经。"于是，每一个字都成了仓央的眼泪，每一首诗歌都成了仓央的眼睛。从此，我声声念叨的都是你的名姓；从此，般若摊开大大的世界，而我只能在这尘世中，轻吻你的泪水。

不幸之中一定有万幸。正是这些强加在仓央身上的不幸，才使他幸运地成为一代情诗圣人，才使他那传奇的一生为后人广为传颂。“国家不幸诗家幸，赋到沧桑句便工”，李煜如此，辛弃疾如此，仓央也是如此。

佛陀释迦牟尼之所以伟大，是因为他经历了一个从繁华之极到淡定之极的过程，并非是他一出生就能够了悟生命轮回的十二因缘。释迦牟尼从凡人到成佛的过程，说明生命需要经历多难多劫，需要不断受罪与吃苦，只有“痛苦”“磨砺”“燃烧”，才能让灵魂获得安顿和升华。

爱，一直是自私的、排他性的。生生世世苦苦追寻的爱情，生生世世苦苦爱恋的执着，也“只为寻你的一丝气息”“只为触摸你的指尖”“只为贴着你的温暖”“只为途中与你相见”“只为守候你的到来”“只为投下你心湖的石子”“只为佑你平安喜乐”。一个“只”字，道尽了人世间情爱的执着和真实。

仓央，一边感叹着“不相见”“不相知”“不相伴”“不相惜”“不相爱”“不相对”“不相误”“不相许”“不相依”“不相遇”，对混迹于滚滚红尘的人来说，这些假定就是虚幻不实的、无法避免的、无奈无定的因。

仓央，另一边也在感慨着“不相恋”“不相思”“不相欠”“不相忆”“不相弃”“不相会”“不相负”“不相续”“不相偎”“不相聚”，这些同样虚幻不实的果，一定是一个心痛的无花果，一定是一个苍凉孤独的背影。

仓央，将自我灵性最为艳丽的图像，永远地刻画在了后世求真悟道者的心灵深处。

人生,不管是身体还是灵魂,总有一个是在路上。如果人生是那高高的、无涯的山脉,那么活着就是一连串对远方的向往与朝圣。每个人的心中都有一个远方和诗的情结,每个人的心里也都有一个远方的田野和家园。有人说:“远方,除了遥远一无所有。更远的地方,更加孤独;远方的幸福,是多么痛苦。”可是,在我的心中,远方有山有水,有鸟语花香,还有那一份心灵的寄托。在那里,我可以听到心灵深处的歌唱,纵然寒风冷雨、荆棘丛生,也难以阻挡我追寻远方的梦想。岁月就像一条河,左岸是无法忘却的回忆,右岸是值得把握的青春年华,中间飞快流淌的,一定是年轻时隐隐的伤感。

西藏，是世人心中的香格里拉，是一个适合一个人独自前行寻找灵魂、寻求安心的地方。在那里，有一盏青灯、一杯香茗、一本佛经、一曲梵音，还有一座宫殿、一位情圣、一串故事、一个传奇。

静修止、动修观，在止与观之间，仓央佛意绵绵、语重心长、情意深远，最后将定慧奏成了绝唱。

是谁带来了原古的呼唤？是谁留下了千年的期盼？一树缤纷的杜鹃花告诉世人，是忧伤、空灵、凄婉、冷艳的仓央。他伫立在三百年前的青海湖畔，用纯净美好如天山雪莲般晶莹剔透的心灵，歌唱着前世、今生、来世的患得与患失。

仓央，是一个风流潇洒的才子，是一个浪漫多情的诗人，更是一个心怀天下的活佛。与纳兰一样，仓央同样具有天下第一情男子的气质和形象。对爱情的忠贞向往，是仓央生命的一部分，对当时宗教派系争斗的无言抵抗，则是仓央生命的另一部分。

仓央多情，又能舍情；仓央有爱，却能割爱；仓央有小情，也有大爱，却能舍小情得大爱。

所有的这一切，与仓央的自身欲望无关，只是出自他的本心、本性。这一点，现代的弘一法师李叔同与仓央很像。曾经的风花雪月并不能阻止法师成为高僧，“长亭外，古道边，芳草碧连天；晚风拂柳笛声残，夕阳山外山。天之涯，地之角，知交半零落；一杯浊酒尽余欢，今宵别梦寒”。一曲《送别》，送的是李叔同的“尘缘”，别的是弘一法师的萍踪。

天不老，情难绝。心似双丝网，中有千千结。仓央深居布达拉宫，心微动，奈何情已远、物也非、人也非、事事非，可叹往日不可追。在夜里，黑暗覆盖着左手，左手覆盖着右手，曾经牵手红尘的手指独自合十，把一份思念快递给遥远的故乡。风吹沙，吹成了沙漠；仓央等旺姆，也等成了十年漫长的打坐。仓央习惯了等待，于是，在轮回中，他无法抗拒地回到了等待的原点，不再寻觅，不再徘徊。原点即起点，原点即本源。仓央的世界太过安静，静得可以听见自己心跳的声音，犹如心房的血液慢慢地流回心室，如此这般的静静轮回。

世俗的现代人都明白，任何人的离去，都无法令天地动容、日月失彩。青山依旧常在，绿水依旧东流。但三百年前，西藏雪域高原上那个苍凉清秀的背影，也许能够指引着我们去超越人性中虚伪的情感，去毅然迈向自我超越的苦行和修行之路。

站在三百年后的今天，在青藏高原碧蓝如洗的天空下，可以望见强劲的西北风卷起枯黄连天的衰草，将茫茫天路覆盖得无影无踪。佛曰，心无尘埃，一步一长磕，匍匐走过神圣的天路，便可抵达心中的天堂。

尘世中，窄门前，无论爱与不爱，只剩下了那凄美的诗句："那一年，磕长头匍匐在山路，不为觐见，只为贴着你的温暖；那一世，转山转水转佛塔，不为修来世，只为途中与你相见"。

那片神秘的土地，或许还有更多我们未曾了解的东西；

那些神奇的故事，或许还有更多我们未曾知晓的内容。

佛门弟子，本应六根清净、四大皆空，本应淡淡地活、淡淡地过，但仓央不仅要去"水中捞月"，而且要去捞"起点与终点之间""无法禅定的一夜琴声"。

六世达赖，本应看破红尘、普度众生，可仓央自己，也如芸芸众生般地在人生的苦海中挣扎，在红尘与佛门之间奔波。因为"红尘中到处都是无辜的爱"，所以"被诗歌埋没了一生的人，骑着梦中那只忧伤的豹子，冬天去人间大爱中取暖，夏天去佛法经义中乘凉"。

"情人丢了，莲花开了"，"天也无常，地也无常"，"佛便是

外离相即禅，内不乱即定，外禅内定，是为禅定。禅定是一种优美，一种心态，一种涵养，一种境界。漫漫人生旅途，看风起云卷、花开花落，蓦然回首，在浅浅一笑中，守住一颗淡泊之心，拥享一份淡然之美。知止而后有定，定而后有静，静而后能安，安而后能虑，虑而后能得。也就是说，知止之时，即为完美之时；入定之日，即为圆满之日。欲得净土，当净其心；随其心净，则佛土净。笑那浮华落尽，月色如洗；笑那悄然而逝，飞花万盏。我们每个人来到这个世界上，都是匆匆过客。有些人与之邂逅，转身忘记；有些人与之擦肩，必然回首。

我，我便是你”。仓央有佛缘，就是佛。因为，只要有慈悲心，便是佛。

“将所有人都看成一个人”，“而那个人，正是我”。坦诚、率真、随性的仓央，用最真诚的慈悲让凡人感受到了佛法的无边，而并非高不可攀；睿智、洒脱、淡定的仓央，以悲天悯人、我行我素的姿态行走江湖，最后只能迷失在险恶的江湖之中。

“这佛光闪闪的高原，三步两步便是天堂。却仍有那么多人，因心事过重，而走不动路。”这首诗既通俗易懂，又充满禅意。慈悲为怀的仓央，在时刻提醒着我们，不仅要拿得起，更重要的是要放得下。因为，拿得起，仅仅是生存；放得下，那才是真正的生活。

栅栏中的自由，犹如一只被别人紧紧拽住线的风筝，其实是一种囚禁的自由。仓央虽然傲然挺立在峰顶，却常常身不由己。即使是众星捧月，但在仓央的眼里，也是十八层地狱；即使是阳光灿烂，但在仓央的心里，也是魔鬼黑暗。仓央这辈子，没有成为丈夫，更没有成为父亲，一切的一切，只为了一个情圣的称谓。

其实，仓央非常想念亲人，思念故乡，但至尊的虚无把爱情和自由揉成了一个缥缈的梦想。这种才下眉头、却上心头的苦涩思念，世上又有几人能明了；这种求不得、放不下的复杂情感，世上又有几人能懂得。

其实，很多事不关宗教，也不关信仰，人情世故和温情柔心是人生的一块基石；很多事不问借口，也不问理由，随性而

“一滴墨香润天际，千丝万缕绕枝头。”没有厚重的生命，就不可能写出厚重的诗篇。仓央用生命和灵魂写诗，任性而倔强，高兴的时候就去酒肆，不开心的时候就去天上。浅浅岁月深深藏，走着走着，仓央的思念更浓了，记忆更深了。其实，仓央明白，幸福没有明天，也没有昨天，只有现在。仓央，不是不爱，而是不能爱；不是不想爱，而是不能自由去爱。最终，仓央为了爱情放弃了佛缘，生命定格在了二十三岁。仓央啊，如果不是因为爱你，我怎么会在自己的身上找到你的影子。我也多么希望能找回你那丢失的影子，并在你的影子里站成一道风景，去守护一片平安。

行和循情而动是生活的一盏明灯。

一年有四季,四季皆有爱。一个人的情怀,就是一个人的心性,就是一个人的智慧,有时也就是一个人的慈悲。仓央孤单地谱写了自己的寂寞,而世人至今也无法体会他那冰冷的内心和尘封的心门,无法开启他那冻住的心锁和寒冰背后的迷惘。

仓央从无心到有心,从无情到有情,又从有心到无心,从有情到无情。所以,在三百年前,只有他一个人想,一个人走,一个人笑,一个人哭,一个人伤心。这种伤痛和无助,足以使世人肝肠寸断、感同身受。

仓央的世界,是一个人的世界,是孤寂的世界。一个人走路,一个人难过,一个人开心,一个人自言自语,一个人自哼自唱,一个人自娱自乐,一个人坐在栏杆上看路人行过,一个人等待月落日起,一个人走过风风雨雨,一个人生活生存,或许真的很寂寞、很孤单。

仓央的生活,忘记了时间,忘记了自己和全世界的存在,也忘记了不想忘记的过去。仓央的精彩,因为是其一个人的世界,所以,只有他自己懂得。

相遇、相识、相知,其实仓央的内心很充实,情感也很丰富。因为,相遇是邂逅,相识是缘分,相知是快乐。

三百年前,仓央披着落霞走天涯。他把一份纯洁的忧伤留在了天庭;把红色的枫叶和白色的雪莲掩埋于沉寂;把解不开的心绪和不老的圣歌祭向天穹、植入人心、流传民间。

圣境中的仓央,在微风中追随着内心的方向,用幸福和

快乐,都是短暂的;痛苦,也不是永恒的。其实,快乐从来都是短暂的,痛苦也只是一个过程。要记住,这个世界,没有一种痛是单为你准备的。如果你整天求菩萨给你什么,而没有兑现在佛前许下的承诺,那不是菩萨不灵,而是你太贪。自心丰足,才能感知世间的丰富;自己善良,才能感知世间的美好。我们应该怀着欣喜的心,去接受每一天的开始,这是对自己最好的慈悲。缺憾与完美的交织,才能造就别有风味的人生。弘一法师在临终之际,道“悲欢交集”,因为,悲欢从来都是人生的两岸。人生犹如一幅画卷,冷色和暖色的交织,才成就画面的璀璨夺目;人生宛如一支乐曲,快慢和缓急的交替,才涤荡出震撼人心的音符。

痛苦浇灌着树根，用心血和真情复制着奇迹。在远方的诗和田野里，大雁以生命的名义整齐排列，鸽群以真言的名义一路远行，仓央则以佛门弟子的名义泣血吟唱，一路穿行了三百年。

只有感受了，才能感觉；只有感觉了，才能觉悟。仓央一边读心，一边痛心；一边含泪，一边流泪；一边撕裂伤口，一边舔血疗伤。

仓央像一只孤鸟，飞过金顶，飞过天际，飞过金黄色的落叶，飞过银白色的冰花，一直飞向藏南。仓央，一直生活在矛盾和挣扎之中，一边坚持，一边放弃；一边承诺，一边背弃；一边沉浮，一边挣扎。

在现代人的眼里，仓央就是一个寓言故事。在没有大海但有大湖的西藏，仓央有牛羊相伴，有岁月相随，有苍鹰保佑，还有那一盏清灯、一片叶子、一湖月光和一份心情。

仓央常常在长风中独自哭泣，他的忧伤也同时在日月里燃烧。仓央闻着酥油的浓香，踩着零乱的碎石，迎着皎洁的月光，希冀将心中的火种浇灌成自由之花，希望将原野中的羊群与天空中的云朵融为一体。但在青海湖畔，仓央见到的，只是湖水中自己那孤独的倒影。

面对佛教传统的肃穆仪式，仓央只能紧闭双眼，无声无息、不言不语，只能在心中默数着天宇中飘落的雪花。这些雪花如精灵般飘到仓央的心中，仓央就用滚烫的文字，诉说着可可西里的故事。仓央渴望向苍天倾诉自己的心智，希望万物苍生能仰视生命顽强的高度，沸腾人生高洁的品质。

生命中，不断地有人离开或进入。于是，看见的，看不见了；记住的，遗忘了。生命中，不断地有得到和失落。于是，看不见的，看见了；遗忘的，记住了。忘是一种痛苦，记是一种回忆。仓央啊，有人说你是活佛，有人说你是情圣，也有人说你是诗人，还有人说你是浪子。我说你是雪域高原上唯一一颗耀眼的珍珠，照亮了苍穹，刺痛了三百年历史的眼睛。千年、万年，你将永远是西藏的代言和路标。我看到的，我听到的，唯有我心，因为，岁月已朦胧，只有心依旧。蓦然回首，让我的双眸，穿越那三百年的光阴，来到你的世界，寻找这世上最纯美的爱情之花，聆听那动人心宏的绝世情诗。

在拉萨的八廓街上，那个已经有千年历史的、取名玛吉阿米的酒吧，据说正是仓央与他的梦中情人幽会的爱情港湾。后人用他爱人的名字来纪念这个地方，或许也是在找寻一段属于自己内心深处的纯美印记。

佛说：万法皆生，皆系缘分。偶然的相遇，蓦然的回首，注定彼此的一生，只为眼神交汇的刹那。

仓央偷偷在夜晚去酒家约会情人，因为下雪天最终被人发现了。消息传到清政府那里，顺治帝就召他进京处理。仓央走到青海湖畔不想走了，就对随从说，我是法王，怎么能这样去见一个人王呢？后来，仓央就安静地圆寂了，悄悄地走了。

仓央是活佛，但他首先是一个有血有肉的人。无论是谁，都不能压制仓央作为一个“人”的高傲，更不能忽视仓央那纯真的人性本能。

缘起即灭，缘生已空；手握经纶，独守孤坟。

仓央啊！只愿今生与你相伴，不离不弃。

作为三百年前西藏的精神领袖，作为一名应该恪守戒律的活佛，在佛门清规的条文里，仓央不应该有情，不应该有爱，更不应该将自己对于爱情的感悟和追求写成情歌。

所以，仓央以一个凡胎之身去冲击铁律，结果只能是把痛苦留给自己。在仓央的眉宇间，一直紧锁着忧愁，而仓央前行的脚步，也将内心的痛苦深埋在脚印之中。一个人终会老去，也终会逝去，但曾经年轻的心必将在风雪飘散中轮回，也必将在生死浮华中升华。庇佑苍生的佛，借着圣光俯

仓央，集西藏活佛与著名诗人于一身，超越了自我，也超越了彼此。他的诗歌超越了文学，演绎着宗教之美；他的人生超越了时空，既充满了禅意，又充满了诗情画意；他的传奇超越了历史，在三百年里礼赞着爱情和自由，为后人的想象提供了无限的可能性。仓央的身上，有我们每个人的影子；我们每个人的身上，也有仓央的影子。我始终相信，仓央是一位深具慧根的活佛。短暂的世俗享乐，只是他的一种苦乐体验而已。顿生厌离之心后，仓央就开始了更加崇高的信仰之旅。

视众生，希望用一生一世去驱散寒冷和冷漠，希望用三生三世去诠释身心和灵魂。

仓央揉碎了岁月，将残缺的灵魂变成了一轮弯月，将无尽的忧患变成了一首情歌。仓央活在当下，心在过往，魂在来世，所以，仓央的泪水在飞，心在滴血。仓央，将古老的爱情开启在沧海的尽头，所以，在悲咽河床里，流淌的一定是他那苦涩的眼泪。

大慈大悲的背后，是古老的心情，是苍凉的草原，是酥油的芳香，是羊群的漂泊；仓央的背影中，是一长串的忧伤，是一层层的压抑，是一簇簇的相思，是一次又一次的心碎。

在距离心灵最近的地方，是自由和尊严，而距离心灵最远的地方，是未知和无望。仓央的国不在拉萨和寺庙，而是在田野和毡房；他不该是高高在上的尊者，而应该是承欢膝下的儿子。

苍天的泪水和泪光，湖水的波纹和波光，似乎读懂了仓央的情歌，似乎感受到了仓央的苦难，似乎触摸到了仓央的真爱。一念之间，一瞬回眸，一世情缘。三百年前的雪，融化在今日的春天里，而奔向大海的雪水告诉仓央，绝不可背叛自由的内心，绝不可弯下尊贵的脊梁。

仓央远离喧嚣，选择独行，一路走向山脊；仓央浪漫依然，决意闯关，一路相思一路情。缘聚而来，缘散而去；云聚云散，花开花落。因为，聚散都是缘，一切都是缘。

仓央知道，路要自己走。一个“路”字，一半是“足”，意思是要脚踏实地，另一半是“各”，代表各人有各人的走向，各自

我把迷离的目光收回，想用一颗敏感的心，去感悟仓央的悲伤。梵音悠扬，仓央跪在经殿香雾中，就像身陷黄金囚笼之中。诵经声中，芸芸众生对你顶礼膜拜，他们看到了你的高贵，却无人察觉到你的无助和无奈。他们都奉你如神明，却不知道你只想做回凡人。你的忧郁，你的愁苦，你的绝望，你的悲恸，还有那种无名的冲动一齐涌向我。所以我要释放、呐喊、缅怀，我要用文字祭奠那个湮灭在历史尘埃中的男子。我愿化蝶起舞，万里红尘只为你；我愿磕长头拥抱尘埃，祈求三百年后的相遇；我愿再一次听你轻轻吟诵那一首我的至爱，“世间安得双全法，不负如来不负卿”。

有各自的轨迹。有所往、有所返、有所聚、有所离、有所予、有所求，所有的一切，全在这条路上，全在这颗心中。

仓央一生的足迹没有越过天山，没有越过高原。因为，仓央的心早已被苦难围困；因为，仓央的手脚早已被寺院捆绑。木鱼敲响，清香焚起，神月下的仓央，只能面向藏南，遥数一个个驿站。其实，他的心早已飞向了魂牵梦绕的家乡。

仓央就是一朵盛开的莲花，超脱了繁华，看透了浮躁。他用灵魂拨动心弦，“忘却了所有，抛却了信仰，舍弃了轮回”。

（二）

纳兰才高八斗，被称为“晏小山”。其词才与李煜并肩，与柳永齐名，“谁料晓风残月后，而今又见柳屯田”。

纳兰命中高贵，天生富贵。父亲是康熙时期的重臣，母族是皇室，而他又是御前侍卫。但高贵的血统与身世，并未给他带来幸福。因为，其心“常有山泽鱼鸟之思”，对门第身世并不看重，“身世悠悠何足问，冷笑置之而已”。

纳兰生来多情善感，天生情感丰富。他拥有一颗孤寂而忧伤的心，内心深深的孤独，带给他的是无尽的痛苦和长久的思念。另外，不被理解的愁闷，也常常充斥在他的内心深处，使他的身心一直处在煎熬之中。在纳兰的词里，世人几乎找不到欢乐的句子。他的感伤和愁绪使众人十分不解：“为何他什么都有，却还是不快乐”。

纳兰是一个多情的人，是一个放不下所有感情纠葛的

“有的人死了，他还活着。”仓央就是这样的人，因为他是人们心中永远的情歌王子。仓央，或许早已成为了我们心中的那一方纯洁圣地。他仿佛是一朵冰莲花，圣洁而不染尘埃，容不得我们有半丝的亵渎之意。终究是有三百年的逾越和阻隔，我再怎么努力，依旧只能闻到仓央的一丝气息，却无法触摸仓央的指尖，更走不进仓央的灵魂。仓央，是情僧，还是智者？是“情哥哥”，还是“假佛主”？这个特立独行的人，这个放荡不羁的人，留给了我们多少的惊喜和感叹。无论是苦痛还是欢乐，都促使我们去紧随仓央的脚步，伴着仓央诗歌的吟唱，千回百转、世纪轮回。

人。所以，他也是一个既不快乐又不幸福的人。读纳兰词，总觉得这些词是他在哭泣之时所填。因为，苦楚、悲哀、离别、相思、忧伤、哀怨充斥于词里行间，犹如女子那纠缠不清的情丝。纳兰，硬是把自己困在了情网之中，不断挣扎，不断抗争，不断自残。

纳兰，这个风度翩翩的贵族公子，这个多情的悲情词人，将其悲凉的心，连同那蕴含着浓郁忧伤的词，留给了历史，留给了今日诸多苦苦挣扎之人。

"柳色披衫金缕凤，纤手轻拈红豆弄，翠蛾双敛正含情。桃花洞，瑶台梦，一片春愁谁与共？"千百遍读你，依然觉得，你是忧伤的，而我应该是懂你的。

纳兰在三百年前，坐在北京西郊的一座别墅里，饮酒、填词、泼墨、雅聚。他一边缅怀着塞外家园、向往着燕赵古地，一边又追忆着华年早逝的卢氏、牵挂着幽闭深宫的表妹……然后在西风夕阳中回过头来，无言地看着我们。他那沧桑的面容一如那首世间传唱的《蝶恋花》多愁善感，缠绵悱恻。

一寸时光，一寸命光；一历耳根，永为道种。

如果说人生是一首诗，那么我想让时间永远停留在那个最美的初见，而不去感叹"山盟虽在，锦书难托"，不去羡慕"金风玉露一相逢，便胜却人间无数"。

时光，如此的诗意，如此的美丽，如此的让人感怀；岁月，不敢触碰，生怕惊醒，只有一生珍惜。

月落乌啼，星河满天；冷月纷纷，一夜秋风；露浓花瘦，薄汗轻衣。我徜徉在一个人的时光里，静看时光老去，不说别

“相亲相见知何日，此时此夜难为情；入我相思门，知我相思苦，长相思兮长相忆，短相思兮无穷极，早知如此绊人心，何如当初莫相识。”李白的诗有些苍凉，也有些无奈。“一生一代一双人，相思相望不相亲”，纳兰的词有些无奈，也有些遗憾。“但曾相见便相知，相见何如不见时。安得与君相诀绝，免教生死作相思。”仓央的诗足以镌刻在任何一个人的心上，因为这是一种生死相思、信仰宣誓。一花一叶一世界，一曲一词入心门，一生一代一双人，半醉半醒半浮生。我踏进佛堂、隔绝尘世，只为保存你的样子不再消失；我念着佛经、远离家门，也只为在心里默念你的名字。

离，只言相遇；我静静守候着一片海、一个世界，还有一个人的漂泊、一个人的心灵。

鱼的眼泪，水知道；纳兰的眼泪，谁知道？

纳兰，一个有才、有情的好男儿，他的情、他的词，还有他那吹奏不息的笛声，永远回荡在世人的心中。“人去空空，泪撒江南，笛声悠悠，吹尽未了情。”

纳兰，高贵；容若，素雅。

他的一生像花一般绚烂，可惜花期太短。但是，他最精彩的一面已经毕露无遗，最伤感的一面亦复如是。“一生恰如三月花，倾我一生一世念。来如飞花散似烟，醉里不知年华限。”

“两句三年得，一吟双泪流”，阅完纳兰的一生，阖上《饮水集》，恍惚依稀只记得“赌书消得泼茶香，当时只道是寻常”。

“冬郎一生极憔悴，判与三闾共醒醉。”纳兰与晚唐五代诗人韩偓的乳名都叫冬郎，都是沉郁顿挫、苍凉感慨、清丽芊绵、悲而能婉、柔中带刚之人，真是“西园此日伤心处，一曲高歌水向东”。

若论才艺，我以为，纳兰可与王维、苏轼、姜夔相媲美。然而，纳兰一生在词的方面下功夫最多，成就也是最大。

纳兰是一个身在红尘，却不染一丝烟尘的翩翩公子；

纳兰是一个眉清目秀、才华横溢、惊艳出世的绝代佳人；

纳兰是一道历史深处的清波，在中华大地上涟漪了三百年。

“陌上人如玉，公子世无双。”三百年来，只有这个风流才子，深锁着眉宇，翩若惊鸿，婉若游龙。纳兰的一段爱恋、一

阳光下，一切都是那么的明亮，一切都是那么的耀眼，而阳光下的人，只能令人炫目地伫立在那里。伫立的是人，矗立的是古老的建筑，耸立的是雪峰，屹立的是喜马拉雅，所有的这些，完完全全地暴露在阳光之下，被阳光包围，被阳光温暖。在世人的心里，仓央是阳光的，也是圆满的。因为，爱情的种子在他的心中早已长成为参天大树；因为，天山的雪莲早已开在了他的心里。仓央的二十三年，因为喜欢，所以慈悲；因为喜欢，所以不想错过。仓央啊，“我与你，宁死别，不生离”。

段惆怅，叶落秋意凉，思伊心成殇，倾倒了三百年后的芸芸众生，迷倒了三百年后多少的凡夫俗子。

“你站在桥上看风景，看风景的人在楼上看你。明月装饰了你的窗子，你装饰了别人的梦。”

迷茫间，那个站在夜合树下，轻声吟叹的贵公子，出淤泥而不染，濯清涟而不妖。

迷茫间，那个身处滚滚红尘，却不沾染一丝凡尘俗气的人间仙子，是那么的温润如玉、仙不可亲。

纳兰“生平淡于荣利，书史外无它好”，他自己也说：“仆亦本狂士，富贵鸿毛轻……安得从君去，心同流水清”。纳兰，生在名利场，却淡泊名利；纳兰，命里注定富贵，却蔑视富贵。

纳兰一生重情，一生重义，一生重友。翻开清初词坛三大家的作品细细研读，就会发现，朱彝尊以学胜，陈维崧以才胜，唯独纳兰以情胜。如“人到情多情转薄，而今真个悔多情”；“背灯和月就花阴，已是十年踪迹十年心”。一个“情”字贯穿《饮水集》的始终，一个“情”字也贯穿纳兰公子的一生。

纳兰一生情真，不填无病呻吟之词。其友人曾这样评价：“其于世味也甚淡，直视勋名如糟粕，势利如尘埃；其于道谊也甚真，特以风雅为性命，朋友为肺腑。”纳兰对待友人总是竭尽其诚、竭尽其力，常以一颗赤子之心坦诚待之。

行走于权力的顶峰，出入于险恶的官场，纳兰不得不隐藏真实的自我，以面具去苦对人生。这种隐形人的生活，与他的真性情相悖，这也是纳兰一生痛苦之根源。

西藏最神圣的，是阳光下的寺庙。在藏区，凡是有人居住的地方，就有规模大小不一的寺庙。而这些寺庙，对于藏民来说，是精神的家园，是灵魂的安顿之所。这些寺庙，或是在山坳里，或是在山坡间，或是在山顶上，无论是在哪里，都是那么的庄严、肃穆、宁静而圣洁，而且是十分的透亮与醒目。洁白的墙、朱红的窗、五彩缤纷的檐，有圣光，有神韵。这些寺庙，以一种“万绿丛中一点红”般的灿然，点缀在西藏的山山水水之间。我想，正是这些星星点点的寺庙，指引着世人的脚步，吸引着世人的心灵，呼唤着世人的灵魂。

另外，在爱情和友情方面，纳兰也是处处不遂其愿。爱妻的早亡、友人的纷纷离去，其内心的痛楚和迷茫可想而知，“盖其三生慧业，不耐浮尘，寄思无端，抑郁不释，韵淡疑仙，思幽近鬼，年之不永，即兆于斯”。

纳兰生于书香门第，儒家“学而优则仕”的入世主张，早年就在纳兰的心目中打下了深刻的烙印。良好的家教和周围环境，使得纳兰自幼就具有崇高的人生理想，具有很高的政治热情和强烈的社会责任感，具有远大的抱负和卓越的见识。“未得长无谓！竟须将、银河亲挽，普天一洗。麟阁才教留粉本，大笑拂衣归矣。”纳兰的这首词，洋溢着一介书生的豪气壮志和“功名垂钟鼎，丹青图麒麟”的宏伟抱负。

“德也狂生耳！偶然间、淄尘京国，乌衣门第。有酒唯浇赵州土，谁会成生此意？不信道、遂成知己。青眼高歌俱未老，向尊前、拭尽英雄泪。君不见，月如水。

共君此夜须沉醉。且由他、蛾眉谣诼，古今同忌。身世悠悠何足问，冷笑置之而已！寻思起、从头翻悔。一日心期千劫在，后身缘、恐结他生里。然诺重，君须记。”

我们从这首纳兰词中，可以看到一个重情重义的真性情汉子，可以看到一个“拭尽英雄泪”的“狂生”，虽然其中也有些英雄无用武之地的无奈。

人说纳兰是富贵公子，又才高八斗，有何可怜之处？就是这“才高”和“富贵”，妨碍了纳兰的大好前程，让他难以施展自己的远大抱负。他的主子是康熙，是最懂帝王心术的千古一帝，卧榻之侧岂容他人酣睡。一旦康熙给了纳兰实权，

屠格涅夫说:“它被创造到世上,只不过是为了紧靠着你的心口,就只生存那一瞬的时光。”所谓永恒的爱,就是从红颜到白发,从花开到花落。有时,一份挚爱,犹如莲藕的心事,只能深埋在地里。寺庙就是西藏的永恒,寺庙就是藏人的心事。在黄昏中,云霞里透出的夕光照射在寺庙上,使寺庙四周沉静幽暗下来,呈现出一片宁静的墨蓝。被一片湛蓝簇拥着的寺庙,光辉得像在燃烧,灵光四射,耀映苍茫,这就是神灵献给西藏的灵魂。漫天花瓣飞舞,度过了几世轮回,今生,我踏遍了红尘,穿越了天涯海角。最终,我希望能停留在西藏,愿意在这个地方画地为牢,只愿与这个地方一起缠绵老去。

父子联手,以后就不知如何去制约他们了。所以,他的才华,以及其父亲明珠给他的富贵,恰恰妨碍了他的将军梦。纳兰永远不会有出头之日,不是因为他不够好,是因为他太好了。

在纳兰九年的侍卫生涯中,大多数是鞍前马后的、枯燥乏味的工作,金戈铁马、马革裹尸的理想已成为一场梦。这个无奈的命运安排,使纳兰十分痛苦,愁苦之情经常溢于言表,“有酒唯浇赵州土,谁会成生此意?”“青眼高歌俱未老,向尊前、拭尽英雄泪。”

纳兰有一首怀古词《满庭芳》,也表达了一种矛盾的心理,一种忧愤的心态:

“堠雪翻鸦,河冰跃马,惊风吹度龙堆。阴磷夜泣,此景总堪悲。待向中宵起舞,无人处、那有村鸡。只应是,金笳暗拍,一样泪沾衣。

须知今古事,棋枰胜负,翻覆如斯。叹纷纷蛮触,回首成非。剩得几行青史,斜阳下、断碣残碑。年华共,混同江水,流去几时回。”

从历史上看,纳兰家族的祖先与康熙王朝有不共戴天之仇,但纳兰只能一直在敬祖之心与忠君之事之间矛盾着、挣扎着。儒家文化中,“迩之事父,远之事君”,“君使臣以礼,臣事君以忠”的事君思想,影响了一代又一代的中国人。“知其不可而为之”的观念,在无数士人的血液里沉淀,而成为他们沉重的精神负担,最终使他们成为笼中之鸟,而无法摆脱悲剧性命运的纠缠。

儒家主张用中庸之道来消解一切问题,反对走极端,反

西藏，这是一片令人朝思暮想的地方，是一个纯净的圣地，也是朝圣的目的地，美得极致，高得极致，神圣得极致！西藏，有神秘的布达拉宫、浪漫的纳木措、多情的南伊沟、迷人的羊卓雍措、奔腾的雅鲁藏布江、地球之巅的珠穆朗玛峰，还有那最美的格桑花。那里的蓝天更高远、河流更湍急，那里有高耸的冰山、辽阔的草原、矫健的雄鹰、狂奔的野马，还有披着夕阳的牧人。另外，神秘的宗教文化，也使得西藏显得如此的神圣和厚重。西藏的纳木措被人称为“地球表面上的一颗眼泪”，很多人都知道有关纳木措的美丽传说。我愿化作唐古拉山口的一缕风，变成纳木措上空的一朵云，轻轻地靠近这相互依偎着的神山圣湖。我渴望，在某个寂静夜里，静心聆听这一对生死恋人的窃窃私语。

对过度，讲究适度，“执其两端用其中”。中国人一直信奉中庸之道，希望行中庸之事，做中庸之人，但在现实生活中却常常事与愿违。纳兰凄怨幽暗的悼亡词，以及他的抑郁而终，就是一种极端的表现。

“相思一片尽成灰，无奈与君阴阳绝。”人间自古情多痴，而纳兰就是一个多情公子，就是一个伤心词客，就是一个千古难得的情痴。所以，他常常在花间浅斟低唱，在醉中画影弄舞。

卢氏的三年温润相伴，使纳兰的生活充满了诗情画意。或许纳兰和卢氏这一对，本身就是一首韵律和谐、哀伤凄凉的词。“憔悴去，此恨有谁知？天上人间俱怅望，经声佛火两凄迷。未梦已先疑。”

“看尽一夜风雨，为谁亲系花铃”，纳兰对爱人的那种细腻的关怀、温柔的态度，真是“衣带渐宽终不悔，为伊消得人憔悴”。虽然纳兰有“一片相思画不成”的伤痛，但这位宛如不食人间烟火的痴情种，始终是“一种峨眉，下弦不似初弦好”。

纳兰词，愁心漫溢，恨不胜收。在很多人看来，纳兰其实是一个作茧自缚的人。他对很多人和很多事都放不开、放不下，这也是他痛楚一生、心疼不已的源头之一。

人的一生中，有太多选择，也有太多无法选择；有太多诱惑，也有太多无法诱惑。人生就是这样：落花花自开，流水水自流，光阴荏苒，几番沉浮，红尘一世游，凡间太无奈。

看山是山，看山不是山，看山还是山，这是人生的三步

死亡,在西藏不过是一个很平常的词。因为,在这个有信仰的地方,死亡与天堂是同一个地方、同一个归宿。在这苍茫的大地上,胡兀鹫在天空中盘旋,俯视着人类的生死轮回。走进西藏,常常可以见到,在不远处的一座山峰上,藏人正在举行天葬。天葬的核心是灵魂不灭和轮回往复,死亡只是不灭的灵魂与陈旧的躯体之间的分离。西藏人推崇天葬,认为拿"皮囊"来喂食胡兀鹫,是最尊贵的布施,体现了舍身布施这一大乘佛教波罗蜜的最高境界。我有一种冲动,想去问那些正在举行天葬的人们,为何此时你们的脸上依然是一如既往的平静?难道是你们已看破生死,又或许是早已成为一种习惯?

曲，也是人生的三重境界。其实随着人生境界的提升，人渐渐老了，心渐渐冷了，情渐渐淡了，友人也渐渐散了。

“冷暖自知”。佛所讲的一切自知，是指修行到了自悟自省自证的境界。有自知之明的人，就不会再去抱怨别人；懂得命运的人，就不会再去怨天怨地。

“知人者智，自知者明。”修行的一个法门是内观。内观就是凡事不外求，而是向内看，了解自己，认识自己，反省自己。当一个人彻底地了解自己的时候，便一切自知、一切心知肚明了，便看透了月之盈缺、潮之涨落、人之聚散。

如果说仓央是一个天意，是一朵雪莲，那么，纳兰就是一个禅机，是一颗明珠。

在春花秋月、夏风冬雪之中，凡俗的现实与美好的梦想常常会发生碰撞。聚散两依依、生死两茫茫，正是这种碰撞，演绎了一场场真实世界中的人情世故和喜怒哀乐。

纳兰出生富贵，但经历简单。他自己也经常感慨“冷处偏佳，别有根芽，不是人间富贵花”。纳兰才华横溢、英俊多情，既有外扬豪放的风骨，也有内敛忧伤的精魄。

纳兰，对待生活，不贪，不恋，不求富贵，不求荣华；

纳兰，对待感情，不欺，不瞒，不奢妄求，绝不忘情。

纳兰，词愁心更愁，词忧情更忧；

纳兰，多情而不滥情，伤情而不绝情。

纳兰，青衫泪尽声声叹，已逝之人不复返；

纳兰，空负凌云万丈志，一生襟抱未曾开。

纳兰也明白“人生不如意之事，十有八九，不看八九，常

澄澈的天空，纯净的天空，没有一丝杂质，是那样的通透。西藏的美，大概就是这般的纯粹。“天苍苍，野茫茫，风吹草低见牛羊。”目之穷极，苍穹之下，草原连绵到天边，比远方更远。这般空旷的景象，常常令多情人伤心落泪。这一望无际的草原，郁郁葱葱，令人神往。一阵风儿吹来，掀起了绿色的波浪，也传来了原生态的牧歌和欢快的笑声。羊儿、马儿悠闲地吃着草，懒洋洋地晒着阳光；草原上的人是那样的洒脱恣意、自由自在、心情舒畅，脸上始终洋溢着幸福的笑容。低头吃草，抬头看天，永不厌倦。草原上空的云，如梦，如幻，真是“南北各万里，有云心更闲”。

想一二”的道理，也懂得“曾经沧海难为水，除却巫山不是云”的真谛，也知道“满目青山空念远，不如惜取眼前人”的含义。但现实的残酷和不如意，使得纳兰的词中有太多的无奈和痛楚，也有太多的期盼和梦想。

在纳兰十八岁之前，有两位老师对其影响较大。

一位是丁腹松，通州人，博学能文而性格狷介，不入俗也不善变通，三十岁时才考中举人。

另一位是徐乾学，昆山人，清代大臣、学者、藏书家。纳兰时刻牢记徐乾学“为臣贵有勿欺之忠”的训示，并把“勿欺”二字镌刻成了一方闲章。

在纳兰的心中，“勿欺”二字种下了因果。侍君王、事父母、敬妻子、待朋友，纳兰都保持一颗纯净明澈之心。但这一“勿欺”，便是纳兰的一生一世。其实，所欺之人，到头来便是纳兰他自己。

纳兰的一生，仿佛不是凡人的一生。他的离愁与失意之峰太过高耸，我们现代人都不敢正视和直视，更不可能仰望到他的尽头。

“西风多少恨，吹不散眉弯。”纳兰简短的一生，演绎了一个长长的故事，演绎了一段刻骨铭心的生离死别。

青梅竹马对他的一生苦守，娇弱爱妻对他的体贴关心，一代才女与他的生死相随，千古帝王对他的恩宠有加，都告诉了我们，纳兰是那么的璀璨辉煌和出类拔萃。但腐朽的政道和富贵的家世，纳兰的宏大志向与他所承受的人间巨痛，无一不向我们道出，这终究是史册上的一场春秋大梦，所有

布达拉宫，雪域高原之明珠，藏传佛教之圣地，建筑艺术之瑰宝，浴火重生之传奇，是世界上海拔最高，集宫殿、城堡和寺院于一体的宏伟建筑。世人每每看到这个古代宫堡建筑群，便会想起仓央，便会想起仓央的故事。他有温柔的面庞、呢喃的话语、缠绵的情诗；他愿意为心爱的女子放弃他那尊贵的地位；他愿意默念佛经去普度苍生。他虽是转世灵童，有至高无上、受人膜拜的地位，但他也是一位再也平凡不过的情郎。普通人的生活，是仓央一生的向往。他希望有自己的爱情，有自己的爱人，有自己最平凡的生活。

传奇的故事都将灰飞烟灭。

读书、科举、入仕、做官，这是古代文人理想的职业生涯，纳兰也不例外。但在十九岁那年的春天，金榜题名恰恰与疾病相遇，早春的寒气吹散了纳兰的梦想。“病起心情恶”，纳兰只得拖着亚健康的身心，任凭命运捉弄，微叹时运不济。

“清镜怜清影”，“一声弹指泪如丝”。

一声叹息，万般无奈；一春憔悴，万箭穿心。

“晓榻茶烟揽鬓丝，万春园里误春期”，“紫陌无游非隔面，玉阶有梦镇愁眉”。纳兰为未能参与殿试而失去扬名显声、光宗耀祖的机会而苦闷遗憾，所以感叹“多情自古原多病”“无那残香半缕恼多情”“留将颜色慰多情”。

当然，纳兰也对自己充满了信心，认为自己未能获进士之位，并非是学不如人，而是由于生病错过了机会，并对下届殿试充满了信心，相信通过自己的努力一定能获得功名。

“竟须将、银河亲挽，普天一洗。”《金缕曲》一词道出了纳兰的远大抱负和卓越见识。这里是说要将银河水引下来，要将天地冲洗一遍，气势如虹，满是少年书生的壮志豪气。三百年前，年轻的纳兰向世人宣布，要做一个顶天立地的仕子，要为国家建立一番功业。

“曾记年年三月病，而今病向深秋……药炉烟里，支枕听河流。”多情本是病，多情则多病，这是因为，痴情者身心多有牵挂，灵魂必受累良多。

多情时，一抹荡漾，一分决意；

多病时，一点烦恼，一分沮丧。

蓝天、白云、雪山、草原，这是西藏的标签。世人很快会喜欢上这里的陌生、这里的气候、这里的一切。因为，这里是离阳光最近的地方，清新淡雅，纯洁美丽。这种天堂般的圣洁，使人神往。人们在这里转山、转水、转经筒，以最诚挚的信仰等候雨露，而这会使躁动不安的心灵时刻保持着明朗。人生犹如大海，会有无声的平静，也会有狂妄的怒吼，只看你以怎样的心态来看待这一切。心若静，那么即使是怒吼，你也会觉得那是美妙的歌声；心若躁，即使静如止水，你也会觉得躁动不安。上善若水，以水为镜，可映鉴人生；人生如水，以水为德，方可潇洒一世。唐代诗人刘禹锡感叹“长恨人心不如水，等闲平地起波澜”，如果给心一片沉静，就能让一切看得更透彻。人生，当如水之静、如水之明、如水之韧。

病中之人的思绪常常是复杂的，有时甚至是混乱的、悲伤的。所以，纳兰在《病中过锡山》中，述游山烹茶之乐；在《幸举礼闱以病未与廷试》中，叹“漳滨强对新红杏，一夜东风感旧知”；在《临江仙》中，诉“分明千点泪，贮作玉壶冰”，“独卧文园方病渴，强拈红豆酬卿”。

纳兰夙怀经邦济世的抱负，但至死难以实现，因而常常暗自慨叹。《风流子·秋郊即事》这首词，便是纳兰与友人一起出行时，想起自己的不幸际遇而写下的。这首词既描写了秋天的郊外空廓凋零之景象，“秋水映空，寒烟如织，皂雕飞处，天惨云高”，又表达了词人慷慨激烈的壮怀和伤春悲秋、忆昔怀旧的情绪，并抒发了岁月空老、平生不得志的身世之叹，“人生须行乐，君知否？容易两鬓萧萧”。

春去秋来，纳兰已由幼时的冬郎，成长为一腔热血的有志青年。曾经是“玉勒青丝，落花时节，曾逢拾翠，忽听吹箫”，纳兰是多么希望自己能“短衣射虎，沽酒西郊”，“便向夕阳影里，倚马挥毫”。

但梦想的开始，往往是痛苦的起点；理想的起飞，也往往是磨难的开始。

纳兰的梦想是成为英勇豪迈的飞将军李广，“闻有虎，尝自射之”，但纳兰的付出没有得到回报，“天道酬勤”的古语没有在纳兰身上应验。所以，“算功名何许”，纳兰在秋色中惆怅、在岁月中沉沦、在睡梦中挣扎、在词海中徜徉。

挑选八旗贵族的精干子弟充当侍卫，考察他们的才能，培养他们对君主的感情，然后委以重任，这是清代皇帝发现

走到八廓街，应该放慢一下脚步，腾空一下心情。因为，这里是玛吉阿米歌声响起的地方，听到这样的诵唱，心中的雪莲花也一定会慢慢地盛开。三百年前的那段苦恋，拨弄着有情人的心弦，而洒满月光的小阁楼，依然守望在八廓街的尽头。千年拉萨城，源头在八角；“先有八廓街，后有拉萨城”。上了年纪的拉萨人，只把八廓街地区称为“拉萨”。要了解拉萨的性格，就必须看八廓街；要了解拉萨的文化，也必须看八廓街。这就是八廓街，一个可以在热闹喧嚣处尽情发呆、想心事的地方；这就是八廓街，“看穿了人间的悲喜，都融进灿烂阳光里”。关于八廓街，一千个人心里有一千个八廓街。而八廓街依然缄默无语，躺在古城拉萨的怀抱里，穿越岁月的风尘，守望千年。

和训练栋梁之材的一个重要途径。纳兰以进士出身而授侍卫，在他面前展开的，实在是一条通往尊显的光明大道。

纳兰却是一个醉心风雅、酷爱生活而薄于功名的人。他虽然门阀崇隆，但性情恬淡，“闭门扫轨，萧然若寒素”。所以，这样的纳兰、这样的词，一定会以浓郁的情致和清醇的风韵而高标词坛。

听万马奔腾嘶鸣，骑马驰骋疆场，这才是纳兰的本愿。但父命难违，他只得踏上仕途，去寻求金榜题名，最后沦为皇帝身边的一个提刀人。

事与愿违，是人生中痛苦不堪的经历；梦难成真，更是生命中不堪回首的记忆。

从此，纳兰的人生规划变成了水中月、镜中花，带刀侍卫的无上荣光，常常被帝王的反复无常和喜怒随性所掩盖。他只得听命于主人，依附于皇权，献身于自己并不喜欢的事业。他的一生郁郁不得志，犹如一只被绑住了翅膀的苍鹰，变成了一只宠物而被帝王玩弄于股掌之中。

纳兰的心中有天空，但他的飞翔没有了高度。

汉孔融，四岁让梨，懂得谦逊之礼；汉黄香，九岁温席奉亲，懂得孝顺之道；秦甘罗，十二岁身为宰相；吴周瑜，十三岁官拜水军都督，执掌六郡八十一州之兵权；霍去病，十九岁已拜骠骑大将军。纳兰也希望自己能成为少年英雄，但金碧辉煌的紫禁城禁锢住了他的心，使纳兰既没有了英雄情结，也没有了英雄情怀。最终，使纳兰的少年英雄梦成了一场空。

纳兰二十二岁之时，建功立业离他也越来越远了，脸上

眼中是那般的荒凉，心中却始终割舍不下，我匆匆来，又匆匆回，神圣的高原依然耸立在那里，在圣湖边，在雪山白云和皎洁月光下。高原的厚重、古朴，高原的温馨、祥和，高原的神秘、虔诚，带给我们的，不仅是宗教文化，还有古老文明的浓郁气息。西藏的湖水，有着远古的灵性与神奇的色彩，如同戏剧般千变万化；在这片圣洁的大地上，“曾经沧海难为水”是人生刻骨铭心的追忆。西藏的三大圣湖，宁静大气、一望无际，是三位道不尽风采的美女，相依相伴、世代守望。“黄河之水天上来，奔流到海不复回”，坚定者就是水；“抽刀断水水更流，举杯消愁愁更愁”，坚韧者就亦是水。

已没有了过往的坚强和执着。此时的纳兰，心头压着太重的希望，只得仿好友顾梁汾的《金缕曲·丙午生日自寿》，"三十成名身已老"，给自己写了一首听天由命、心灰意冷的《瑞鹤仙》。

"马齿加长矣。枉碌碌乾坤，问汝何事。"在这茫茫乾坤中，在这大千世界里，纳兰忙碌奔波，但徒自碌碌无为。一生所营何事？其实连纳兰自己也说不清、道不明。"浮名总如水"，"且随缘、去住无心，冷眼华亭鹤唳"。纳兰虽然知道，功名声望只不过是过眼云烟，但壮志未酬，只得"一生长醉"而"无寐"。

在二十二岁生日之时，纳兰没有节日的喜悦，只觉得时光匆匆，年华流逝，"叹光阴、老我无能，长歌而已"。他既感叹自己虚度了光阴，又幻想自己理想中的快意生活；既安慰友人万事要随缘，又嘲笑自己一生为浮名所累。

纳兰初识郁郁不得志的顾梁汾时，就觉得一见如故、相见恨晚。从此以后，纳兰认梁汾为知己，忧梁汾之忧，想梁汾之想，思梁汾之思，行梁汾之行。吴兆骞被诬流放，纳兰看了顾梁汾写给吴兆骞的两首《金缕曲》，异常感动，决心参与营救吴兆骞的活动，并且给顾梁汾写下了这首披肝沥胆的诗篇《金缕曲·赠梁汾》："绝塞生还吴季子，算眼前外皆闲事。知我者，梁汾耳！"纳兰清晰地告诉顾梁汾，自己和他所要达成的目标是一样的，就是一定要把吴兆骞尽早救回来。

二十二岁的纳兰，仿佛是春后的初雪，看穿了冷暖，驱散了忧愁，用低调雅致的情花去唱和古人的情愫，去投递无奈的别离，去安放人生的萍聚。

我看见，高原上的五色经幡在清风中飞扬；我听见，东山之顶的法号在天空中鸣响。蓝天白云、雪山草地、苍鹰骏马、牦牛羊群，好一幅流动的图画。寺庙辉煌、经幡招展、喇嘛诵经、信徒膜拜，好一幅天人合一的风情画；一个个村庄、一座座寺庙、一块块农田、一片片牧场，好一幅和谐自然的水墨画。如果一个人向往最接近天空的大地，那么他就无法回避西藏；如果一个人追求最纯净圣洁的精神家园，他同样也无法回避西藏。这里有雄伟的雪山、壮阔的草原、辉煌的庙宇、虔诚的信徒，当然，这里还有亘古不变的苍穹，和那千百年来生死守望的神山圣湖。

莫道西风独自凉，却说细雨暖人心；
缘分如烟聚又散，饮水冷暖我自知。
君子如玉花似锦，三千浮尘梦一场；
不是人间富贵花，奈何开在帝王家。

纳兰的词，婉约缠绵如丝竹，游离清欢薄凉间。世人不管叫他纳兰，还是唤他容若，都是清雅秀气之名，都带芬芳春意之气。这样的才子佳人，浸染在人间烟火和世俗纷争之中，该是多么的寂寥和痛楚，该是多么的心伤和愀悲。

“何如薄幸锦衣郎，比翼连枝当日愿”。华丽飘逸的纳兰，恭敬谨慎的容若，一直奉行“诗乃真声，性情之事也”。所以，纳兰的词始终追求的是“天然去雕饰”，始终讲究的是“清水出芙蓉”。

在纳兰的词中，既有与古代词人的共鸣同唱，又有引用典故的绝妙佳句，所有这些，都寄托了纳兰那海阔天空般的滚滚情思。

天空湛蓝，云彩恬淡，举头似乎便能透至根；大地绿韵，星花摇曳，低头似乎便能触及魂。西藏的天，仿佛被珠峰的雪和唐古拉山的水擦过似的，湛蓝圣洁、晶莹透明。西藏的天，又如天池之水，清澈无痕、美轮美奂。天空蓝、雪峰清、碧空净、彩云飘，好一幅天地合一、山水合一的迷人画卷。西藏，许是离天很近的缘故吧，天空总是湛蓝如洗，就算有云朵，也是白得纯净无瑕。西藏，千山之巅、万水之源，这里有着传统的文化信仰和精神支撑。我想，有信仰的地方，天空一定都是很蓝的。走进西藏，仿佛参加了一场视觉盛宴。梦幻的地貌和那出乎意料的饱和色彩，总让人一眼看过去，心脏也会颤动几下。

真性情

（一）

真性情是一种生活态度。在快节奏的现代生活中，越来越多的人喜欢真性情的人，喜欢爽直的性情中人。

真性情的重点，是“真”，是本真，是本心，是不忘初心。

所谓真性情的人，一方面宣扬自己的个性，注重自己的精神，看重自己的价值，另一方面看轻外在的功利，看淡他人的褒贬。

真性情，美在“真”字，是真诚内心和真情实感的流露。纵览古今，不难发现，真性情的人，大多拥有美丽而灿烂的人生。

真性情就是性格直爽，内心善良，待人坦诚，有正义感，

无论是圣洁的雪山、广袤的草原，还是古老的寺庙、奔腾的河流、缤纷的晚霞，都无法道尽西藏的精美、西藏的纯洁、西藏的神秘。西藏的美是让人心醉的，是灿烂的，是神秘的，是茫然的，是静谧的，它所带来的是纯净、是灵气、是神奇、是希望、是欢乐。最真实的西藏，美到让人窒息。西藏，有阿里无人区的粗犷原始之美，有珠峰、羌塘草原、唐古拉山的雄伟壮阔和大气磅礴之美，有布达拉宫、大小昭寺、拉姆拉措的宗教神秘和虔诚信仰之美，有羊卓雍措、纳木措、药王山、米拉山那天湖圣湖、神山圣山的神话之美。看到那些逆光下飞扬的经幡和喇嘛的微笑，听到那些好听的念经，喝到浓重的酥油茶，就会心生莫名的欢喜。佛教把这种回家似的亲切感称为宿慧。

不做作，不趋利，不妥协。

性情中人喜欢自由自在，我行我素，率性而为，随欲而动，“偷得浮生半日闲”，“一半秋山带夕阳”。

性情中人也喜欢幻想。他们常常幻想明天，幻想未来，幻想爱情，常常生活在梦里，迎一缕柔风、沐一场细雨，吻一片桃花、抚一叶嫩绿。但当现实与梦想不一致时，性情中人也常常借酒消愁，“今朝酒醒何处，杨柳岸，晓风残月”。

当今世人常常在吟无用之诗，在填无用之词，在醉无用之酒，在读无用之书，在钟无用之情，在做无用之事，到了最后，终于成了一个无用之人。因此，一辈子活得无滋无味，究其原因，是因为没有用情，失了真性情。

真实是最难的，所以也是最珍贵的。为了它，一个人也许不得不舍弃许多好东西，包括名誉、地位等。

但真实又是最容易的。在这个世界上，唯有它，一个人只要愿意，总能得到和保持。

如果没有真性情，人生、世界便会变得索然无味、淡如白水。如果没有真性情，生活就会变得没有温度，也没有甜度。

“唯大英雄能本色，是真名士自风流。”我所爱慕者，世间之真性情之人也；我所喜欢者，世间之率性之人也。“从心所欲而不逾矩”，这就是一个真性情的汉子，而且是一个“不逾矩”的性情中人。

“人生寄一世，奄忽若飚尘。”一个人的生命历程，有时脆弱得宛如一根灯草，一捻就断，转瞬间就会灰飞烟灭。

正因为生命的脆弱和无奈，正因为生活的艰辛和凄苦，

两个和尚抬水喝，就是这样一段背影，穿透了三百年的时光，陡然屹立在世人面前。我不禁在想，是什么样的力量让这种背影变得那么平静、那么坦然；我不禁琢磨，究竟是怎样的一个男人，怎样的一尊活佛，才能成就“不负如来不负卿”的传世之说。旅行在西藏高原的天路上，人们都将“身体在地狱，眼睛在天堂”这句话深深地烙印在了脑海里。天堂般的纳木措之美，看一眼，都能被震撼至眩晕而迷醉当场。生活在这“天堂”里的藏民，和白牦牛一起，豪气地站在我们的眼前，站在那道风景里，是那样的坚毅和刚强。因为在他们的背后，是绵延逶迤的念青唐古拉山脉，是云雾缭绕、白雪皑皑的珠穆朗玛峰。

我们才应该具有正视人生的智慧与勇气。

上帝一定是公平公正的。生者如过客、死者为归人，生不带来、死不带走。只有不在意世俗的名利与虚荣，不刻意追求权力和名位，才能真正把握住实实在在的生命，才能清晰掌控好生命的本真与回归。

少一点物质的追求，多一些精神的向往；少一点红尘世俗的拖累，多一份闲云野鹤般的生活。只有这样，我们才可以很从容地去欣赏沿途的景色，很悠然地去调理自己的心境。

我想，在这个世界上，做本真的自己，做真性情的自己，做本色的自己，就一定可以创造出独一无二的美好人生。

西藏是离天堂最近的地方，是一个让人产生无限遐思的灵魂故乡，是一个让许多人魂牵梦绕的地方。人们对它的向往，不仅来源于对极限的挑战精神和勇于攀登的冒险冲动，更源自雪域深处灵魂的本真、超脱与洗礼。

仓央，家住布达拉宫，身居佛堂禁院。在17世纪政教合一的西藏，作为达赖喇嘛的他，不仅是藏族地区的最高宗教领袖，更是政治意义上有绝对权力的王者。但他仍然留恋世俗凡尘，关注儿女情怀，加之才华横溢的潜质、情感丰富的内心，创作出了世上最美丽、最真挚的情歌。

情即诗，诗即情。仓央的诗不多，但他的情永恒。时空轮回，在三百年后还能够相遇仓央的诗，不早不晚，一切注定，一切也正是时候。相遇仓央，相遇神奇与圣洁，我要感谢这三百年后的相遇与收获、感动与启示。

西藏的美，是一种阳光下明媚洒脱的美，也是一种雨雪下干净清澈的美。西藏的美，是匍匐朝拜里庄严肃穆的虔诚，是走过很多风景后，仍然怀念的精美。藏地的天空是那么的蓝，蓝得让人心动、让人心醉，但请不要忘了，此乃苦寒之地，因其氧气稀薄、环境艰苦，才让修行人向往。当年吴兆骞被发配到宁古塔，好友顾贞观求到纳兰门下，纳兰问可否给他十年期限，顾贞观忍不住流泪道：吴兆骞还能坚持十年吗？然后跪下了。终于，纳兰花五年时间救回了好友的好友吴兆骞。朋友间的情谊和深邃的蓝天一样，同样是那么的让人感动，让人忍不住潸然泪下。

一个人需要隐藏多少秘密，才能巧妙地度过一生。仓央是活佛，受着千千万万信徒的朝圣和膜拜；仓央也是情僧，是青藏高原上最美的情郎，写出了流传尘世、让人感动的情诗。他的情诗，像繁花般撒落在这片神秘的土地上，灿烂了三百年，吟唱了三百年，流传了三百年。

仓央，虽入了佛门，修的却是尘世的爱；仓央，虽历经生离死别，却痴心不改、无怨无悔。他的爱是一种伤痛和忧愁，是一种牺牲和抗争，也是拉萨上空无奈的风尘、凝固的时空。或许他不像真佛，也没有灵塔，可是，只有他最接近人的灵魂，最接近爱的真谛。

爱，是一个人对另一个人习惯的认同；爱，是一个人会对另一个人去改变和迁就；爱，是一个人对另一个人欠下的债。

如果你爱我，就把你的手给我，我会一直牵着你，直到生命的尽头；

如果你爱我，就把你的心给我，我会把它和我的心放在一起，直到我的心脏停止跳动；

如果你爱我，就把你的悲伤给我，我会和你一起分担所有的忧愁，直到你不再伤悲；

如果你爱我，就把你的眼泪给我，我会用我的体温把它烘干，直到看到你的微笑，让你天天快乐。

其实，爱就是一种修行。而仓央，正是通过那风流的爱去修行的。

爱，对于仓央而言，只是修行的磨砺和走向彻悟的考验。仓央的爱不是为了婚姻，也不是为了情欲，而是为了超越婚

以色达五明佛学院为中心，这里密密麻麻地搭满了修行者的帐篷。他们来自全国各地，习惯不同、风俗不同，但因为同样的信仰，让他们和平相处。色达佛学院，20世纪80年代由法王如意宝创建，短短十来年，一跃成为世界上最大的佛学院。法王如意宝已离我们远去，但很多人会记得，就如他那本书的书名《不离》。在色达，信仰真的就像心中的暖灯，能够在黑暗里照亮心路，指引着前行的方向。色达，是此生一定要去的地方，因为这里恐怕是地球上的最后一片净土了。这里的人终日只做一件事，就是修行。金色的黄昏，红色的房屋，闪着光的佛塔，似乎在海拔4200米的这里，你能找到永恒。“色达山河一片红”，这是一方永远不会消失的净土，无数人来此寻找灵魂深处最干净的归属。只要色达下一场雪，全世界都会被美哭。

姻和情欲的羁绊,为了打开澄明的眼和那自在的心。

"情就在那里,不来不去","爱就在那里,不增不减",这情、这爱,定能历经风雨而常在。如磐石一般坚定的爱,只有佛的情爱。"与有情人做快乐事,别问是劫是缘",这固然可以理解为相爱的淋漓和潇洒,其实仓央所说的,只是做自己真正想要去做的事。不要放不下过去和未来,而要活在当下,因为,当下即是佛。

三百年的时间,将今古划成一道银河,而仓央就从河的彼岸,足踏莲花而来。水面凌波闪耀,那是他的禅心在荡漾,明洁如月光。那月光清凉,心上分明有字,是一个"佛"字。其实,他不是什么活佛,而是一个鲜活的热血才俊青年。其诗文,犹如一个措辞优美却无法解开的谜题,带着流水的柔情,会时时叩响世人的心门,激荡世人的心弦。

一言道不尽仓央心,一生品不完仓央情;

一笔写不尽纳兰情,半生书不完痴心梦。

诗词是一种修为,修的是一颗菩提心,度的是红尘万千人。

有一种诗词,总能让人泪流满面,总能使人情不自禁,这就是仓央诗和纳兰词。

佛说五蕴皆空,可这红尘却总被诸多缘分和欲望填满。一旦佛入红尘,红尘便是道场。

纳兰和仓央的相同之处,一言以蔽之,就是三个字:"真性情"。

禅心如莲,琥珀禅心。三百年前,纳兰和仓央的身体是

西藏，其实离我很远，远隔千山万水，可望而不可即；西藏，其实离我很近，梦里，我已无数次靠近、抵达。布达拉宫，享有“世界屋脊上的明珠”之美誉，如今，已被联合国教科文组织列入“世界文化遗产”名录。遥望着一座山，一座布达拉宫包裹的神山，静静地迎风思索。我想，人，是可以穿越的。仓央借着他写的文字穿越到了现在，向我们诉说着“世间安得双全法，不负如来不负卿”。我们也借他的文字穿越到了清朝，看着他夜晚出去会他的情人玛吉阿米。文字的魅力，可以让仓央一直活在我们心里。我想，此生，我一定会走进西藏，走进拉萨，走进布达拉宫，亲眼去看一看那千年风骨，亲耳去听一听那千古绝唱。

热血的，但内心是宁静的。所以，他们的诗词是宁静的，忧愁是淡淡的、相思是淡淡的、悼亡也是淡淡的。

纳兰和仓央都是绝代风华，是那个时代的亮点，是那个时代的时髦，也是那个时代的偶像。他们的生年相差二十八年，应该不属于同一时代的人，但在他们身上有很多特质是相同的。一样的任性叛逆，一样的年少风流，有多个红颜知己，却没有完美的结局，情深而不寿，最后都只能用至真的诗词写下对爱人的片片情意。

“关关雎鸠，在河之洲。
窈窕淑女，君子好逑。
求之不得，寤寐思服。
悠哉悠哉，辗转反侧。”

这首《诗经》里面的作品《关雎》，生动地刻画了一位男子仰慕着那在河之洲的心上人，而我始终认为，这位男子就是仓央，这位君子就是纳兰。

多情才子惜薄命，一如三十岁的纳兰，一如二十三岁的仓央。然而，他们却似昙花般将自己生命中最美好的那部分展现给了这个世界。或许有遗憾，或许有留恋，但我相信，他们一定无怨无悔。因为生命毕竟短暂，只有爱才是永恒；因为身体终将消失，只有灵魂才是永恒；因为生命终将结束，只有诗词才是永恒。

仓央是一代活佛，属于政治人物，胸怀天下，爱泽万民。他的爱人，无论是仁增旺姆，还是玛吉阿米，其实，都不过是惊鸿一瞥。仓央将爱握在手心、印入心中，而这些身边人，特

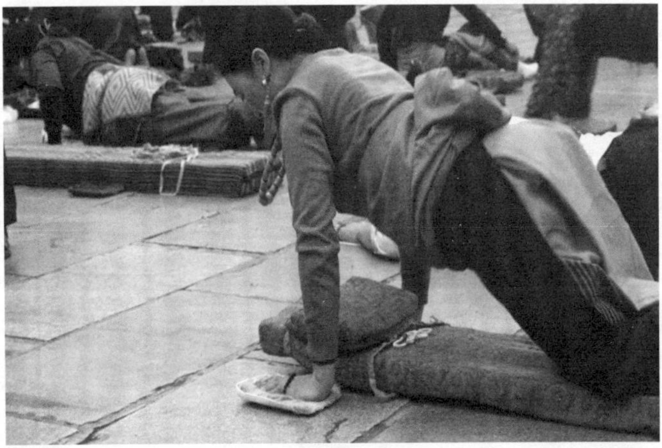

你可知道，西藏的风在等你，雨在等你，阳光也在等你。在西藏，最不缺的是湛蓝的天、洁白的云、清澈的水，还有那温暖灿烂的阳光。这些生命中美好的事物，都对你翘首以盼。她们将报你以热吻，拥你以温暖。虔诚地行五体投地之礼时，修行的人们同样没有忘记去保护好自己。虽然没有贴着青石板的温度，虽然没有磨破手脚，但只要心诚，一切都会得到神佑。我们在红尘中，只有照顾好自己，才会有能力再去照顾家人和朋友。照顾自己，除了看护好身体，还要安抚好我们的心灵。不以物喜、不以己悲，在最困难时也要记得，行到山穷水尽处，必有风起云涌时。

别是红颜知己，只是活佛认知世间、流转人间的一扇窗。

纳兰是翩翩才子，情在不能醒、不能觉，深陷情海而看不清、看不透这个“情”字。终其一生，纳兰一直都是在儿女情长上缱绻、流连。

纳兰至死，都是为情；纳兰的一生，都是为情而活。

仓央是神人，是佛中之人；而纳兰是人神，是人中之神。

仓央，本身就是活佛，但他站在人的角度，以出世却惆怅的语调，以最浅显易懂的诗句，讲述出世、入世的故事，讲述情爱和感情的寄托，讲述慧根和修行的彻悟，讲述死去活来、生离死别的心痛。

纳兰，生长在血统高贵的皇族之家，短短一生却经历丰富，感情世界也是一波三折。这种有起有落的浓缩和精华，是纳兰宝贵的人生体验，也最终让他成为那个时代不折不扣的青年才俊。

纳兰词，把入世的心态和出世的感情表达得淋漓尽致。纳兰以入世却哀婉的语调，以最平仄押韵的词章，讲述友情、爱情的故事，讲述家国和天下的情怀，讲述相遇、相知、相恋后的阵痛和承诺。

仓央是佛前的一朵青莲，沐浴着清幽的梵唱，静静地绽放在忘忧河上。以六世达赖之尊，向往自由，跪求还俗，说明他对于自由的渴念达到了常人难以理解的地步。他以佛门的修辞技巧谱写了旖旎的情歌，素朴至极，令人叹为观止。

“此有故彼有，此生故彼生，此无故彼无，此灭故彼灭。”只要彼此心相通、情相牵，彼此的生生死死就连在了一起。

雨，是上天的泪珠。只要你生活在西藏，那么，你就会觉得，西藏的雨是“太阳雨”，那美丽的雨点是太阳的汗珠。烈日炎炎之下，头顶上突然飘来一团云，冷不丁就是一阵倾盆大雨。一切就是这么真实，就是这么自然。从太阳雨中走过，接受着神奇自然赐予的雨水和阳光的沐浴，总会不自觉地感到，人生中的种种压力和烦恼将一洗而空。雨水的清凉会使人更加清醒，阳光的炽热会使人更加有激情。你牵住我的手，我心中一定是暖暖的。白云下平静的湖水，让红尘中的人们也静下心来。湖边有白发苍苍的老夫妻，也有热恋中的小情侣，我觉得此刻才是最好的，一点都不用去羡慕别人。曾记否，我们第一次牵手，我就对你说：“此生有一个重要的愿望，就是你牵着我的手，从心动到古稀”。你笑了笑，手握得更紧了。我相信，此生一诺，来世必践。

“心无尘，自清净。”

所以，在我的脑海里，宁静的山是心灵的绘画，宁静的水是灵魂的诗篇，宁静的夜是精神的书籍。

仓央，在布达拉宫很是入定和宁静，在拉萨街头很是躁动和不安。他游走在佛界和人间之间，此刻为圣佛，彼时又成凡人，这种两面人的生活让仓央感到十分痛苦。

静水流深。静，是外显的姿态；流，显示了内在的力量；深，则意味着蕴藉。

仓央的诗，简单温和、细声慢语，如雪山之晴、湖泽之静。静水流深而不显不露，昭示着生命的博大精深，令人屏息凝神，浮想联翩。

静，是一种品德，是三省吾身后的人生独悟；

静，是一种修为，是潮起潮落后的生活本真；

静，是一种享受，是人与人之间心灵默契下的和谐安详。

有诗云：“细雨湿衣看不见，闲花落地听无声”；有诗云：“蝉噪林愈静，鸟鸣山更幽”；更有诗云：“落花无言，人淡如菊”。三种意境虽各不相同，但无不向我们展示了静的美丽。

仓央身份高贵，才华横溢，却在政治的夹缝中挣扎生存；

仓央感情炽烈，情感丰富，却累及盛名而郁郁寡欢终生。

“天空洁白的仙鹤，
请把你的双翅借我。
我飞得不远，
只到理塘一转就回。”

这是在仓央的遗物中发现的最后一首情歌。诗歌简单

一入宫门深似海，从此萧郎是路人。连廊深处，是看不见的黑洞，而在这洞口，也有一扇看不见的心门。只有在这紧锁的门里修行，人的心才会慢慢地平静下来，才会渐渐地放下人世间的烦恼，放下凡尘俗世的情缘。可很多时候，人的情感、人的未来是半分都由不得自己的。想好好相爱，人已老去；想好好尽孝，亲已不在。相遇，却来不及相聚；相聚，却来不及牵手；牵手，却来不及相爱；相爱，却来不及相守。仓央的痛，说不出来，所以，只能忍着，直到能够慢慢淡忘。我看着仓央的故事，流着自己的眼泪；我听着仓央的情诗，却把自己融进了这诗情画意之中。

凝练，无奈中有着一份看透后的宁静，宁静中又带着一丝高傲的执着。

仓央，常常被世人臆想；

仓央的诗，也常常被世人篡改。

他，曾是高居上位的六世达赖喇嘛；

他，曾是雪域高原的佛门王子；

他，曾愿牺牲自己去挽救天下苍生；

他，曾被人误解为披着袈裟的情圣；

他，曾是转世活佛却在野史中传说很多。

命运的残忍莫过于此。它把人类最在意的美好摧毁，还把它捻在手心里，嘲笑着众生的迂腐。

仓央是一个善于直抒胸臆的诗人。他的情歌，能让人明显感觉到真性情的自然流露，这或许也是他试图去避开杂乱现实的一种方式。

仓央虽然是个浪子，追逐着红尘，却从未沉沦过。在惊变和沧桑过后，他依然广施恩泽，认真活着。他挑战着世俗，勇敢追求内心的真实，即使与全世界为敌，他也在所不惜。

每个人都有自己的造化。若是注定的劫难，谁也无法去躲开，谁也无法去阻止这前世注定的孽障。因为，三百年前，仓央注定要在历史上投射自己的光影，留下倩影、映出繁华。

唯物也好，唯心也罢；宗教也好，科学也罢；活佛也罢，浪子也罢。其实，对于真正有信仰的人来说，对自由的憧憬，在他们的心中从未改变过。

任何一种信仰，都会成为人们心底最美丽的守候。仓央

在世界最高的西藏大地上，有许多雄伟的山脉绵延耸立着。“西藏的山不似内地山那般清秀内蕴，它山石嶙嶙，沉默不语，但棱角鲜明，直率坦荡，自有其独特的生命，犹如藏民那淳朴善良、勇敢坚毅的性格。”西藏高原上，北有唐古拉山，东有横断山脉，西北有喀喇昆仑山，中部有冈底斯山、念青唐古拉山。而耸立于西藏高原西南边缘的喜马拉雅山，更是高峰林立，8000米以上的山峰就有11座。世界第一的珠穆朗玛峰就耸立于喜马拉雅山上，雄踞地球之巅，为万山之首，人称世界第三极。“用心想一想，全世界哪里还能见到比它们更加浩瀚的崇山峻岭呢？尤其是，连脚下的地平线都已遥遥地高出海平面几千米，成为世界屋脊。”

是一个有信仰的活佛,但他也是一个有灵性的普通人。即使命运不会为任何人转弯,仓央也要将这份坚守的尘缘,嵌入自己的骨髓。

流浪,是个忧伤的词语。仓央"坐床"后一直在流浪,他的心在流浪,他的魂也在流浪。流浪者属于另外一个世界,他的行程不定,他的身心不宁,他的忧愁不断。所以,幸福的人多半无法读懂仓央这个人,也无法明了他的诗。

陌上山花几时开,随风飘飘几时休。

模糊了仓央的双眼,但他的心还在;霜染了仓央的头发,但他的情不变。

最终,鲜花还是落了,在我看不到的角落;

最后,仓央还是走了,在我不知道的时候。

仓央走过了很多地方的山路,翻过了很多的草原和高山,看过许多次的云起云落,却只爱过那一个正当最好年华的初恋。

其实,擦身而过,也是一种很深的缘分。

仁增旺姆飘进了仓央的心里,左右了仓央的世界,让仓央的世界变得灰白。

仁增旺姆一直坚持在原地等待仓央的归来,可是,仓央已经走得很远,不再回来了。

最好的陪伴,不是在心灵深处,而是与时光相依,如一缕春风。

最深的牵挂,不是在朝朝暮暮,而是与心灵相伴,似一杯暖茶。

去一次西藏，不为朝圣，只为仓央，只为那灵魂的净化和超脱；去一次拉萨，不为求佛，只为那一片红色，只为心中那持久的眷恋。因为一个人，我来到了拉萨；因为一首诗，我来到了拉萨；因为一种难以言表的向往，我来到了拉萨。这个人就是浪漫的仓央，这首诗就是仓央的诗，这种向往就是仓央的脚步。不管你曾经遇到过什么不顺，经历过什么伤痛，来过西藏，你的内心一定会更加平静，心胸也会更加豁达。心静则心净。在这片净土上，似乎每个人都没有烦恼，脸上都挂着微笑。那红色的房子、红色的服装，连成一片，虽然简单，甚至简陋，然而带给人们的震撼，却远远超过万丈高楼的冷酷。

仓央短短的几句诗歌，犹如春风拂面，满目柔情；犹如花开花落，情意绵绵。仓央跨过山高水远，将心中的挚爱，写在了每一个月白风清的日子里，让心与心不再孤独，让情与情不再相隔。

尘世山高水远，前路漫漫悠长。仓央即便不能永远握住仁增旺姆的手，陪她走过一段路，他也要面向故乡，唱响那一首雪山下的初恋情歌。因为，仓央明白，虽然人各天涯，但是，心心相印，便是最美的修行。

“琴瑟友之”，“钟鼓乐之”。

仓央的念，有种不可言喻的苦楚剧痛；仓央的思，有种身处水深火热的焦灼等待。

细雨湿了流光，也碎了仓央的心。

三百年后，我们总以为那份痴情很重、很近，是世上最重的分量，是世上最近的距离。突然有一天，蓦然回首，我们才发现，这份痴情一直都是很轻的，在那个很遥远的地方，一直在等待有缘人的来临。

上帝曾劝仓央饮下孟婆汤，忘记前尘往事，把自己葬于群山之间，埋于白云之上。可仓央眉目之间那缕缕的悲意，蔓延着深深的不舍，滴滴清泪，滑至脸庞而潸然落下。

仓央一直痴痴念念，所以他的眼眸里常常掩着一行落寂，藏着一卷凄美。

“红衣褪尽芳心苦，曾记花开不记年。”世人常常咏叹古往今来之事，殊不知，在红尘里那剪不断的思念、数不尽的哀愁，早已在无尽的琴曲下，揉成了一个个千年的心结。现实

站得高，才能看得远，所以，我去了一次西藏。世间万事，喜怒哀乐，聚散离别，光荣与梦想，成功和失败，事后想想，不过如此而已。前路黑暗或光明，全凭胸中这一颗拳头大小的心脏。心大了，世界自然就大了；心宽了，大步往前就顺了。人生的最高境界是佛为心，道为骨，儒为表，大度看世界；人生的最终目标是技在手，能在身，思在脑，从容过生活。用脚步去丈量壮美的山川，用时光去解除生命的单调和人生的孤独，为的是能够行走在自己的灵魂里。我远赴西藏，不为朝圣，只为仓央，只为贴近你的温暖，只为生命最灿烂的记忆。

中的我们，注定要独自饮醉在前世的那一场琵琶和鸣之中，去演绎一场又一场的留恋与往返。

时光如水，总是无言；若你安好，便是晴天。

你来与不来、在与不在，都不再那么重要。因为，我会一直在那里等着你，直到海枯石烂、天荒地老。这是有情人之间的山盟海誓，这是亲人之间不离不弃的温情誓言。

刹那间，心，盘根错节，蔓草丛生；

刹那间，情，千山万水，亘古长存。

因为，爱情从来都是苦的，从事都是涩的，从来都是折磨人的，所以，就有“有情皆孽，无人不苦”之说。如果说爱是一朵莲花，我想，最美丽的爱一定是那清苦的莲心，一直处在最中央，一直苦到心里，然后才会有那朵美丽的莲花。

小雨悠悠下，思念幽幽游；

爱人幽幽走，雨中悠悠愁。

忧愁似绳，紧紧地缠绕着仓央，让他难以呼吸，难以自拔；

忧愁似剑，狠狠地刺痛了仓央，让他难以忘记，难以自救。

仓央胸口的那一朵刺青的青莲，就是一场轮回的宿命，一桩未了的隔世夙愿，一个痴情的爱情故事。而这个凄美的人和他的故事，一直在青藏高原上游荡了三百年。

那仓央的泪、那仓央的伤、那仓央的忧、那仓央的愁，是抹不去的背影，斩不断的记忆。它不会随流水而去，也不会伴清风消匿，只会在天际涌起一片思绪，慢慢地飘向遥远

雅鲁藏布江，发源于喜马拉雅山北麓的冰川，藏语中意为“高山流下的雪水”，是世界上海拔最高的河流。从日喀则到山南的路上，雅鲁藏布江一直伴随着我们前行的脚步。雪水是那么的清纯、那么的清澈，滋养着万物，灿烂着春天。三百年前，多情的仓央，在森严的布达拉宫吟唱着情歌；忧伤的仓央，在流浪的路上传扬善律。他把无数美妙的情歌留给了世人，当尘埃落定之时，所有的争议和误解都成了笑谈，所有的是是非非都烟消云散。原来，仓央为我们演绎了一个关乎爱情和浪漫的神话故事。西藏，最美的风景永远在路上。不要赶路，而应该去感受路，去感受路的崎岖，去感受路的悠长，去感受路上的信仰。

的宇宙。

寂寞如水，忧愁似茶。

仓央把一轮明月挂在窗前，剪半截忧愁和一世红尘，化作一首首的诗歌，飘到仁增旺姆的身边，把心爱的人儿哄得笑声不断，开心至极。

仓央写的诗，总是能以一种率真而委婉的方式，直达人们灵魂深处最柔软的那个地方，使这个地方涌出一阵阵的激动、一阵阵的涟漪。

读仓央的文字，我们会看到一颗矛盾的心，一个执着的性情中人，一个现实版的情癫大圣，一个超脱灵魂的入世活佛，一个出世的凡夫俗子。仓央的诗歌，让人黯然神伤；仓央的人格，让人高山仰止。然而，在佛教徒的眼里，他是布达拉宫的叛徒，竟然在释迦牟尼的尊前，公然以爱情和自由的名义，歌唱着自由和爱情至上的叛逆。

在三百年前的烟雨红尘中，轻拨梦想心弦的仓央，轻轻地唱着那岁月的沧桑、生命的轮回，慢慢地看着那飞絮落花的缤纷、江南烟雨的深沉。

在三百年前的轻烟缭绕里，展开馨香素笺的仓央，静静地画着那流年的水墨、经年的山水，细细地理着那千丝万缕的闲愁、小桥流水的清远。

我闭目在经殿，香雾缭绕，木鱼声声，三百年前仓央那诵经的声音穿破时空而来，声声催下我眼中的泪花。

透过仓央水晶般透明的心，我看见了他风干的忧伤；我看见了他脸上淡淡的泪花和苦涩的表情；我看见了他在泪光

“在那东山顶上，升起白白的月亮，年轻姑娘的面容，浮现在我的心上。”这歌声把仓央这段凄美的爱情唱出了悠远的味道。这首《在那东山顶上》的歌词，来自于仓央的一首情诗。爱情从悠远的前世传来，飘过原野与高山，轻轻抚过人们的心田。歌声响起，那种空灵漂渺的意境，把人们带到了神秘的西藏，也让在都市生活的人们忘却了现实的烦扰，得到了心灵的洗礼。原来，时过境迁，当时的无奈可以渐渐放下，而使心情变得阔朗起来。月亮不见了，但月色仍在。既然月光普照大地，那月亮一定挂在天上，而且是弯弯的、雪亮的、皎洁的，像一只小船挂在天上。“如果不曾相见，人们就不会相恋；如果不曾相知，怎会受着相思的熬煎。”

里轻轻吟咏那一份心情。

“空门内外，谁又是谁呢？”“情人丢了，只能去梦中寻找；莲花开了，满世界都是菩萨的微笑。”仓央的一生仿佛是一出戏，戏中有变脸、有悲情、有爱情、有别离。几番辗转，几度流离，仓央“手一握，掌中都是针”，真可谓是：半生荼蘼半生寂，清净而生清净去。

仓央圆满的，是他锦绣而凄凉的一辈子。他也曾在这个世间趟过凡心不灭的水，笃定地要去握住那谜一般的女子，去寻找苍穹下罕有的爱。“一颗心与另一颗心一旦巧合，死一次也就够了。”

“我为了死，才一次又一次地活了下来”，“并且终生死个不停”。向死而生，是一种生活态度，是一种很勇敢的生活方式，是对生命的一种赎罪和拯救。“只有无限接近死亡时，你才能深刻体会生的意义。”

仓央“从山中尽兴而归”，“把自己藏在了诗里”，为情而生，为情而活，为情而死。

传说中有一种荆棘鸟，它一生只唱一次歌。它飞越高山，飞过沧海，穿透云层，只为寻找那荆棘树上一根最尖最硬的刺。然后用尽毕生的力量，扎进刺中，唱响一曲震撼人心的春之歌。最动人的旋律，最美妙的篇章，从来都是荆棘鸟用向死而生换来的。

仓央，“来到群山中安息、修行”，犹如“一粒无意间丢入土中的种子，无意间便轰动了高原”。

“我一走，山就空了。”

你孤独站立在那里，是因为你知道，在这样干旱的地方活着也是一种修行。这样的修行只有你一个，没有同伴。但久而久之，你竟成了别人羡慕的模样。夕阳照耀下，树叶间透出的太阳，为荒凉的原野平添了一份优雅。当人们用崇拜的眼神看着你的时候，早忘记了你当初的孤独、寂寞和清苦。“修行的路总是孤独的，因为智慧必然来自孤独。”成长是一个缓慢的过程，人生是一场孤独的修行。如果不经历那些荆棘密布的岁月，就学不会在下一次跌倒时，快速地爬起，留一个潇洒而华丽的转身。孤独也好，寂寞也罢，自己的路，只能自己去铺，只能一个人慢慢去走。

仓央一走,“回到一滴泪中闭关”。此后三百年,在西藏高原上,再无如此深情的歌唱。这是多么的悲情啊！仓央忘了回忆,我忘了忘记,真是“一层霜、一层伤”。

“人生无常”,“天也无常,地也无常”,三百年后的世人,“先是忘掉一个人,然后忘掉一群人”。

在仓央的心中,情是最重要的一部分。“一个美人一滴泪”,“满身都是洗也洗不尽的春色”。

在仓央的心中,佛也是很重要的一部分。“一刹那缘来,一刹那缘去”,“缘来花开,缘去花落”,“三步两步便是天堂”,“白云飘飘,一了百了”。

仓央对爱的追求是那么的坚定,所以他说“只能爱你一世,却不能爱你一时”,“我步入你的梦”,“你穿过世事朝我走来,迈出的每一步都留下了一座空城”。“一支从来世射出的毒箭,封住了我唯一的退路”,从这句诗中可以看出,仓央对爱情的追求又是那么的被动和无奈。

“本来是去远山拾梦,却惊醒了梦中的你。”“我从红尘中率先早退,你却在因果之间迟到”,最后,仓央只得“关闭门窗,在镜子里度命”。

幸好在冥冥之中,有一抹佛性在支撑着他继续前行。“你来了,铺天盖地;我去了,一抹浮云。”“我喝水,替别人解渴。”“回头一望,佛便是我,我便是你。”“佛祖笑了,世上所有的果核便裂了。”

仓央,“骑着梦中那只忧伤的豹子,冬天去人间大爱中取暖,夏天去佛法经义中乘凉。用佛度我的情,用情悟我的佛。

太阳下山前，把斑驳的影子投射在墙上。这条街，不因日光的褪去而冷清，反而更加热闹起来。三三两两的游客询问着、寻找着一家酒店，那就是“玛吉阿米”。她就是仓央的情人，传说他每晚会出来与她幽会。只是斯人已去，情随事变，我们还能在三百年后找到她吗？我相信，一定可以。即使沧海变成了桑田，他们两人再也不相见，可爱情永远会在那个角落静静地等着。来拉萨，不能错过的餐厅就是玛吉阿米，它俨然成了西藏的一种文化风尚。玛吉阿米是位于八廓街东南角的一幢黄色藏式三层小楼，5点刚过，已经需要排队等候了。对于游客而言，它是人气餐厅的首选。这固然是为了满足舌尖上的味蕾，但更主要的，恐怕还是因为其背后的那个故事。

这一生，前半生是我的悟，后半生是我的度”。

在仓央的诗中，有一种难于取舍而又痴情决意的魅力，而这种魅力超脱了欲望与世俗的眼光，一切都像湖水那样，写得那么纯粹和优美。

无可奈何的仓央，从来就是一个身不由己的佛。因为，他的命运全由别人来安排。他甚至不如一个农奴还有逃亡的自由，甚至不如一个小僧也有还俗的自由。他是藏传佛教的第一人，拥有最多的是不自由、无法爱。

仓央没有选择，所以只能选择背叛；仓央接受了爱，却牺牲了佛缘。

仓央，是一个不成功的活佛，却是一个伟大的诗人。

“情不知所起，却一往而深！”这个集达赖身份与天人才气于一身的情郎，把一份后人永远也无法解开的情谜，刻入了这三百多圈的年轮里。而这些有灵性的年轮，并没有因时光的流逝变得暗淡，反而因为这份佛性和情性，变得更加鲜活光亮。

仓央，用生命演绎了一场留给后人的经典，用他最尊贵的身份和最浪漫的深情，演绎了世上最动人的爱情故事。他的诗，好似世间最脱俗的灵蝶，飘荡在人间每一处有温情的地方。

仓央虽然是佛主转世，可是他无法掌握自己的一切。最后，他自己的情与爱变成了空想，自己的权和名变成了傀儡。所以说，仓央的精神一贫如洗，灵魂空空荡荡；仓央的情路坎坷多舛，人生波折动荡。

任何美丽都是需要付出代价的。清晨，披着大衣，我们怀着激动的心情，静待日出。当一轮红日从山的那边出现，好像是大山小心翼翼地托着一团红红的火球。它发着光，带些强大的热量，将黑暗驱散，带来了光明与希望。而此时的太阳，略带着羞涩，才刚刚探出头，像一个温柔的少女。太阳包裹下的仓央是一个活佛，是一个诗人，也是一个超人。他超越了众生，超越了愚昧，超越了世俗，超越了平庸，甚至超越了苦难和死亡。仓央作为一个神奇的文化现象，已经成为一个公认的、具有世界影响的文化名人。他，作为一个藏族文化符号，一张多彩的西藏名片，一直为世人所称道。

仓央，介于佛法与红尘之间的神秘，不是世人所能参透的。但他的诗、他的歌、他的情、他的爱，可以让世人隔了三百年后，仍会泪凝于睫、心痛不已。仓央的那份凄美，已将凡人的心事一层层绾结缠绕，令凡心柔肠百折，使俗人感动万分。

西藏，这个离天很近、离梦却很远的地方，因为有了仓央而变得更加遥远、更加神圣。

（二）

本心即本我，本我即本真，本真即佛心。

度人如度己，度己亦是度人。

非淡泊无以明志，非宁静无以致远。

每人心中一亩田，种桃种李种春风，春花落去春又来。

如果有来生，愿作一棵树，站成永恒！

就算是一棵小草，也要向着阳光努力生长；就算是一朵小花，也要向着天空开成一抹风景；就算是一道彩虹，也要在雨后照亮一片天地；就算是一片叶子，也要在树尖上找寻属于自己的春天。

做一个真善美之人、一个性情中人、一个“上善若水”之人，虽然很难，但这应该是我们的一个努力的方向、一个向往的标杆。

禅诗说：“拨开世上尘氛，胸中自无火炎冰兢；消却心中

转山转水转平安。她们一脸虔诚，念念有词，一步一个脚印，认真地转动着经轮。我按下相机快门的时候，阿妈们是面无表情的，如石刻般的脸庞。可当她们经过我身边时，最后面的老阿妈和善地朝我笑了笑。她满脸沧桑，却笑容坚定。我想，在她的内心中，肯定比很多人都要幸福。她的心中有两个世界，一半是欢乐，一半是忧伤；她的心中有两个季节，一个是过去，一个是希望。“转动经轮的功德，转动一周者，即等同于念诵《大藏经》一遍。转动二周者，等同于念诵所有的佛经。转动三周者，可消除所作身、口、意所有罪障。……转动百万周者，可令一切众生悉得安乐。转动千万周者，可令六道轮回众生皆得脱离苦海。转动亿万周者，功德等同于观世音菩萨。”

鄙吝,眼前时有月到风来。”如果拥有真性情,拥有诚实之心,那么我们对待家人,即可至亲至孝、至情至深;对待朋友,即可淡无心机、坦荡心怀;对待他人,即可宽厚温良、少思计较;对待事物,即可驱除眼碍、自得其乐。

生命之真,莫过于空灵;生命之真,莫过于善良;生命之真,莫过于承受。平静地面对生活,这是一种崇高的境界。在生命的实践过程中,平淡是最真实的,豁达是最宝贵的。放开身心,祈祷上苍,保存童心,远离世俗污秽,磨掉戾气和傲慢,独善己身,复制恩赐,达济天下,做一个性情中人,让自己的心灵阔达放飞。用力去奔跑、用力去呼吸、用力去感受生命,这就是健康的生活、健康的生命、健康的人生。

至性至情、真性情的男人,三百年来,上天也许只造了两个。一个是仓央,另一个就是留给后人无限悲伤的伤心人,那个京城阔少纳兰。

纳兰,气质高贵,清俊不凡,才思独特,誉满京华;
纳兰,年少得志,身蒙皇恩,众星捧月,如日中天;
纳兰,高朋满座,以诗会友,肝胆相照,危难相扶;
纳兰,得娶娇妻,琴瑟合欢,人生得意,闺阁缱绻。

然而,一切的一切,命由天造,常常身不由己,真是“红尘多无奈,芳华皆寂寥”。

年轻时,纳兰是这样的:

看不开,就背着;
放不下,就记着;
舍不得,就留着。

在庄严的经殿中，烛油亮起，灯的下面是一片大湖，凝固的烛油就是彼岸。九盏灯光，像是在黑暗中点亮的希望，唤醒了自身的佛性，又像是在呼唤人性的回归，回头是岸啊！在汉地，很多人会误解，以为佛教是一种崇拜、是一种迷信。而佛早就告诉了世人，你就是佛，佛就是你。这世间唯一能救你的，是你自己。白色是哈达的颜色，是雪山的颜色，也是布达拉宫一半的颜色。白色象征着慈悲和善良，传说它是观音菩萨流下的眼泪。张爱玲曾说，因为懂得，所以慈悲。如果能对来自不同国度、不同信仰、不同价值观的人还有包容心，慈悲就会慢慢地显现，恰如西藏人民的安静与美好。

等到有一天，纳兰就变成了这样：

背不动了，就看开了；

记不清了，就放下了；

留不住了，就舍得了。

纳兰用了三十年去明白一件事，那就是，在一个人的生命中，既要珍惜眼前的人，又要做好眼前的事。

在纳兰的内心世界里，阴天，不一定会下雨；分手，不一定最伤心；失望，不一定是绝望；面对，不一定最难过；孤独，不一定不快乐；拥有，不一定要厮守。这种徘徊、纠结、愁闷的心境，几乎把纳兰逼到了绝境，也几乎把他逼疯。

纳兰，是没落在清王朝里的一颗耀眼明珠，是一件无价的珠宝；

纳兰，是一个静穆如花的名字，是一个温暖如雪的记忆；

纳兰，这个隽永的名字，已成为一种文化符号，留在了历史的扉页之上。

纳兰，“天资纯粹，才力强敏”，“识见高明，学问淹通”；纳兰，绝顶聪明，极度敏感，谨言慎行，见识明澈。所以，在清代就有“男看纳兰，女看顾春”的说法。

纳兰，“见才必怜，见贤必慕”，所以他的朋友皆是“一时俊异，于世所称落落难合者”，是“海内风雅知名之士”，是康熙皇帝费尽心机却还是难以笼络的人。

纳兰对朋友皆是披肝沥胆、推心置腹，正是因为如此，他也得到了众多朋友的真心相待。尤其是与顾梁汾的相交相知，他们第一次相见，便有了“一见即恨识余之晚”之感。

在汉地的禅宗曾流传着这样一段公案。两个小和尚指着随风飘扬的经幡各执一词。一个说，你看，是幡在动，而另一个说，明明是风动了，幡才动的。正当他们为风动还是幡动争论不休时，边上一位寄居在寺里的游方和尚淡淡地说，风也没有动，幡也没有动，是你们的心动了呀！这个和尚就是一字不识却慧根极深的中国禅宗六祖——慧能禅师。他写的《坛经》，是中国人自己写的唯一一部佛学经典。“即心即佛”“顿悟成佛”，说明出世与入世是可以统一的。生活的道理与禅意一脉相承。禅的淡泊、禅的宁静，启发我们对人生进行最深入、最细微、最独到的品味。

在纳兰离世之后，好友“哭之者皆出涕”。顾梁汾更是在纳兰去世的第二年，黯然归隐故乡，发誓“不复拈长短句”。他在家乡无锡的惠山脚下、祖祠之旁修建了三楹书屋，墙上悬挂纳兰的遗像，名之为“积书岩”。从此避世隐逸，心无旁骛，日夜诵读，一改风流倜傥、热衷交游的生活。纳兰的《通志堂文集》《饮水集》的刊行，也得到了朋友们的悉心帮助。

纳兰的志向是“功名垂钟鼎，丹青图麒麟”，他有“欲将普天一洗，银河亲挽”的豪情。但最终的结局，真如其好友顾梁汾所说，“所欲施之才百不一展，所欲建之业百不一副，所欲遂之意百不一酬，所欲言之情百不一吐”。四个“百不一”，写尽了纳兰一生的可悲可叹。至此，我终于明白一个道理，那就是，越是万事无缺的时候，就越会觉得心里一无所有。

纳兰把自己比作笼中的金莺。虽然锦衣玉食，却永远也逃不出那一片狭窄的天地，这是纳兰的悲哀和心痛之所在。

纳兰是一个重情的人，对人对事，总是难以放手。他辗转于对少年情事的留恋中，却不觉险些辜负了身边的妻子。爱妻走后，卢氏又是他走不出的过去、迈不过的心坎、跳不出去的影子。因为，随着爱人的仙逝，纳兰的心已不复完整。

藏诗仓央，一颗莲心，佛性浩荡；

清词纳兰，一朵禅花，唇齿留香。

词心诗情，这就是梦里的纳兰；诗情画意，这就是情里的仓央。

当诗遇到词，当仓央遇上纳兰，他们注定要在这浓墨重

青海湖，藏语名为“措温布”，意为“青色的海”。古称“西海”，又称“仙海”“鲜水海”“卑禾羌海”。位于青藏高原东北部、青海省境内，是中国最大的内陆湖。这个咸水湖，由祁连山脉的大通山、日月山与青海南山之间的断层陷落而形成。青海湖，倒映半壁残月；青海湖，听尽此生离殇。青海湖畔驻足的仓央，这个渴望自由的灵魂，一直在致力于挣脱世俗的禁锢，期盼自由的飞翔，然而，他的一生都是身不由己。仓央的二十三年，没有自由，没有爱情，没有独立的人生，只有深切的忧伤。想爱而不能爱的无奈，悲悯的诗意人生，这就是仓央的命运。所以说，仓央的诗歌，都源于他悲剧的多情。

彩中留下芳华，他们犹如两颗夺目的明珠，注定要在滚滚红尘中沉浮升腾。

“人生若只如初见”，纳兰轻轻地吟出了张爱玲的人生梦想；“不负如来不负卿”，仓央缓缓地唱出了徐志摩的生命灿烂。

“当时只道是寻常”，纳兰说尽了人生的无奈与悲凉；“心头影事幻重重”，仓央道尽了生命的沧桑和磨难。

纳兰和仓央是康熙年间不分伯仲的两个情圣、才华横溢的两位才子。

有人说，17世纪的北京，既是康熙的，又是纳兰的。一个乃一代明主，雄韬伟略；一个是御前侍卫，词才俊逸。“忆昔宿卫明光宫，楞伽山人貌姣好。”只是纳兰英年早逝，令北京城的星空暗淡了许多，也使清词一落千丈。

满族人尚武，在马背上打天下，所以，纳兰也被父辈们授以武功，从小练就了一身搏击之术，并精于骑射。这也许是康熙选纳兰为带刀侍卫的缘由之一吧。

但纳兰生为满人，却痴迷于汉文化；他骨子里是一介文人，从事的却是侍卫这个行当；他身为宰相公子、皇帝身边的红人，置身于姹紫嫣红、朱门广厦之中，内心却游离于繁华喧闹之外，“视勋名如糟粕、势利如尘埃”；他是地道的满族八旗子弟，结交的却都是一些年长的汉族落拓文人，“以风雅为性命、朋友为肺腑”；他人在仕途之中，却一生为俗情所累。

“梧桐树，三更雨，不道离情正苦。一叶叶，一声声，空阶滴到明。”纳兰生于安乐之所，而死于忧患之愁。在他短暂的

江中的这块巨石，让江水分流而下，而正是这块中流砥柱，把河道变得山水一体。看到清澈的江水奔腾而过，我欢笑着赤脚淌进水，高念着“沧浪之水浊兮，可以濯我足”。耳边一阵悠扬箫声隐约传来，我顿感心旷神怡。每每听到箫声，便会想到那位青衣蓝衫的君子，想起曹孟德的那句“清清子衿，悠悠我心。但为君故，沉吟至今”。青海湖的北面是崇宏壮丽的大通山，东面是巍峨雄伟的日月山，南面是逶迤绵绵的青海南山，西面是峥嵘嵯峨的橡皮山。夏秋季节，那青海湖畔的大草原，绿茵如毯。金黄色的油菜，迎风飘香；牧民的帐篷，星罗棋布；成群的牛羊，飘动如云。青海湖那日出日落的迷人景色，更充满了诗情画意，使人流连忘返。

一生中，该有的，他一开始都未错过，但最终还是全部错过。尽管在这一生的序曲中偶有颤音，但正是这颤音，才赋予了纳兰忧郁的气质、浓厚的才情。

纳兰的一生，在某种意义上固然十分悲惨。但是，他也给世人一个启示，那就是世事无常、人生苦短。即便是无常的世事把我们的内心包裹上一层坚硬的外壳，即便是我们遭遇到生离死别的苦难，即便是人生不得意的踟蹰独行，也千万不要自甘堕落，千万不可偏激固执。因为，只有固守的信仰和精神，才能面对无常的人生。

纳兰的一生，在历史长河中太微不足道了。但是，他告诉我们一种可能，一种超越世俗成见的可能。忠贞的爱情、高尚的友谊、质朴的性情、高洁的品质，该有的纳兰都有了，尽管还是有些遗憾，但此生足矣。

纳兰，不问贵贱，不顾浮华，三千华发，一生牵挂。一生只一次，一世只为一人。在三生石畔，有纳兰声声回荡的呼唤，还有那些破碎在奈何桥上风干的遗憾。

风情总会渐淡，岁月总会老去，但不朽的是一种精神，一种气势，一种情深深、意浓浓的千娇百媚，一种欲说还休、欲哭无泪的似水柔情。

谁说男儿有泪不会轻弹？谁说男儿不能柔情似水、温情如雾？纳兰以性情中人，携爱妻沉溺于风花雪月之中，情意绵绵，卿卿我我。但佳人猝然早逝，冷在身、痛在心、冻在魂，在依依不舍的无尽回眸中，留下了一个憔悴的人、一颗破碎的心，也留下了一地的落叶飘飞、一地的孤单寂寞。

蓝天、碧湖、寺庙，一切似乎都刚刚好，静谧而安详。这时，边上一位大爷对着大妈说："吃点巧克力吧，补充些能量。"大妈笑着接受。"好想和你到白头，与子偕老不放手，让我们就这样优雅地老去。"我羡慕地看着他们相携走远，想起了《诗经》里的那句"投我以木瓜，报之以琼瑶。匪报也，永以为好也"。我对你好，不是为了报答，是因为我喜欢你，是因为习惯了你在我身边的存在，是想和你一直好下去，直到白头。"我想就这样和你牵手到老，哪怕一辈子平平淡淡的也好"，"别想太多，相互手牵着手，就这么一直走下去，一直到白头，这条路没有尽头"。

“自伤多情”，一个情字贯穿了纳兰的生命始终，串联了纳兰的人生。如果用最少的话来概括纳兰，我想说：他人生一世，“情”之一字而已。

纳兰一生至情至性。殊不知，自古多情者，命运常常多舛难。正因为多情，纳兰的一生经历了太多的痛苦、太多的辛酸。

但反过来说，如果没有痛彻心扉的体验，没有恨入骨髓的丧失，没有刻骨铭心的祈愿，他断不能在亡妻生日的前夜写出这样的词：

“尘满疏帘素带飘，真成暗度可怜宵。
几回偷拭青衫泪，忽傍犀奁见翠翘。
唯有恨，转无聊。五更依旧落花朝。
衰杨叶尽丝难尽，冷雨凄风打画桥。”

纳兰这个旧王孙的伤感和深情之词，和仓央这个红尘边缘僧人的智慧和虔诚之诗，是那么的情投意合，竟然无声无息、无障无碍地进入了当今世人的内心。纳兰写的是格律精当、音韵高超的押韵词，仓央写的是行文自由、意境高远的白话诗，看起来虽然很不一样，但在今天年轻人的心目中产生的共鸣是一样的。

纳兰的伤感和深情，仓央的智慧和虔诚，面对的是今天纷纭喧嚣、近乎铁石心肠的景况，所以说，他们是最具人间力量的内心修养和信念守望。

纳兰是一个站在古词巅峰歌唱的词人，纳兰词的艺术价值无可挑剔。仓央的白话诗，看起来显然不合古典诗的格律

经幡是西藏高原上一道独特的风景。在我国的四川、青海、甘肃、云南的藏族聚居区，以及尼泊尔、锡金、不丹、克什米尔等邻邦，人们随处都能见到一串串、一丛丛、一片片各色的风幡。远处，雪与云融为一体；近处，幡与石连在一起。很多人到达唐古拉山口都会有些小激动，因为，那是进入西藏的必经之路。而我的小激动，是因为它是长江的发源地。长江和黄河一样，被喻为中华民族的母亲河，也是世界上的第三大长河。可前面两条河（尼罗河、亚马孙河）流经好多国家，只有长江是完全属于中国的，并且滋养了中国三分之一的人口。还记得这样的呼唤吗？“长江、长城，黄山、黄河，在我心中重千斤。”

和音韵，然而，仓央恰恰是古典诗的真正继承者。仓央诗与古典诗一样，是那么的醇厚似酒、清香如茶。

纳兰有词心，仓央有诗心，所以，他们的诗词使人感动。世人感动于他们的诗词，究其原因，是感动于他们的人，感动于他们的情，感动于他们的真。

在纳兰的生命里，他爱的人和爱他的人，都出现过。他与她们在一起的日子里，有快乐，也有忧伤。两小无猜、青梅竹马的表妹，父命媒言、相知相爱的卢氏，最终都离他而去。他一生面对的是，表妹，天涯海角；爱妻，阴阳两隔。

爱情有两半，一半是苦，一半是甜。爱情有两端，最初是甜，最后是苦。纳兰的爱情就是如此，相聚是甜蜜的，分离是痛苦的。

爱情，就是如此的不可理喻。

有些人，相处了一生一世，却心如平湖，泛不起一丝波澜；

有些人，只要一次邂逅，一个眼神，就摄获了今生的感动。

在纳兰的心里，沈宛就是一首耐人寻味的词。这首词，蕴含了山水、人文、情感，以及太多难以言说的美丽。但沈宛终究来自江南，最后要归于江南，“昏鸦尽，小立恨因谁。飞雪乍翻香阁絮，春风吹破胆瓶梅，心字已成灰”。

纳兰对宿命的这场安排终是无法释然。他曾长久地站在沈宛已经离去的小院里，痴痴地望着那篱角寒梅、冷月疏桐，感领着那飞雪飘花、冰霜凄冷。

在纳兰生命的最后岁月里，出现的这个有点像卢氏的沈宛，才思博雅、秀外慧中，是江南闻名的才女。这个女子的出

当我们坐在车内欣赏美景时,都会赞叹现代人的智慧,竟能在这样的不毛之地修起一条笔直的、宽阔的道路。路的尽头,是一片云;心的远方,是一首诗。其实,路的尽头,是怀念,是遗忘;其实,路的尽头,还是路,只要你愿意走。我们一路自驾而来,自谓是吃了不少苦。可当看到很多骑着自行车的驴友,我们的那点苦又算得了什么。神秘的雪域高原,随着游客的增多,不再有以往的神秘,不再有以往的宁静,但依然是很多人的圣地。路的那一头,是心的家园,每年吸引着世界各地的人去探访、去亲近。

现，抚平了纳兰心中的忧伤，激发了纳兰心中的情感，给纳兰原本那早已干涸绝望的生命，注入了无限的动力和活力。

“暖护樱桃蕊，寒翻蛱蝶翎。

东风吹绿渐冥冥，不信一生憔悴，伴啼莺。

素影飘残月，香丝拂绮棂。

百花迢递玉钗声，索向绿窗寻梦，寄余生。”

花蝶即人心，伤春即感怀。在这首词里，纳兰把缠绵凄恻、低徊屈曲、含婉动人的情感，向沈宛一一倾诉、娓娓道来。

有些记忆，注定无法抹去，就好比有些人，注定无法替代一样。

梦碎无声，心碎无痕，唯有泪雨飘进往事里，生出点滴的记忆。夜静人闲之时，纳兰才知道，那份思念之苦，是无法逃脱，也是无法忘却的。在寂静的夜里，纳兰常常痛彻心扉，脆弱的心弦几番被思念的泪水滴断，散落在红尘的无奈之中。情深缘浅，是今生纳兰的一曲悲歌。沈宛的一个转身，从此，天涯陌路不相识，唯有心碎梦断魂。

花无语，芬芳于心；心无言，挚爱有声；爱无悔，坦然如斯。

人踏上一条路，无非是为了寻找一扇门，寻找一个人，寻找一个归宿。人生就像一个上山和下山的过程，上山艰难，下山如风，而能够在山顶上逗留和眺望的时间非常短暂。

人生通向未来的路，注定是一条身心流亡的路、灵魂乞讨的路，注定是一条要付出心血的路，一条必定会结束的路。一切随时间而逝去的东西，一切不会再现的场景，都与梦的

转经筒时，要缓缓地、平稳地转，不要很急、很快地转。藏族老阿妈呼吸着稀薄而纯净的空气，一边转着经筒，一边呢喃着过去的年华与现在的时光。时光在她的脸上刻下了深深的印痕，这印痕透着幸福，泛着灵气。因为，她一生信仰着，永远感谢着上苍的浓浓厚意。信教的他们从小就耳濡目染，几乎是摇着、推着筒长大成人、直到老去的。他们把对未来幸福生活的期盼，乃至对自己来生的憧憬，都寄托在这个给人以无限遐想的转经筒上。转经是许多藏族人生活的重要组成部分。在布达拉宫广场、大昭寺、色拉寺等重要的佛教场所，在大街上、乡间路旁，经常可以见到拿着转经筒的老人。他们穿着藏袍，数着念珠，口中念念有词。脸上布满皱纹的他们用温和虔诚的目光注视着前方。

性质别无二致，与梦的结局也一模一样。

“山有木兮木有枝，心悦君兮君不知。”沈宛离开纳兰之时，是风，是雨，是夜晚。此时，纳兰只能苦笑一下、长叹一声，摇摇头、挥挥手。从此，一条寂寞的路便展向了两头。

从此，一个人的岁月，一个人的孤独，一个人的悲伤，一个人的承担；从此，思念没有了温度，容貌没有了轮廓，记忆不复成殇，回忆终成绝想。

纳兰给沈宛的只是一个起点，而沈宛却从此走向了孤独的旅程，看不到完美的结局，更觅不到漂泊的归期。

爱到深处是落寞，情到浓时是离殇。沈宛拾起满地落花，又将它散落在尘埃里。流年里，那一阕清词还在吟唱，依旧涤荡着那痛彻心扉的韵律，词曲声中渗透出那抹不去的点滴情意。

因为陪伴，所以沈宛珍惜；因为深爱，所以沈宛放手。

在这人世间，有一种相逢，叫一见倾心；有一种懂得，叫流水知音；有一种了解，叫知己知彼；有一种默契，叫心有灵犀；有一种微笑，叫于无声处；有一种眷恋，叫一往情深。纳兰与沈宛的情爱，浅遇深藏；纳兰和沈宛的对望，静守碎念。

“何人语仓桑，何事话悲凉。”我想，三百年前的那场雨，一定美得催人泪下。虽然这场雨是孤独的，是寂寞的，是迷茫的；虽然这场雨的伤感弥漫了整个清朝，刺痛了千万有情人。

一念起，万水千山；一念灭，沧海桑田。

沈宛多么想给纳兰幸福，却始终走不进他的世界。沈宛

三百年前，在壮观的布达拉宫和神圣的扎什伦布寺，仓央唱着一首离经叛道的情歌，讲着一个没有眼泪的传奇。“前世的五百次的回眸，换来今生的擦肩而过，我在佛前苦等百年，只为求你这一世的告别。”仓央的歌声甜美悠扬、粗犷豪放、韵律起伏。随着这古老的旋律，我们似乎看见了，在仓央的眼光里有回忆的迷蒙、忧伤的迷茫、愁闷的迷离。多少个世纪以来，转经筒始终伴随着神奇的“六字真言”，在那些虔诚信徒中传递着信念，传承着希望。他们用散发着酥油馨香的手指，拨动着一个梦想，转动着一个期盼。转经筒也不知疲倦地旋转飞舞着，传递着神佛与世人之间那美妙的沟通。

想用她的一切,甚至用她的生命去换取一张前往纳兰家族的通行证,然而,那只是沈宛的一厢情愿而已。

沈宛的世界,虽然纳兰很在乎;但在纳兰的世界里,沈宛最终被驱逐、被遗忘。

沈宛只能在孤身一人远走江南之时,含泪对纳兰说:“我真的喜欢你,闭上眼,以为我能忘记,但流下的眼泪,却没有骗到自己。”

时光,无比柔软,见证着纳兰和沈宛所经历的过往;

岁月,沧桑依旧,沉淀着纳兰与沈宛的那些悲欢离合。

沈宛闭上眼,那一滴泪,带着一份执着、一份等待、一份决然、一份勇气,落了下来,碎了一地,也醉了整个江南。

虽然,纳兰在生命的最后一年,终于遇到了对的人。但是,却偏偏在错误的时间里,也就只能徒留遗憾,不如没有遇见。如果时光可以倒流,纳兰还是会选择认识沈宛,虽然会伤痕累累,但是心中的温暖记忆是谁都无法抹去的。

放弃了,就不该后悔;失去了,就不该回忆。纳兰放下了该放下的沈宛,退出了一本没有结局的短剧。其实,纳兰也知道,逝去的东西,最好不见,最好不念,最好不想。

有些路,只能纳兰一个人走,路上的艰辛,也只有他自己知道。对于纳兰来说,成熟是一个很痛的词,它不一定会得到,却一定会失去。纳兰习惯了寂寞之后,一个人就是全世界。孤单,是因为纳兰的心里面已没有人;寂寞,是因为纳兰的心里面有人,但她却不在身边。纳兰终于明白,所有的寻觅,再深的绝望,也只是一个没有结果的过程。

来到草原，你首先看到的，往往是盘旋于西藏上空的鹰。草原上的鹰，被视为神的儿子。它是大自然的精灵，是往返于人间与天堂的神使。鹰在头顶上不停地盘旋着，好像在欢迎远道而来的客人，又好像要告诉人们一些草原上的新鲜事。苍鹰飞翔时，在湛蓝天穹与神域雪山的衬托下，散发出神圣而圣洁的光芒。纯洁而有信仰的人死后便会回归天堂，那里的月光不再寒冷，风雪不再肆虐，那里是每个藏族人心中的美好家园。如果在辽阔的大草原上迷了路，你只要向远方眺望，蓝色的天空中闪动着一些黑点，那就是鹰。朝着鹰的方向走，你也许能发现一潭水，碰到一群牛羊，还能找到一座村庄。

纳兰在深夜的边塞，在如花的江南，常常自言自语："世上最心痛的距离，不是你不懂我的悲哀，不明白我的孤寂，而是我即使痛彻心扉，却不能放声哭泣"。

纳兰之痛，怎一个"苦"字了得。世人多么希望，风能吹走纳兰的忧伤，雨能洗掉纳兰的烦恼，阳光能带给纳兰以温暖，月亮能带给纳兰以温馨，爱情能带给纳兰以幸福，友情能带给纳兰以快乐。

世人常常要问，忘记一个人，纳兰为什么要用整整一辈子？这是因为，纳兰根本没有试着去忘记，而是一直在怀念，在浓缩，在期待，在做梦。

所以，纳兰的人生恰如他的这个名字，古典中带着一点点的高贵，高贵中又带着一点点的落寞，落寞中再带着一点点的不羁。

纳兰词中"真切"的流露，与他的人生际遇息息相关，与他的真实情感也息息相关。也正是这种真情流露，才使得纳兰词有如此强大的生命力。

一生抱负的寻求不得，情爱中又遭遇生死离别，这些让他抑郁万分与苦闷不已的人生之痛，纳兰无处抒发，也无人可以倾诉，便只能在他的词中真真切切地将其体现出来。

纳兰被人铭记，在于真性情，而纳兰的悲哀，也在于真性情。真性情，才能有真人生，而真性情，也常常会把自己困在网中央。人生的快乐，在于活出一个真性情的自我。但有时，应该把心窗打开，让阳光进来，放下那些负累和负重，捡拾起一路的花香，装入行囊，来一场诗意人生，且歌且行。

西藏是一片充满灵性的土地。几乎每座高山、每条河流，都被赋予了神性。千山之巅，万水之源，这里有传统的文化信仰，是藏羚羊的摇篮、牦牛的乐园。在这里，有最壮观的山川河流，有最多彩的民族文化，有最浓厚的宗教情怀，有最朴实的西藏人民。走在西藏的土地上，仿佛穿越了时空，穿越了历史，好像回到了唐朝。奔跑在草原上，听耳边的呼呼风声，看扬起的牧鞭一次次抽缺太阳，而漂浮在碧绿草原上的绵羊，像云朵一样自由自在地飘移着。秋天的草原上开满了不知名的野花，有的浓，有的淡，在草丛中随意地铺着。一阵秋风袭来，夹杂着淡淡的枯草味，将身旁的经幡吹了起来，草原上黄色的草浪也随之涌动。

遗失了的美丽，就让岁月的巨手为你保存，而握在手中的，便会有永恒的光彩。苦吟伤叹是纳兰词的风格之一。悼亡词和边塞词中所表现出来的苦和伤，相互渗透、相互叠加，使得这种苦与伤无可比拟。

悼亡之词，伤爱妻之亡故，心伤而意苦；

边塞之词，苦边塞之萧瑟，身苦而情伤。

举案齐眉、恩爱有加的妻子卢氏离去之后，纳兰回忆起爱人的娇羞之声和娇柔之态，“最忆相看，娇讹道字，手剪银灯自泼茶”，他不禁叹道，“只把情重负情浓，而今才知相思重”。昔日公务在身的纳兰，没有时间去陪陪卢氏，也不知道如何去怜惜卢氏，去体谅卢氏的好，而如今蓦然回首，已是天上人间、阴阳两分。纳兰用一句“当时只道是寻常”，将哀怨、凄婉、悔恨这些千愁万绪，纠结成了一场惊心动魄的心殇。

史料记载，纳兰的父亲明珠“警敏善断，事无大小，洞见本末，措置规画，纤细中要”。有这样一位成功的父亲做楷模，纳兰自小便胸怀远大抱负，但最后只做了几年的御前侍卫和几年的马政。这种仕途上的挫折感与无力感，使得满腔抱负的纳兰不知如何自处，“不恨天涯行役苦。只恨西风，吹梦成古今”。

作为武官的纳兰对诸葛亮的愚忠十分置疑，这几乎是那个时代的叛逆，“劳苦西南事可哀，也知刘禅本庸才；永安遗命分明在，谁禁先生自取来”。也许是他贵族的身份，反而使纳兰没有了那份顾忌，这与他那个钻营圆滑的父亲是非常不同的。纳兰活出了那个时代难得的真性情。他所说的“白

西藏是一个神秘的地方，有灿烂的阳光、洁白的云朵、纯净的天空、稀薄的空气、连绵的雪山、安静的湖泊。在这佛教圣地，有繁多的寺庙、虔诚的教徒、纯朴的民风、信佛的全民。“是谁带来远古的呼唤，是谁留下千年的祈盼，难道说还有无言的歌，还是那久久不能忘怀的眷恋。”不畏严寒，不怕空气稀薄，几千年来与当地藏人相依相伴，它就是牦牛。在藏人眼里，它是会带来好运、带来平安的吉祥动物。人类总以为自己是万物之灵，须知没有周围合适的一切，我们也无法生存。让我们感恩老天所有的赐予，然后，把这种温暖的心情散播到每一个角落。

衣风流，欲傲君王紫”，“决计疏狂休悔”，“天下事、公等在”等狂语几乎可以直追两晋，“是真名士自风流”。这在中国以忠孝为上的王朝是不可理解的，在规矩漫天飞的官场也是不可想象的。

纳兰的魅力不在于他的容貌，而在于他的才情和性情。他越过了紫陌朱门，结交了许多寒素之士，此等公子侠肠和礼贤下士、肝胆相照、平等待友之风，或可比肩孟尝君、平原君之流。

纳兰公子，集贵族风流与江湖气质于一身，集绝世才华与悲剧情感于一身，是一个复杂的矛盾体。在他短暂的一生中，有太多的传奇经历，包括庙堂与江湖、得意与失意、同心与决裂、相爱与别离，也无怪于三百年来，很多人都能够从他的身上，找到自己和他人的影子。然而，可以肯定的是，三百年之中，纳兰只有一个。虽然，这种“独一无二”对于我们来说是幸事，而对于纳兰而言，却是最大的不幸。

将近十年的短暂仕途，使纳兰深陷其中，对人生之“求不得”“要不得”感知和感悟甚深。“出入”都不遂其心意，纳兰在矛盾和煎熬中郁郁而终。纳兰可谓是一腔热血，一身灵性词性，却最终壮志未酬、不得圆满。

瞬息浮生、薄命如斯的爱之别离，是得到了却又遭遇别离，是拥有了却又遭遇失去，那么此时，人们就会觉得自己苦得更悲更惨，苦得更为痛彻骨髓、刻骨铭心。

纳兰的痴情，千古以来，一人而已。

纳兰，是在世人心中那三百年不落的一滴泪。

仓央，三百年前，你说过，“不负如来不负卿”，可是世间哪有双全法。最终，你既负了如来，又负了那个倾城的佳人。三百年后，那东山顶上升起的，是一轮相思的红日；那潺潺流水整日流淌的，是你遗留下来的诗篇；那秀丽的山峰上，是你与玛吉阿米满满的回忆。人们来到西藏，远眺的是，与蓝天白云试比高、竞雄姿的座座雪山；看到的是，起伏奥妙、绿茵平展的千里草原，莽莽苍苍、郁郁葱葱的山野森林，碧波荡漾、宛如魔镜的原始湖泊；欣赏的是，千百种野花竞相开放、争奇斗艳的生机勃勃；羡慕的是，野羚羊、黄羊、野驴竞逐奔走时的野性，和黄鸭成群成双、自由自在玩耍戏水时的悠闲。

与爱妻的这种别离之苦,令纳兰的哀伤入骨,唯有一首又一首用血泪写成的悼亡词来排遣内心的悲伤。纳兰此后的近十年人生,无时无刻不在思念自己的亡妻卢氏。他的凄凉悲怨,因景伤情、睹物伤神,更有孤身一人存于世的寥落悲寂之感,一一在他的词中展现。

三百年前,纳兰在一聚一醉、一咏三叹后,大病一场,挣扎了七天七夜,最后选择了放弃,选择了死亡。七天七夜,纳兰不是不想死,而是在等待,在等五月三十日这一天,因为,这一天是他亡妻的忌日。

只有等到这一天,纳兰才可以放手;只有等到这一天,纳兰才可以离去。

“茫茫碧落,天上人间情一诺。”“情一诺”,纳兰无怨无悔,哪怕是“茫茫碧落”,也一往情深、一心赴死。其实,纳兰的病亡,于世人,是一种痛苦和不舍;于纳兰,是一种解脱和超越。因为,只有在此时,纳兰在痛彻心扉之后就彻底放下了,真正解脱了。

以前有一个哲理性的故事,我想,说的就是一辈子放不下而最终不得不放下的纳兰。

一个苦者找到一个和尚倾诉他的心事。

他说:“我放不下一些事,放不下一些人。”

和尚说:“没有什么东西是放不下的。”

他说:“这些事和人我就偏偏放不下。”

和尚就让他拿着一个茶杯,然后往里面倒热水,一直倒到水溢出来。

墨脱，是青藏高原海拔最低，环境最好，气候最适宜，雨量最充沛，生态保存最完好的地方；是西藏最神秘的地方；是一片从未开发过的处女地。自有人类在此生息以来，能从这里走出来的人并不多，而能走进这峡谷腹地的人则更少。墨脱古称“白玛岗”，藏语意为“花朵”“隐秘的莲花”。大藏经《甘珠尔》称之为“佛之净土白玛岗，殊胜之中最殊胜”，因此，这里又是藏传佛教信徒向往的莲花圣地。墨脱，作为全国唯一不通公路的最小县城，给人们留下了深刻的印象。墨脱很美，走进去的过程更美；墨脱很美，更美的是那沿路的风景和行走的力量。

苦者被烫到,马上松开了手。

和尚说:“这个世界上,没有什么事是放不下的。痛了,你自然就会放下。”

纳兰这个人,痴情、落寞、忧伤、惆怅、悲愁。

纳兰填的词,清绝、洁净、温婉、宁静、高贵。

纳兰,在世人的眼里,如一朵莲花,风来香散,凄迷了后来人的心扉;

纳兰词,在世人的心目中,如一片片桃花,风来花落,迷离了远游人的眼神。

世人怜纳兰的“一片伤心画不成”,惜纳兰的“相思相望不相亲”,爱纳兰的“人到情多情转薄”,仰慕纳兰的“不是人间富贵花”。

纳兰,身份华贵,心事迷离;纳兰,不爱牡丹,自比雪花。

纳兰,矜贵却不矜持,身在红尘,心却不愿沾染半丝半缕的世俗气息。

时间太瘦,指缝太宽,三百年也只是弹指间。可叹的是,三百年后的世俗人间,再无纳兰;三百年后的梦里花落,也再无纳兰词。

蝴蝶走了,玫瑰还在。但卢氏走了,残了落花、碎了相思,纳兰的心也彻底被淘空了。

万般皆是命,半点不由人。纳兰别离了过往烟云,蓦然回首,已是人世沧桑、天上人间。

在纳兰的三十年中,与卢氏的相伴,是一种默契,无须言语,只需心与心之间的品读;

美丽的湖水以及成群的牦牛藏羊，这是一种自然之美。水连天、天连水，云彩在山水之间，景色实在是太美了。西藏，世人向往的人间天堂，是一个神圣的地方。我向往西藏，拥抱西藏，梦回西藏，因为，“在那广阔的天空下，思想将得到洗礼，灵魂将得到召唤”。世人心目中那个神往的、晶莹剔透的天空，就是最神圣的西藏之蓝天。在那里，太阳无语，却放射出光辉；高山无语，却体现出巍峨；蓝天无语，却显露出高远；大地无语，却展示出广博；鲜花无语，却散发出芬芳；青春无语，却散发出活力。

在纳兰与卢氏相爱的三年中，是一种相惜，是一种懂得，无须交集，只需一个眼神，便可会意。

纳兰与卢氏的爱情，遗失在他们的新婚燕尔之时，屈服于他们的情意正浓之时。自从丢失了卢氏后，纳兰只能一个人独饮杯中酒、独行天涯路。他几经回首，只知道，在自己的脚下，一半是相思，一半是哀愁。

一盏孤灯，在夜幕里无情摇曳；

一个离人，在黑夜里独自伤怀。

人说，最解忧愁是杜康；我说，最懂相思是纳兰。

心若忧愁，字也低沉；心有所思，字有所托。所以，纳兰词中的每个字，都含着泪，带着血，藏着情，说着爱。

夜深沉，月惨淡。纳兰那颗沧桑的心，在每个寂寞的夜晚，总是漂浮无根。纳兰的一纸忧伤，根本写不尽庭院里的万千芳香，也抵不过满院落花的姹紫嫣红。

可以想象，在三百年前一个令人难忘的夏天，吟风弄月的纳兰与沈宛一起偎依共度，"并著香肩无可说，樱桃暗吐丁香结"，"试扑流荧，惊起双栖蝶"。常言道，欢乐愈甚，则悲痛愈烈。故纳兰言"瘦断玉腰沾粉叶，人生那不相思绝"，沈宛也叹"画梁双燕子，应也恨匆匆"，"无情芳草唤愁浓"。

作为最后一个陪在纳兰生命中的女子，沈宛是幸运的。她的美丽，她的才情，她的温婉，安抚了纳兰那破碎而忧郁的心。在纳兰的生命中，沈宛是不可或缺的，但最终还是逃不出命运的手掌心，渐行渐远，春光渐瘦。

哀莫大于心死。沈宛看到了纳兰的谢幕，自己又不能在

一个是雪域佛主，一个是高原诗人；一个是“雪域最大的王”，一个是“世间最美的情郎”。角色转换，往事如烟，回忆绵长而甜蜜。永远的仁增旺姆，永远的达娃卓玛，永远的圣城拉萨，永远的布达拉宫，所有的一切，在仓央的脑海里历历在目。仓央走过千山万水，却走不出自己。仓央柔情与纯性的双栖人生，如绽放在三百年前那凡心不灭的水中青莲，最终迷失在了青海湖畔。青海湖，原本是太宗皇帝赐给文成公主的日月宝镜，镜中可映照出遥远的大唐故乡，以慰藉文成公主对家乡的相思之苦。却不知，宝镜越动情，公主的思念也就越疯长。

纳兰生命的最后时刻，陪在郎君的身边，握着他的手，送他最后一程。从这一点来看，沈宛是痛心的，也是心有不甘的。后来沈宛写了一首《秋月有感》，把心中的忧愁和委屈倾泻而出。

“惆怅凄凄秋暮天，萧条离别后，已经年。
乌丝旧咏细生怜。梦魂飞故国、不能前。
无穷幽怨类啼鹃，总教多血泪，亦徒然。
枝分连理绝姻缘。独窥天上月、几回圆。”

沈宛在回江南的一路上，念着丈夫《梦江南》的组诗，度过了一山又一山的寂寞，挨过了一程又一程的哀愁。

“而今才道当时错，心绪凄迷。
红泪偷垂，满眼春风百事非。
情知此后来无计，强说欢期。
一别如斯，落尽梨花月又西。”

这首《采桑子》是纳兰写给沈宛的，是一首哀伤凄美的怀人之作。这首词毫不造作，把他对沈宛的一片深情，以及他们被迫分离、永难相见的痛苦与思念，表达得淋漓尽致。

“无情不似多情苦，一寸还成千万缕。天涯地角有穷时，只有相思无尽处。”

纳兰词，长于情而短于情，有情与无情并存；

纳兰词，豪放之风骨，忧伤之精魂，外放与内敛并重。

“相思似海深，旧事如天远。”“一寸相思千万绪，人间没个安排处。”由此可见，纳兰词虽愁，但能愁至人心，这便是经典，这便是绝唱。

为一句承诺，守候一生；为一时倾心，赔上一世；为一个结果，执着百年；为一句表白，难以忘怀；为一个地方，等待三百年。在八廓街，我们随处都可以看到虔诚的藏民。他们手拿经筒，口中默念着经文，一圈又一圈沿着八廓街绕行。在转经道上，很多人以磕长头的方式来表达自己的虔诚，一步一拜，一跪一仆。他们之中有老人、年轻人，还有小孩，衣着破旧，神情安详，面容肃穆。看到那虔诚叩拜的样子，让我不得不佩服信仰的神圣。离开八廓街时，我一定要好好告别，像最后一次；再见八廓街时，我一定要心存感激，像初见时的那一刻。

纳兰词的愁情，是北宋以来婉约派的典范。这种愁，潜伏在每首词的字里行间。一旦读到那文字，触到那份愁，整个人都会被笼罩在这愁悲的氛围之中。

有人说，以不自由之身去渴望自由之爱，是加倍的身心折磨。三百年前的纳兰，过着别人羡慕、自己却不喜欢的生活，这是一件多么伤感的事啊！

有的路，要用脚去走；而有的路，则要用心去走。

所以，纳兰起起落落的心绪，常常在抬头和低头之间反复；

所以，纳兰忧愁悲催的爱恋，常常在举手和投足之间沉浮。

没有走在一起的爱情，注定是一道剧痛的伤痕；注定是花非花、梦非梦，一帘风絮随风动，一世繁华落尘埃；注定是弦断尽、曲终散，一树落叶自飘零，一腔深情付东流。

在纳兰的生命里，有那么一个人，那么远，又那么近，这个人就是他心爱的卢氏。还有那么一个人，不在眼前，却一直藏在心里，这个人就是他心疼的沈宛。

回忆若能下酒，纳兰一定会把自己灌醉。因为，用情太深的纳兰，也不想用一把锋利的剑，去刺痛自己的心房。他与沈宛如此相爱，却注定不能同行至夕阳，不能偕老到白头。晚遇情深，奈何缘浅，纳兰的心在清醒时该有多疼啊！

其实，纳兰早已为卢氏闭上了心窗。他脑海里久久回荡的，是那三年的时光里，秋水伊人临案对望的场景。

这个“情”字，纳兰用泪水勾勒了三百年。因为，纳兰相信

佛骨诗心，情歌大爱。佛说：心若静，可纳万千悲喜；心若宽，可容宇宙万物。初心如月，洁白无瑕，恰如那高高地挂在天幕中的一轮圆月。我踏月而来，仰望无边深邃的天空，寻找着你的芳踪。我知道，蝴蝶飞不过沧海，云也飞不出天空，花开花落间，是仓央一个人的地老天荒。你的心跳，在山水间；你的呼吸，在草木中；你的心绪，在云烟里；你的温柔，在无边的月色中。静静长夜里，我跪在佛前，点一盏心灯，佛光静静地穿透了黑暗的心，也穿透了仓央心中那三百年的寂寞。

这样一个传说，祝英台的痴心泪水可以感动世人，也可以化蝶。

两生花开，花开两生；美到极致，便成苍凉。纳兰与沈宛相遇在错误的季节里，但正是这场偶然邂逅和擦肩而过，成就了一段凄美的传奇。

红尘蒙纱，掩饰了泪，掩饰了苦，却掩饰不了那份情。纳兰的鼻子里是酸酸的相思，而他的双眼里浸满了一江的相思泪。左眼凝成飞霜，一席冰凉；右眼化为烟雨，写满凄凉。

纳兰就像一滴回归大海的水，一枚跌落大地的叶，一颗温暖人间的尘，轻轻地、悄悄地回归于那一场旷世的宿命。

我心纳兰，情醉容若；清词芬芳，秋风断肠。

在纳兰凄美的词句中，我恍若看到，一个正当美好年华的男子，一手握宝剑，一手拿词章，徘徊在三百多年前的凄风苦雨之中。

“众里寻他千百度，蓦然回首，那人却在灯火阑珊处。”

西藏人很少抱怨，也许是怕抱怨会激怒神灵。西藏人与人为善，所有对自然和神灵表达崇拜的态度和做法，都能让他们更踏实，也更快乐。在他们的精神世界里，与人为善就是一切，信仰就是一切。而信仰，则是一切力量和幸福的源泉。西藏是最柔情，也是最多美景的中央，不论是山南、拉萨、林芝地区，还是日喀则、那曲地区。西藏还有一个地方，名不见经传，却被称为西藏中的“西藏”。这里，既有壮丽的山川河流，又有神秘的神山圣湖；既有风景如画的原始森林，又有令人心旷神怡的辽阔草原；既有奇形怪状的冰川，又有久负盛名的寺庙。她便是位于拉萨南部，东接林芝、西依日喀则、南临不丹与印度的山南。

初恋

（一）

人世间，有一种爱，洁白如雪，不容亵渎；

人世间，有一种情，朦胧而羞涩，神秘而激动。

这种情爱，只有一次，仅此一回，那就是初恋。

初恋，是人生第一朵绽开的鲜花。但初恋是一份感情的开始，也常常是一段感情的结束。初恋，意味着自己的心里开始有了另一个人的存在，然后再进入生命，住进梦里。

每个人都只有一次初恋。或甜蜜或心酸，不管怎样，初恋常常是刻骨铭心、惊天动地、永生难忘的。因为，初恋，总是住在心中那片最柔软、最不可遗忘的地方。

青海湖畔，一道温暖而又孤绝的情僧背影，一回首，便老了三百岁。青海湖啊！你是仓央眼里的一滴泪，蓝色的忧伤，一眼就望穿了三百年。我想，天空与大地之间，人的距离更远。今生，守在红尘，只是为了等你，等你从千山万水中缓缓走来，幻化出千娇百媚的容颜。仓央啊！你可知道，我已忍受了三百年的寂寞，只为与你相遇。“花开彼岸本无岸，魂落忘川犹在川，醉里不知烟波浩，梦中依稀灯火寒。花叶千年不相见，缘尽缘生舞翩跹，花不解语花颔首，佛度我心佛空叹。”

初恋时，常常不懂爱情。但正因为不懂，才会像手中的沙，握不住，易流失；也正因为易流失，我们才会觉得它非常珍贵、特别难忘，就像我们胸口上那心心相印、永不褪色的印记。

白居易是唐代一颗熠熠生辉的文曲星，他的传世作品《琵琶行》和《长恨歌》至今仍被人津津乐道。这是因为，他的凄凉、深情、苦涩、无奈等情感入骨浸髓，容易引起世人的共鸣。如果没有刻骨铭心的情感经历，他又如何能写出如此凄婉动人、缠绵悱恻的诗歌呢？特别是其中对初恋的相思之苦，可谓是淋漓尽致、一呼三叹。

白居易十九岁时，有一个十五岁的初恋情人，名字叫湘灵。“娉婷十五胜天仙，白日嫦娥旱地莲。何处闲教鹦鹉语，碧纱窗下绣床前。”

他们苦恋了整整八年，但由于母亲的反对而没有结果，只能以美好的愿望来寄托长相思之苦。

“九月西风兴，月冷霜华凝。
思君秋夜长，一夜魂九升。
二月东风来，草拆花心开。
思君春日迟，一日肠九回。
妾住洛桥北，君住洛桥南。
十五即相识，今年二十三。
有如女萝草，生在松之侧。
蔓短枝苦高，萦回上不得。
人言人有愿，愿至天必成。

红色，在西藏总是那么的耀眼而神圣。西藏的红，是一种千年不变的信仰。无论是僧人们的穿着，还是布达拉宫的内殿、寺庙的墙壁，总让人感到一种挥之不去的凝固之美。在藏地，红色的房子不少。另外，每个人的脸上都有一片"高原红"。据说，以前是为了避鬼神，而现在只有比较重要的殿堂才可以刷上红色，像布达拉宫，一半是红，一半是白。风俗自有其存在的道理，如传统中华文化中的祖宗祭拜，那也不完全是一种迷信。有时候是感恩，是让先人以另一种方式活在人世间。虽然他们走了，可他们的精神和曾经付出的心血还在，家风、家规和家训也还在。

愿作远方兽，步步比肩行。

愿作深山木，枝枝连理生。”

相思之深，潜离暗别之苦，直教人慨叹白居易的生不逢时了。连送别都只能悄悄地进行，这是何等的无奈，何等的苦楚：

“不得哭，潜别离。

不得语，暗相思。

两心之外无人知。

深笼夜锁独栖鸟，

利剑春断连理枝。

河水虽浊有清日，

乌头虽黑有白时。

唯有潜离与暗别，

彼此甘心无后期。”

这种直白的情感宣泻，使人唏嘘不已，真是情何以堪啊！

我们生活在凡间的俗人，或许不白、不妖，也不媚，但是可以美得很有性格，可以美得很有感情。

三叶草，是在生活中不起眼的路边小草。可是，在爱的领域里，它的意义就非常深刻了。三叶草的英文是“clover”，“c”是他(她)的意思，“lover”是恋人的意思。

仓央的三叶草缠绵着常青藤，对于那位梦一样的神女，仓央是魂牵梦萦，为之魂不守舍。

而仓央的初恋仁增旺姆落下的三滴泪，最终汇成了三江水。然后，她用三生三世回应仓央的深情，回报仓央的火焰。

当看到布达拉宫的时候，有些人会想到冬宫、想到世界上最高的宫殿古堡群，而有些人则是泪流满面、匍匐于地。因为路途遥远，因为藏地苦寒，更因为空气稀薄，阻碍了很多人来到这里。可是，心中的信仰不灭，心中最初的感动未变，就一定会带着一颗初心前来。布达拉宫有个美丽的浪漫传说：几年前，有位陌生的老人在街头告诉一位男人，你前世没有修足情道，落不了俗，你的根必将落入布达拉宫，再次修行才能得到真爱。但他并不相信。后来，他终于遇见了她，却正如那位老人说的。他上心了，她却不在意；他努力了，她还是不上心。他终于信了，就去了西藏。她后悔了，也去了西藏。他却已落发遁佛。她便在布达拉宫一步一跪膝、三步一叩头，叩得满头满脸都是鲜血，跟盛开的玫瑰花一样灿烂。他终被感动，跟随她回到了尘世间。

仓央的初恋,是苦涩的初恋。甜蜜的心动后,是仓央和旺姆一阵阵的心悸和心痛,而这种心痛一直绵延了三百年。

相隔万里,两地相思。这相隔万里的云和月,是仓央的云、仓央的月,更是仓央的心、仓央的魂。

我手心里捧着的文字,清清浅浅,刻着仓央的眉、仓央的眼,素笔深深、情意绵绵。每每想起三百年前的仓央,光阴似乎开成了一朵思念的花,温暖如初,香气溢满了整个夏天。

在历史的风云变迁中,作为六世达赖喇嘛,仓央绝对是一个天之骄子般的领袖人物。所以,在西藏这块一百二十八万平方公里的宗教土地上,留下了太多有关仓央的传奇。

三百年来,有无数的有心人试图去解读他、注释他、书写他。但在当今的浮躁氛围中,又有几个人能真正了解他?又有谁能解开仓央的谜团?

仓央,拥有佛性的命,苦修的运,凡人的心,任性的情。所以,他的二十三年,一直是在挣扎着生活,痛苦地修行。这个西藏历史上的第六代藏王,从生下来的那一天起,似乎就是一个谜。三百年过去了,他的过去、他的当下和他的归宿,注定也将成为万世悲情的雪域传奇、高原绝唱,也注定依然是一个谜。因为,仓央是骑着豹子一路走来的神,是上苍送给凡间的佛,是西藏高原神秘的天之骄子。

仓央一生的谜团,没有人能解开或说清。在这个谜中,首先是命运颠覆了他的人生,后来是他颠覆了命运的安排。仓央与命运之间的纠缠,也许只有天知道,只有神明白。

白茫茫的云雾、雪雾，一片白色，一片干净，如仙境一般。白雪，是冬天最好的灵魂伴侣，也是冬天的一抹亮色，给冬天带来了诗的意境。在万物凋零的时候，它飘飘洒洒、轻轻柔柔覆盖着大地，孕育着来年的希望。谁说它无情，它只是用凉薄的姿态做着世间最温情的事。仓央多么希望自己能变成一只苍鹰，自由自在地翱翔在蓝蓝的天空之中。白雪映衬下的苍鹰，飞翔在白色的梦幻中，穿越在云雾中，犹如三百年后的仓央。鹰就是胜利的标志，所以，罗马人认为鹰是“朱庇特之鸟”。西藏的神鹰，象征着勇猛、热烈的奋斗精神，象征着力量、勇敢和朝气蓬勃。

仓央的名字，仓央的传奇，仓央的爱情，连同他这个人，犹如藏地的五彩经幡，在那块世界第三极的高地上，在后世的悲情怀念和深情追忆里，被世人日日向往，被世人夜夜仰视。

西藏离天很近。站在这片土地上，举头三尺就是神明。在那里，遍地信仰丛生，遍地神秘莫测，遍地是信徒，遍地是文化。站在西藏的土地上，感受到的，是浩瀚无比、博大精深的藏传佛教文化，是藏民族脊梁骨里顽强和高贵的精神。

“自古逢秋悲寂寥”。1697年的秋天，对于十四岁的门巴族少年仓央嘉措来说，是一个无情肃杀的秋天，是一个无花无果的秋天，是一派“秋风秋雨愁煞人”的景象。

这个秋天，仓央离开了那个生他养他的小村庄，走上了一条不能回头，也不由己选择的不归路。这是一条命中注定的坎坷路、崎岖路，他没得选择，因为是神选择了他。

这个秋天，仓央远离了他的家乡，远离了他青梅竹马的仁增旺姆，一路奔向千山万水之外的布达拉宫去修行。因为三岁那年，他被指定为五世达赖的转世灵童。冥冥之中，他的命运，已不再掌控在他自己的手里了。从那时起，仓央也就失去了追求自由和爱情的权利。

“道一声慢走，回一句留步；
诉一句难舍，留一声再会。”

仓央在离乡背井前往拉萨的那一天，他一定不止一次地含泪回首。渐行渐远，他再一次回首，竟发现母亲次旦拉姆点燃的袅袅桑烟，恰似那簇挂在西山顶上的洁白云朵。

经幡，是一种空中的信仰。虔诚的信徒用经幡许下美好的愿望，希望佛祖有灵能保佑天下风调雨顺、国泰民安。而高高在上的六世达赖，最向往的却是普通人的生活、普通人的情感。黄幡象征自然莲，红幡象征雨调和，青幡象征后裔长。红幡插在草坪上，如鹿角光亮耀眼；红幡插在屋顶上，如红火兴旺长久……在藏族人的心中，白色纯洁善良，红色兴旺刚猛，绿色阴柔平和，黄色仁慈博才，蓝色勇敢机智。经幡是藏族同胞对美好生活的寄许，也是对神灵的一种敬畏。无论是远处的雪山，还是近处的牛羊，它们都是大自然虔诚的信徒。但如果此时的你漫步而过，就一定会发现，心中的天堂在经幡的牵引下慢慢升腾。

“在那西山顶上，
腾起滚滚云朵；
那是心中母亲，
煨桑为我饯行。”

“秋雨秋风秋霜月。”秋叶纷纷飘落，秋风阵阵吹拂，很像仓央纷乱的心，很像仓央沉重的脚步。前路看不见，后路又难返，身边最真实、最美丽的那个人，就要与他永别了。仓央在树梢上，为仁增旺姆挂上祈求平安与福祉的经幡，他把自己的心、自己的魂，连同那份情思、那份想念，系在了上面。

最后，仓央只能两眼噙满泪水，一步一回头，一步一叩首，一步一心痛，带着父母的珍重，念着初恋的感觉，背着整个故乡，走向布达拉宫。

别了，亲爱的山；
别了，亲爱的水；
别了，亲爱的人；
别了，亲爱的自己。

在去拉萨的路上，仓央想起了与旺姆的那一次初遇。两人初次相见时，仓央乱了阵脚，旺姆也乱了心跳。但此时，美丽的姑娘旺姆，也拽不住仓央的衣襟，真如她握不住自己的命运一样，眼睁睁地看着自己的恋人一步一步走远。

没转身，是爱人；转身了，就是陌路人。仓央一个转身，不但把家弄丢了，也把爱人丢在了遥远的藏南。

“思君如明烛，煎心且衔泪。”旺姆只能站在高高的山冈上，心中默默地对仓央说：“你走，我不送你；你来，无论多大

马可·奥勒留在《沉思录》中说："适应你命中注定的环境，爱你命中注定所要遭遇的人，而且是要真心地爱。"人生的无常，在一帆风顺的时候是感觉不到的，一不小心还会被遗忘，甚至有些人都不愿意谈起。关于死亡和往生，人们拒绝谈起是希望离死亡远一点，其实它从未远离过。云散了，魂也散了；身亡了，天也暗了。关于生死，佛教认为，人从一出生就开始了死亡的倒计时。死是蕴含在生命之内的，宇宙间的生物无不如此，都会经过孕育、出生、成长、衰老、死去这几个过程。藏传佛教在生死问题上，对生和死都倾注了大量的关怀和祝愿。但世人一般都体认不到生死互渗、生死涅槃的道理，普遍乐生厌死。

风多大雨，我都会去接你。”

冰，因冷而傲；蓝，因冷而妖；回忆，因冷而醉。这冰冷的思念，注定要把仓央灌醉，也注定要把旺姆灌醒。

这一世，仓央从风雨中走来，涤尽俗世尘埃；

这一次，仓央将前尘放开，绽放于漫天湖海。

不俗即仙骨，多情乃佛心。“还卿一钵无情泪，恨不相逢未剃时。”仓央，用慈佛的善心，淌着世人的泪；仓央，用孤独的文字，镌刻情人的誓言。

旺姆想用一抹红梢，去系仓央的一生情思；而仓央也想用一段佛缘，去铭旺姆的此生不弃。

在布达拉宫红色屋顶的平台上，仓央的目光越过一座座灵塔金顶，眺望着遥远的故乡，心中千万次呼唤着他心爱的姑娘，希望旺姆能进入自己的梦乡。

夜深人静，对影难眠，远方的旺姆，是否知道仓央在想你？

窗外，明月如霜，洒满西楼，旺姆淡淡的思念淡淡的愁；

窗内，烛光如冰，寒冷刺骨，仓央浓浓的相思浓浓的忧。

旺姆，注定是仓央一生倾心驻足的风景，一世不舍的眷恋。为了心爱的旺姆，仓央愿划破手指，滴血成圈，去圈住旺姆的款款深情、脉脉厚意。纵然玫瑰零落成泥碾作尘，仓央也甘愿守候着这一世的心疼、这一生的寂寞。

“生当复来归，死当长相思。”仓央望瘦了秋风，望瘦了秋月，也望瘦了那个镜子里的愁人。而隔着千重山万重水，旺姆也在故乡日夜思念着他。她天天来到那挂着经幡的树下，

纵马别倾城，禅心入月明。“明月出天山，苍茫云海间。长风几万里，吹度玉门关。”倒转流年，只为赴一场繁花的盛宴。对于山，仓央说：“我一走，山就空了。”活佛在世时，他的一切短暂而迷离，始终处于政治漩涡的中心而不可自控，最后落得一个不知所终、无从评说的结果。在他的身后，却因其诗作的流传而引来了世人的无限遐想，而他却不发一言、任人评说。所谓热闹处，也许正是最不胜寒处。而仓央的离开，也许恰是留给红尘的一片空白。空山鸟鸣山更幽，晴空朗朗白云远。藏传佛教认为，今生即可成佛，不需待来世轮回。放开，也许是最好的。因为，仓央一走，山就空了，而空了的山，是无法再被填满的。

眺望着天边的布达拉宫,思念着让她牵肠挂肚的情郎。

也有传说,旺姆是仓央在贡巴寺学习的时候,在街上遇见的一位美丽出众的少女。她成了仓央的第一位恋人,仓央也写出了他的第一首诗歌:

“心中爱慕的人儿,
若能百年偕老,
就像大海深处,
捞来奇珍异宝。”

1700年的一天,无法抑制思念之情的仓央,偷偷派亲信回到家乡,暗中约见了旺姆,捎去了他的口信。旺姆一刻也不曾停留,风餐露宿,跋山涉水,飞到了爱人的身边,从此,他们相互眺望的眼神再也无法分离。

从此,仓央有了双重身份。白天,他是住在布达拉宫里的活佛,他是坐在无畏狮子大法宝座上的尊者,他是威严的六世达赖。而夜晚,他是有七情六欲的俗人,他是甘愿被爱情灌醉的骚客,他是那个世间最美丽的情郎。

这期间,仓央为他的旺姆写出了大量的爱情诗篇,其中最著名的一首是这样写的(有三个版本,现确定是后人代写的):

“那一天,闭目在经殿香雾中,
蓦然听见,你诵经的真言。
那一月,我拨动所有的转经筒,
不为超度,只为触摸你的指尖。
那一年,磕长头匍匐在山路,

藏地和汉地一样,会有一些中型或小型的寺庙。虽然规模不大,但都拥有自己的信众。有了信仰,就会产生感恩和畏惧之心。感恩所有的得到,也感恩所有的失去,感谢上天的赐予、父母的养育、亲朋的扶助,并且,畏惧未来未知的无常。君子有三畏:畏天命,畏大人,畏圣人之言。世人应怀畏惧之心去行事,应怀敬仰之心去待人。有一颗随缘心,我们会更洒脱;有一颗平常心,我们会更从容;有一颗慈悲心,我们会更积善;有一颗感恩心,我们会更幸福;有一颗因果心,我们会更明理;有一颗忍让心,我们会更快乐;有一颗超脱心,我们会更淡然;有一颗修行心,我们会更智慧;有一颗质朴心,我们会更纯粹;有一颗自知心,我们会更清醒。

不为觐见，只为贴着你的温暖。

那一世，转山转水转佛塔啊，

不为修来生，只为途中与你相见。”

当然，他们都很清楚，这样的爱情注定没有一丝指望，注定没有任何结果。因为，他们放浪形骸的行为，无异于赤裸着双脚在荆棘上跳舞。

仓央后来决心放弃达赖喇嘛的权位，放弃布达拉宫的辉煌。他不要做活佛，要做正常人，要和旺姆一起回到他们的故乡，去结婚生子，去过寻常的日子。

但这个时候，万事已由不得他了。他被禁足了，再也不能任意去见他心爱的旺姆了。此时，仓央的相思之情油然而生，爱恋之意一泻千里。

“想你，春风十里；

爱你，桃花满坡；

念你，是江南二月。

花开，你在花里；

蝶来，你在蝶间。”

仓央，“忽如一夜秋风，叶子随风飞散；又如一眼娉婷，心眉从此紧锁；再如一世相遇，从此莫逆尘阳。半夏，残荷枯梗；半秋，瑟瑟叶落；半年，跌跌撞撞……”

初恋，像一首朦胧的诗，抒发着少男少女那纯纯的爱、浓浓的情，虽然没有终成眷属，但因它情如白雪，从未染尘，反倒成了很多有情人心中一道永不消逝的美丽彩虹。

透过仓央那些动人的诗篇，世人似乎可以看到，他的双眼充满着柔情，眉宇间深藏着忧伤。时而孤独地行走在拉萨街头，匆匆地去赴一场爱的盛宴；时而披着袈裟绝望地将手伸向蓝天，想去抓住什么，却最终还是两手空空。在西藏，和牧马人聊天，发现他们大多不是本地人，而是来自山东、河北和山西的汉人。他们不善言辞，大多时候只是憨憨地笑着。与他们挥手作别，看他们那孤独的身影越来越小，心中竟有些酸楚起来。为了赚钱养家，他们离乡背井，他们的父母会念叨，他们的儿女会牵挂。不过，这一切终究会过去，就像仓央终将挣脱情网一样。

“郎骑竹马来，绕床弄青梅。

同居长干里，两小无嫌猜。

十四为君妇，羞颜未尝开。

低头向暗壁，千唤不一回。

十五始展眉，愿同尘与灰。”

仓央也曾经与初恋约定，“除非死别，活着永不分离”。

披着满身风尘，仓央这个思想的流浪者，把自己和爱人的花样年华刻入了痛彻心扉的诗中，把两个人的山盟海誓融入了两情相悦的歌中。

仓央在布达拉宫深居数月之后，他的旺姆突然不见了。原来，她被迫嫁给了别人。仓央悲痛欲绝，“绝望之中，积蓄的爱情变为喷发的怨恨”。

“爱的情侣，莫非是狼的后裔？

尽管已经同居，还想跑回山里。

姑娘不是娘生的，莫非是桃树上长的？

为什么她的爱情，比桃花谢得还快？”

初恋美梦的破灭，使得仓央生命中各种原始的欲望悄然复活；爱情圣殿的坍塌，使得仓央生命中潜伏的毒蛇猛兽蠢蠢欲动。

一抹绝情泪，望尽天涯路；一曲伤悲歌，唱断前世今生。

多少次，仓央斟下一壶月光，醉了一夜惆怅；

多少次，仓央捧起一地银霜，散了一缕思绪。

1706年，桑吉嘉措借战乱爆发之机，以莫须有的罪名逮捕了仓央，并将他关在一个蒙古包里。仓央透过蒙古包的

仓央短暂而美丽的人生，既有宗教的神圣、政治的诡谲，又有爱情的凄美、命运的无常，扑朔迷离，充满了神奇色彩。茫茫人海，相遇即是有缘。缘聚缘散，敞开心扉；缘来相惜，缘尽坦然。爱悠悠、怨悠悠，不知几时才肯休？茫茫人海里，每个擦肩而过的人，其实都是上天早有安排。缘起缘灭，缘聚缘散，一切都是天意。穿梭于世间的过往，彼此的邂逅是一种难得的幸福。缘尽的瞬间，松开曾经紧握的手，又何尝不是一种放弃的美丽？你未曾有过心痛的感觉，那你就找寻不到幸福的痕迹。所以，不要刻意去拒绝疼痛，比如生命中的离散。有些事，终究要忘；有些人，终究要散。与其为已尽的缘分去作最后的垂死挣扎，还不如放爱一条生路。给对方一条生路，也就是给自己一条生路。

窗格，望见了蓝天下的白云，不禁又想起了心爱的旺姆，便十分感慨地写道：

"东山的高峰，又见云雾蒸腾。

莫不是仁增旺姆，又为我燃起神香？"

仓央的心，滴着血；仓央的泪，流成河。

仓央，天生注定是一个僧、一尊佛。所以，除了香油灯花，笼罩在仓央身上的，便是无尽的寂寞。在仓央的生命中，注定没有情花，没有情事，只有情歌和情诗。

仓央心中的少女，就是仓央心中的佛；仓央心中的因果，就是仓央心中的爱。

"爱情，要么让人成熟，要么让人堕落。"仓央生命里的第一次失恋，使他的思想感情和心理情绪走向了极端，使他此后近十年的生活和行为发生了一系列裂变和蜕变，以至于有了后来更为传奇离奇、离经叛道的爱情，以至于有了后来流传千古、植入民间的诗歌。

仓央，筝一曲云水禅心，让丝丝禅意融进生命，在心底安静地生长。三百年过去了，仓央一直在追问，是谁苍白了谁的回忆？是谁无悔着谁的执着？

在这个世界上，有一种缘叫错过，有一种爱叫不舍。所以，有多少缘起缘落，就有多少擦肩回眸；有多少悲欢离合，就有多少爱恨情仇；有多少前尘往事，就有多少蓦然回首。

仓央的这一份爱，若珍惜过，已足够感念一生。因为，对于仓央来说，一个自己喜欢的人，若能遇见，已足够幸福。

因为仓央为情悲凉，所以唯美；因为仓央为爱伤情，所以

很难想象，仓央那些空灵而凄美的诗句，竟来自三百年前禁锢、封闭、遥远的西藏；更难以相信，这些充满情爱又富有哲理的诗歌，竟出自庄严肃穆的布达拉宫，出自向往自由、率性纯真的六世活佛之手。仓央从千里之外一路奔来，孤身一人，带着一身灵气、一路阳光、一份诗意，还带着一点豪气、一份苍凉、一个神话。有多少深情，有多少无奈，有多少甜蜜，有多少悲凉……或许在相遇的那一刻，已经注定了一世的纠缠。茫茫人海，能入心的人少之又少；浮萍万千，能懂你的人寥寥无几。时间也许会告诉我们，简单的喜欢，最长远；平凡中的陪伴，最心安；懂你的人，最温暖。

唯真。

夜，总是在最深时寂静；情，也总是在最浓时落泪。其实，爱情随缘，大多只不过是缘浅情深而已。

一花一世界，一叶一菩提；春来花自青，秋至叶飘零。

当“转世灵童”这四个字被强加在仓央的头上时，他的一生便没有了选择。因为，这是上苍赋予他的神圣使命，所以，他没有权利拒绝和反抗，唯一能做的是服从和顺从。

仓央为爱抗争了二十三年，还是斩不断那千世情缘。最终，他的情埋在了青海湖畔，他的魂葬在了青藏高原，不带走一片孤云，不带走一寸相思。

后来，仓央把玛吉阿米当作心中那根深蒂固的信仰。他的肆意洒脱、放荡不羁拂乱了沧桑，伤了彼此，更伤了心念仓央的人。

失恋后，仓央就开始燃烧自己，就开始放纵自己。他把一种悲伤演绎成了欲哭无泪，将一种疼痛演绎成了欲说无语。因为仓央明白，世间能说出的悲伤便不叫悲伤，能说清楚的疼痛便不叫疼痛。

这一生，没有什么比结缘更美好的事情了。与一朵花结缘，与一丛绿结缘，与初恋结缘，然后相依相偎，笑看世间万千。

前世，仓央是一朵情花，只开在旺姆的心里，只为了与旺姆相识。四季轮回，仓央为旺姆开尽了冬夏，与旺姆一起走过了春秋。

情花一世，仓央种下了一份痴狂，希望换取来生的姻缘。高山流水间，仓央为旺姆埋下了相思，希望伴旺姆相醉流年。

大雪已经下了一夜，直到天蒙蒙亮，才缓缓停了。天际的微光，照醒了北京城的琉璃瓦，薄亮清透，又带着些许清冷，而那初雪的气息弥漫在高墙砖瓦的大院内。屋内的炭火已经没有那么旺了，只是还有些许火星。绣帐内，觉罗氏沉沉睡着，身侧躺着的是她刚刚诞下的麟儿。这孩子，一出生便已经注定家世显赫、仕途亨通，注定是上苍的宠儿。但此时，谁也不会想到，他日后竟会成为汉词文化的一个里程碑式的人物，竟会被后人念怀了三百年，竟会使家家争唱他的《饮水词》。当然，人们更不会意料到，匆匆三十年，这少年郎就撒手而去，空留了世人三百年的兴叹。

前世，尘缘未了；

今生，含情相续。

花谢花开花满天，红消香断有谁怜？

一曲离别一曲殇，一场情愁一场恨。

我跪地向佛恳求，希望给仓央一滴怜悯的泪，让他在这滴眼泪中闭关，莲开心中，悲欣交集。

仓央与旺姆的故事，注定要发生，而且也注定要以这样的方式结束。他们注定相遇而相伴太短，就像注定仓央无法停留在藏南的故乡一样。

但旺姆已在仓央的心湖投下了一波涟漪，从此，旺姆就是仓央不离不弃的牵念，就是仓央一生心痛的理由。而仓央始终深信，若心相连，天涯即是咫尺。

爱，已时过境迁；

恨，已沧海桑田。

旺姆，你是幸运的，也是幸福的。因为，你只陪仓央走了一程，仓央却回报了你一生。“你给我一滴眼泪，我就看到了你心中全部的海洋”，所以，仓央心甘情愿地最终在初恋情人的一滴泪中闭关。

看见的，看不见了；

看不见的，看见了。

记住的，遗忘了；

遗忘的，记住了。

（二）

徐志摩说，一生至少该有一次，为了某个人而忘了自己，

又是细雨天，檐梁顺下来的雨滴落在木窗台上，是沉闷的敲打声，一记一记落在心头。再细细听，窗外雨落芭蕉叶，和着急雨嘈嘈，又像私语窃窃。此时，纳兰手握书卷，立在窗前，背影瘦削。这窗前的芭蕉啊，是李唐的诗酒江湖，是王维的雪中奇葩，是易安的舒卷余情。可这芭蕉，于他纳兰，却是“点滴心欲碎”。因为，在这芭蕉心里，裹着他魂牵梦萦的回忆，藏着他流逝的情语呢喃。不忍再听窗外芭蕉夜雨，也不忍再看窗前一盏孤灯明灭，纳兰本想早早睡去，但翻了几页手中的书卷，不想是“鸳鸯小字，犹记手生疏”。当年把笔浅笑、娇俏语长的她，在纳兰的记忆中若隐若现，本以为白头可得一双人，如今却只能“满蘸相思意，所托旧时书”。

不求有结果,不求同行,不求曾经拥有,甚至不求你爱我,只求在我最美的年华里,遇到你。

有一首《发如雪》的歌是这样唱的:“繁华如三千东流水,我只取一瓢爱了解。只恋你化身的蝶,你发如雪,凄美了离别,我焚香感动了谁……”爱是一种奇怪的东西,忽闪忽灭间的深刻,成长在彼此的心里。

最美丽的故事常常没有结局;

最浪漫的感情常常没有归宿;

最幸福的爱情常常没有言语;

最深刻的喜欢常常没有空间。

纳兰的初恋确有其人,这从纳兰的词、手札、书信和历史文献的片言只语中可以确认。但究竟是他的表妹、丫鬟,还是一个叫谢娘的人,尚是一个谜。而现在流行的各种版本,只是各人的臆想而已。而且,从后来纳兰的词以及与顾梁汾的通信中可以看出,纳兰觉得对不起这位初恋,对她表达了深深的歉悔之意,可能是纳兰当初的一些言行,曾经深深地伤害到了这位涉世不深的少女。

“一个是阆苑仙葩,一个是美玉无瑕。若说没奇缘,今生偏又遇着他;若说有奇缘,如何心事终虚化?”纳兰青梅竹马的初恋就算是他的表妹吧,一个汉族女子,名为谢佩芙,小名梦蓉。“刺绣女儿楼上立,柔肠。爱看晴丝百尺长”,“小晕红潮,斜溜鬟心只凤翘”。在纳兰的词中,多处提到“谢娘”“谢家”,可能是泛指,也可能与他的这个初恋有关。

哪个男子不钟情,哪个少女不怀春?怀春的少女,情窦

古往今来,唤作纳兰的人想必是不会少的。但只要有人一提到"纳兰"二字,我心中便只有那翩翩浊世佳公子一人,再无其他作想。纳兰降生后,父亲明珠为他取名"成德","君子以成德为行"。可见,明珠对这个孩子是寄予厚望的,希望他当真如"成德"二字,成为一名高德之君子。纳兰受父亲的影响,是汉文化的推崇者和仰慕者,所以,后来他给自己取字"容若"。其实,我更愿纳兰只做那个"冬郎",没有其他。"成德"是父母的厚望,是爱新觉罗氏的皇恩;"容若"是他词中的愁容,是他胸中的哀思;只有"冬郎",是在雪地中戏耍的孩童,天真而烂漫、无忧而无虑。

初开，一旦看见一个能够拨动她心弦的男子，就只知道羞涩。纳兰的这位初恋，显然是一位性格比较内向的少女。

纳兰的初恋和他的挚爱卢氏，均符合纳兰对女性的审美：性情羞涩、忧郁，身体偏瘦，俏皮，化点淡妆，衣裳单薄，常常在花园的回廊边活动。纳兰喜欢的女性，是可爱淘气的丫鬟模样，而不是端庄大方的小姐类型。

纳兰与其表妹两小无猜，也曾有婚约。“正是辘轳金井，满砌落花红冷。蓦地一相逢，心事眼波难定。”表妹邂逅纳兰之后即暗许芳心，这是甜蜜的，也是烦恼的。初尝爱情滋味的这一对男女，最难的就是如何将自己的心事告诉对方。“相逢不语”，这是因为，“世间只有情难诉”。“未接语言犹怅望，才通商略已瞢腾。只嫌今夜月偏明。”少女一旦有心事，“花月含羞笑春风”就最怕羞了。夜色原本可以掩盖一下难为情，可是，偏偏今晚的月光是如此的明亮皎洁。

美妙的邂逅和短暂的相伴后，便是表妹的被召入宫。“知道今生，知道今生那见卿”，纳兰无奈地发出了“谁省？谁省？从此簟纹灯影”的感叹。后来，为了见到表妹，纳兰就乔装成僧人混进宫里。只可惜，“一朵芙蓉着秋雨”的表妹，与他在皇宫里相见时，只得“相逢不语”，“转过回阑扣玉钗”。

想当初，纳兰与表妹既是玩伴，也是吟诗填词的小友。“郎骑竹马来，绕床弄青梅”，这种朦胧的情愫，一直持续到表妹被选为皇宫秀女。

青丝锁，锁青丝，青丝三千，情系三生。

纳兰，一个爱美人不爱江山的翩翩公子。

纳兰，一个“至性固结，无事不真”的男子汉。

纳兰，一个文武双全的贵公子，一个痴情细腻的多情郎。

读纳兰词，大多是在一些现代书中，近来也读了一些他的书信和他的《通志堂集》。其实，对于纳兰，我的脑海里是模糊的，连他的画像都未曾见过。从古至今，“公子”常见，从几岁到几十岁，持一柄纸扇，扇上画上几笔不知出处的画作，再着一身体面的衣袍，似乎全都能叫上一声“公子”。但当真能够叫上一声“公子”的，屈指可数，但纳兰一定是其中之典型。“瞻彼淇奥，绿竹猗猗。有匪君子，如金如锡，如圭如璧。”君子当谦谦温润如玉，君子当翩翩宠辱不惊，君子当存于世而不被世俗所侵。纳兰，带着与生俱来的绝世风华，就如他降生的那个冬季里的一片雪花，缓缓坠落人间，风华荣光尽现，君子之风尽露。

在纳兰一生短短的三十载里,遭遇了一次初恋和四次爱情的悲剧。他的情爱史,也借着他的清词为后世所知晓。

纳兰词以小令见长,多伤感情调。现在看来,纳兰词的伤感情调主要有三个主观原因。一是从小多病的体质,二是多愁善感的天性,三是遭遇了一连串的情事波折。

“依约相逢,絮语黄昏后”,“何处吹箫,脉脉情微逗。肠断月明红豆蔻,月似当时,人似当时否?”这是一幅多么浪漫的景象啊!纳兰和恋人在黄昏的夕阳下相依相偎,在那里悄悄地说着情话。这种温情和美好,深深地刻在了纳兰的心里,成了他一生的追求。所以,后来这段初恋的失败,成了纳兰后半生难以释怀的隐痛。

人这一辈子都摆脱不掉的,就是一个情字。亲情、友情、爱情,这三种情之中,剪不断的是亲情,少不了的是友情,放不下的是爱情。纳兰就是这样一个人,一个“情”字活了一生,一个“爱”字累了一世。

“情”字比花儿还要美丽,比诗词还要有韵味,比世间万物还要有灵气。就是这么一个“情”字,如影随形,离我们很近很近,伴我们很久很久。

爱是伤,爱是痛。爱是一生的凄凉,爱是一世的记挂。

在纳兰和仓央的身上,我们看到了一往情深、锲而不舍的执着之情;海枯石烂、至死不渝的坚贞之情;魂断芳涯、亘古绵延的旷世爱情;朝思暮想、望穿秋水的思念之情;悲殇欲绝、肝肠寸段的离别之情。

纳兰闻着香炉的香,敲着木鱼的响,捣腾了一生的孤独,

纳兰终其一生，尽管享尽繁华，却心中所求尽不得。于是，千般痛苦纠缠一生，万般酸痛扑面而来。纳兰，在金砖琉璃瓦下荒芜了心境，在理想与现实之间徘徊踟蹰，在缠绵悱恻中情深缘浅，苦了自己的心，累了自己的身，最后把自己的灵魂也埋进了清词中。也许是上天不忍他在人间历尽煎熬，于是早早地将他召回了。他生来权贵显赫，注定不能平凡地度过一生，却常思山泽鱼鸟，这种矛盾已为日后的悲剧埋下了伏笔。但正是因为求而不得的矛盾，才造就了纳兰，才造就了纳兰词，才有了我们今日的迷恋情思。求不得，何不放下？苦海无边，回头是岸！

遥祭着一世的悲凉。在纳兰的眼眸里,浸没了三十年的悲痛;在纳兰的眼眶里,衬着一生的凄凉。我是多么希望,能把纳兰的思念汇成泪滴,洒向天空,随着这秋风飘散开去。

“你不曾心碎,怎么知道我的悲伤;你不曾喝醉,怎么会看到我的眼泪;你不曾像我一样付出,哪里懂得爱一个人的痛苦,想一个人的悲哀,等一个人的凄凉。”

纳兰举杯对影自酌,一杯是苦,两杯是殇,三杯是断肠。孤独写满了一路,寂寞挂满了一树,所以,即使是纳兰的笑里也写满了孤寂。纳兰那忧郁的心,被秋风吹得更加忧伤。

寂寞是一根断了的红线。纳兰紧紧抓着它,默默等待另一头的牵线人,即使那人早已远去,即使那人再也不会归来。

当那迷蒙的细雨,一点一滴飘落在纳兰的罗衫之上,溅起一片闲花的寂寞;当那柔美的花朵,一朵朵飞舞旋转飘落在青石路上,铺满了整条幽径情路,纳兰的心终于放空了,也终于放晴了。

每个人在心灵深处都有一处花冢,埋藏那些滂沱凄美、壮烈忧伤却不为外人所知的情感。而纳兰的花冢,被忧伤封住了通路,被寂寞上了一道锁,从此不再开放。

纳兰的寂寞是一个人的、无声的悲伤。他在小院中拾得翠翘,却“何恨不能言”,只能叹一声“已是十年踪迹十年心”。

纳兰有一首著名的词,叫《木兰花令·拟古决绝词》。其中的“决绝”两字,是断绝关系、永不来往的意思。卓文君写给司马相如的《白头吟》中的也有两句:“闻君有两意,故来相决绝”。

初读纳兰词，知他有妻有妾。妻亡故后又再续弦，还有红颜知己，与江南才女沈宛留有一段佳话。更有野史中言之凿凿，说纳兰还有一位心爱的小表妹，但天意弄人，被选进宫中。以现在的眼光来看，他着实算不上一个专情的人。但品了纳兰词，越品越深，方知纵然不是专情之人，却也是个不折不扣的深情之人。他身在京城的高门广厦，词中却透着江南初春的蒙蒙水气，那丝丝凉风直逼心间，那点点冷雨浇灭了所有的热情。他身为文人，执笔生花，词风清婉，有李后主之风。可悲的是，他又不得不与其他八旗子弟一样，被教以“不得忘祖宗遗训”，从小苦练骑射，成了御前侍卫，佩刀而立。

表妹被选入宫，纳兰伤感异常，“回廊一寸相思地，落月成孤倚”。残阳如血，晚风轻拂，生离死别，恍如隔世，即便生死殊途，均已成往事，真是“十年生死两茫茫，不思量，自难忘”。

在纳兰的心中，表妹犹如一幅精美的画作，可悬挂、可收藏，可评、可赏，却冰冷、无意、无情、遥不可及、不可触摸。“有情终古似无情，别语悔分明。”一道薄薄的宫墙，却是纳兰永远无法逾越的鸿沟，也是纳兰始终迈不过去的一道心坎。

在初恋失败和因病放弃殿试的双重打击下，纳兰一度心灰意冷，痛苦不堪。而就在这时，卢氏，这个纳兰一生中最为刻骨铭心的爱人，她的出现，彻底驱散了纳兰心中的阴霾，给他的生活带来前所未有的激情和曙光。“洛神风格丽娟肌，不见卢郎少年时。无限深情为郎尽，一身才易数篇诗。”

纳兰与表妹是有恋情，但无结果。而纳兰与卢氏，是先结婚，后恋爱，也可以算是另一种初恋。但三年后，爱妻难产，“不为香桃怜瘦骨，怕容易，减红情”。卢氏不幸逝世，两人从此一个在人间，一个在天堂。从此，纳兰只能相思相望、遥相祭哭。在《画堂春》中，纳兰一口气用了三个关于古代神仙夫妻天仙配的典故。“若容相访饮牛津”，是讲牛郎织女的故事；“药成碧海难奔”，是讲嫦娥奔月的故事；“桨向蓝桥易乞”，是讲云英和裴航一起得道成仙的故事。可以想象，纳兰是多么希望自己和卢氏也能成为神仙眷侣，多么希望自己能够和心爱的人厮守终生。

妻子去世后，纳兰伤心欲绝。他在夜里时常能梦到妻

当年，乾隆帝看了《红楼梦》之后曾说："此盖为明珠家事作也。"若真如圣口所言，那纳兰就形同贾宝玉了。同样都身怀异才，都不愿流于世俗，都为情所伤，无法消受。也许正是乾隆帝这一言，才有了后人口中纳兰的小表妹一说吧。明珠夫妇有了纳兰后，再不曾有孩子。一日，觉罗氏告知纳兰，家中来了客。于是，小表妹就这样梦幻般地进入了纳兰的生活。后来，她在明珠府里住了下来。年幼的两个孩子一同念书玩闹，也一样痴迷汉文化，志趣相投。"郎骑竹马来，绕床弄青梅。同居长干里，两小无嫌猜。"还有人考证后认为，纳兰的这位表妹叫纳喇惠儿，是清朝官员索尔和的女儿。

子，“未梦已先疑”，也曾梦见妻子对他说，“衔恨愿为天上月，年年犹得向郎圆”。一曲悼亡词《蝶恋花》，“唱罢秋坟愁未歇”，“春丛认取双栖蝶”，把纳兰自己对亡妻的一片思恋之情表露无遗，不做作、不雕饰，缠绵凄切、感人至深。

在《浣溪沙》中，“赌书消得泼茶香”，是讲李清照与其丈夫赵明诚的故事。有一天晚饭后，李清照与丈夫赌书消遣，也就是两人打赌，一人出题，哪句诗词出自哪本书哪一页，猜对了的人才能喝茶。因为李清照才华横溢，赢了很多次，笑得合不拢嘴，一不小心就把茶水弄洒了，一片茶香扑面而来。纳兰回忆起自己与爱妻曾经也是如此恩爱的幸福生活，“当时只道是寻常”，这种真情与自然、伤心与追忆，在纳兰词中也随处可以找到。

即使后来纳兰续娶了官氏，纳兰也认为妻子卢氏是他一生唯一的知己，“知己一人谁是？已矣。赢得误他生”。在纳兰二十九岁时，闻江南女词人沈宛之名，颇有卢氏的影子，于是便写信给江南的顾梁汾，要好友帮其撮合：“闻琴川（江苏常熟）沈姓，有女颇佳，望吾哥略为留意”。

“两鬓飘萧容易白，错把韶华虚费。便决计、疏狂休悔。但有玉人常照眼，向名花、美酒拼沉醉。”

后来，由于种种原因，沈宛毅然选择了分手，带着满身伤痕，孤身一人回到了江南。沈宛走后，纳兰更是伤心欲绝，写下了凄楚的《采桑子》一词：

“而今才道当时错，心绪凄迷。
红泪偷垂，满眼春风百事非。
情知此后来无计，强说欢期。
一别如斯，落尽梨花月又西。”

若是纳兰和表妹能一直这样嬉戏下去，倒也似神仙眷侣一般，多年后的纳兰一定时时这么念想着。可是，现实总是残酷的，残酷得让纳兰多年心伤而不能自愈，也残酷得让后人扼腕叹息。纳兰清楚地记得，那个明媚的午后，碧空干净得如同透明一般，和煦的阳光穿过树蔓，在地上留下斑驳的光影。藤蔓花架下，纳兰寻了一处荫，手边放着一杯茶，头下枕着一卷书，半阖着眼，小憩着。北京的初夏，正当花期，花架影下，仿佛画中一般。在纳兰的记忆中，表妹的笑容是那么的清晰，以至于多年后都不能忘怀。

在三百四十九首纳兰词中，有四十首《浣溪沙》、二十六首《菩萨蛮》、十八首《采桑子》、十六首《梦江南》、十四首《清平乐》、十二首《临江仙》、十首《金缕曲》……纳兰词中，有“冰合大江流，茫茫一片愁”的伤情，有“如人饮水，冷暖自知”的感慨，有“点滴芭蕉心欲碎”的难过，有“绿阴帘外梧桐影”的惆怅，有“桃花羞做无情死”的苦闷。

心有缘而垂泪，念有分而触景。过错是短暂的遗憾，错过是永远的遗憾。应该这样说，纳兰的三十年，没有过错，但一直是最终错过。所以，纳兰的一片痴，在泪中飞；纳兰的一段离，在念中走。前世的纠缠与祈祷，今世的擦肩与陌路，割痛了纳兰的多少柔情，黯淡了纳兰的多少憧憬。

一花一世界，一情一尘埃。

一句“执子之手、与子偕老”，上演了多少悲壮的故事；

一句“愿得一人心，白首不相离”，誓言了多少无期的等待。

纳兰对初恋、对卢氏和沈宛的那份相思，苍老了一段年华，渲染了几根青丝，飘散了一纸清词，斑驳了一世情缘。而植入纳兰心头那无法排遣的、无所寄的思念，总是在静夜里疯长，在心壁上蔓延，在秋风中伸展。纳兰也很想去修剪一下疯长的思念，但生怕影响了曾经美的心情、美的记忆。

“若教解语应倾国，任是无情亦动人。”纳兰的泪水总是浅浅的，但他的相思总是深深的。那一米阳光，带着一抹忧伤，好像在告诉世人，缘来缘去，其实都是镜花水月。纳兰的心之梦，远而有味；纳兰的意之醉，静而生情。

那日黄昏，纳兰从宫中当值回来，先入中堂拜见了父母。他的眼角余光忍不住打量四周，唯独不见表妹的身影，心中不免有些失落，但又不好言明，只好悻悻地往内堂走去。走着走着，脚尖的方向竟不知不觉地朝着表妹的居所。不知是巧合，还是真的心有灵犀，纳兰刚至楼下，小表妹此时也正巧下楼。她低头看着脚下的楼梯，那款款身影让纳兰出了神。想必这样无忧无虑的时光，实实在在刻印在了纳兰的心里，所以才会写道："夕阳谁唤下楼梯，一握香荑。回头忍笑阶前立，总无语，也依依。"

《减字木兰花》，是一个温柔婉转的词牌，每句一短一长，回环往复，流连不歇。纳兰却非常特别，以长于抒情的词牌来素描一张活生生的仕女图，娇羞宛然，冰雪轻盈。在这曲词中，纳兰倾诉了一颗心、多少事、怎般情，明明暗暗、迷离朦胧，恰如当年的快乐往事。花花草草秋千架，蜻蜓蝴蝶小风筝，对于纳兰和他的表妹来说，这都是一段无比快乐的童年。

快乐，只因为在一起；幸福，也只因为有牵挂。

世上有两样东西不可直视，一是太阳，二是人心。我们应该不悲过去，非贪未来，如果能心系当下，由此便可安详。纳兰懂得太多，想得太美，看得太透，于是，他就变成了世间的孤儿。

萧萧滑落的泪，仿若悄无声息的雨；

满泪愁苦的脸，犹如泪流满面的天。

只有爱过一生无缘的人，才会知道世间人情永远不必去拷问。注定是一个没有结局的故事，注定是一份已经看透结局的爱情，纳兰却执着于一颗不死的心，不愿清醒，情愿沉醉在爱人那美丽虚幻的世界里，越陷越深。“问花花不语，为谁落？为谁开？算春色三分，半随流水，半入尘埃。”纳兰，只有空伤悲，独惆怅；纳兰，只有心凄凉，情忧伤。

萧条的雨丝，串连起苦涩的回忆；

凛冽的秋风，风不干侵蚀的泪水；

重重的乌云，尘封不了过往的忧愁。

纳兰万千心事纠结于眉、郁结于心，终于，在有一天脱口说出了“相思相望不相亲，天为谁春”的困顿。由暗火而

有时候，被触动心弦，并不是因为华美的词章，而是因为那简简单单的一句话，“一生一世一双人”。这句词，在不知名的网络小说中，在琼瑶的言情剧中，甚至在武侠剧中，也是屡见不鲜。但当我真正去品读纳兰词时，才知其感情至深、至真。少年恋人，情窦初开，才貌相当，本应在他们单纯的世界里，全心全意地享受那单纯的爱情。可是，命运往往就是那么的残酷，满朝权贵中，家族的利益是至高无上的。他们不足为道的感情，必定要为家族利益让路。纳兰与表妹本是一对璧人，如今却分隔两处，虽只一墙之隔，近在咫尺，却不能相见，更不能亲近，如此怎会不销魂？

郁结、由郁结而困顿、由困顿而渴望解脱、由渴望解脱而终于爆发，这样的真情流露往往最为真切感人。而一首《画堂春》，将纳兰词推向了顶峰，也把惊人的美丽留在了巅峰之上。

人的一生，就是一场梦，就是一场戏。

眼睛一闭、一睁，一天就过去了；

眼睛一闭、不睁，一辈子就过去了。

再多的不舍，终究还是逃脱不了命运的愚弄。所以，纳兰只能徘徊在岁月的渡口，回望三十年一路走过的风景。到了生命的尽头，纳兰才明白，一切的一切，犹如初春时的一场幽梦，宛如远方的一首诗和一个驿站，一夜间，就葬尽了所有的芳华。

世人传唱纳兰词，着迷纳兰词，其实是为了我们自己的心事、自己的心曲，是为了那份缠绕于我们自己心头的、郁郁而不得发散的情愫。

一花一叶，长于枝头，才可见其绚烂的生机，而一旦离开了枝头，我们就捕捉不到那棵花树的全部秘密了。

正是这种“冷暖自知”的共鸣，才使我们的心头拥有了同样的事件、同样的思念、同样的爱恨、同样的沉迷。

“当时只道是寻常”，这样平淡如家常的句子，道出了人生的真谛，而这样的忧思慨叹，世人又有几人能懂？

“世间本没有恶，我们所谓的恶，其实只是善的失去；世间本没有丑，我们所谓的丑，其实只是美的失去。”那么，造物主为什么会允许善和美的失去呢？“是为了让人们更好地认

表妹在宫中如何，我们无从知道。但自表妹进宫后，纳兰是何等的煎熬，何等的心伤。巍峨的宫门，层层叠叠的琉璃屋顶，高低错落，层层延伸，就如同层峦叠嶂般压得纳兰透不过气来。阻隔在他们之间的，还不仅仅是这金銮屏障，更是背后庞大的家族。纳兰只能郁郁度日，回想着昔日与表妹读书泼茶、花前月下的日子，独自一人对着高山苍天，对着回廊，对着梨树，对着孤灯，任凭相思入骨，噬着他的心骨、他的肉血，“从此伤春伤别，黄昏只对梨花”。

识善、珍惜善;认识美、珍惜美。”

庄生梦蝶,蝶梦庄生。

如鱼饮水,冷暖自知。

在《梦江南》这首词中,纳兰梦中想见的是一位佳人。他在梦中想见的可能是他的表妹,也可能是卢氏的影子沈宛,“窗外忽惊春草绿,镜中忙画黛山青”。

“不辞冰雪为卿热。”在《蝶恋花》这首词中,纳兰用了《世说新语》里的一个典故:荀奉倩是个情痴,他和妻子的感情极笃。有一次妻子患病,身体发热,体温总是降不下来。当时正是十冬腊月,荀奉倩情急之下,脱掉衣服,赤身跑到庭院里,让风雪冻冷自己的身体,再回来贴到妻子的身上给她降温。但荀奉倩的一片深情,并没有感动上天,妻子还是死了。荀奉倩也被折磨得病重不起,很快也随妻子而去了。

纳兰所著的《饮水集》中,属悼亡类的词近五十首,是纳兰词精华中的精华。而伤悼情怀,则是充盈于整部纳兰词的情感基调。

翻开《饮水集》,一股凄婉感伤之气扑面而来。“愁”、“泪”、“恨”、“断肠”、“惆怅”、“憔悴”,等等,触目皆是,充满了哀伤悲凄的情调,沉郁悲怆,不忍触碰,真是“一种凄婉处,令人不能卒读”。

鹊桥恋,长城泪,化蝶飞,白蛇缘,人世间多少感天动地的情缘,谱成了千古绝唱的传奇。三百年时光匆匆而过,世事湮没,但情缘不了。纳兰凄美的传说,依然讲述着往日的悲欢眷恋,留给后人一声声的唏嘘悲愁。

张爱玲说："没有一种感情不是千疮百孔的。"年轻的纳兰，本就极度的多愁易伤，纵使看到秋日凋零萧条，想必都要大大地感伤一番。纳兰与表妹那还未萌芽就已枯去的初恋，怕是让他尝尽了千疮百孔的滋味。"彤霞久绝飞琼字，人在谁边？人在谁边，今夜玉清眠不眠？"表妹进宫以后，已经许久没有她的消息了。而写满了纳兰牵挂与相思的信笺，只能静静地压在镇纸下面，永远也无法送出。窗外的风，吹得信笺沙沙作响，"彤霞久绝飞琼字"，这就是纳兰此时此刻最真实的心境写照了。

一双人,三生缘,百种爱,千古情,最后留下的一定是万般痛。宿命的悲,轮回的痛,纳兰情到深处天地动,爱到浓处水自流,纵使千般无奈,也留不住那已逝的曾经。

天未老,情难了,只见秋风醉落叶,不闻孤独催人心;芳魂梦,断尘世,只见孔雀东南飞,不见云中雁归来。

"你若不弃,我定生死相依;你若言弃,我亦此生无悔。"

"天不老,情难绝。心似双丝网,中有千千结。"

世人莫笑孤翼痴,世人莫言孤翼殇。奈何红尘一绝千古恨,奈何浮华一梦终成空,奈何苍穹尽头空茫茫,奈何纳兰情意浓浓空欢喜。

清人笔记《海沤闲话》中也节录了那个纳兰初恋的故事:纳兰眷一女,绝色也,有婚姻之约。旋此女入宫,顿成陌路。容若愁思郁结,誓必一见,了此宿因。会遭国丧,喇嘛每日应入宫唪经,容若贿通喇嘛,披袈裟,居然入宫,果得彼妹一见。

对于这段刻骨铭心的初恋,纳兰情不自禁,欲罢不能。而在失去初恋后,纳兰感觉生不如死,一直念念不忘。

"红影湿幽窗,瘦尽春光。雨余花外却斜阳。
谁见薄衫低髻子,抱膝思量。
莫道不凄凉,早近持觞。暗思何事断人肠。
曾是向他春梦里,瞥遇回廊。"

"燕子楼空弦索冷,任梨花、落尽无人管。""滴滴西窗红蜡泪,那时肠、早为而今断。""是一般心事,两样愁情。""道休孤密约,鉴取深盟。"纳兰用了大量的词句去叙述这段难以释怀的初恋,足见这位表妹在他心中的分量。

三十年的短暂生命中，情一直萦绕在纳兰的心中。若这个“情”字，真的那么容易控制，不去看、不去想、不去思、不去念，那就不会有那句“直教人生死相许”了。当初的两小无猜有多美好，如今的分别离散就有多苦涩。越相思、越回忆，这苦涩的味道就越浓烈，充斥在纳兰的胸腔中、骨血中。他的小表妹，那么的天真烂漫，在深宫之中，她过得好还是不好？有没有受委屈？纳兰反复思念着，夜不能寐。他一直在想，此时此刻，也不知那大清深宫中的人儿，是不是也和他一样无眠呢？

我爱纳兰的词,婉约多情,词里总有两三个女子的影子。

我也爱仓央的诗,情意绵绵,诗中总有佛性与凡尘的刻骨。

为了梦想,为了追逐心中的情,纳兰不惜被误解,浪迹天涯。纳兰的痛,纳兰的愁,纳兰的忧伤,纳兰的心事,几人能知?

为了自由,为了追逐心中的爱,仓央不惜被放逐,流浪尘世。仓央的苦,仓央的乐,仓央的孤独,仓央的心情,几人能懂?

纳兰,作为一个早醒的灵魂,失意多于得意,眼泪多于欢笑,一生忧郁、愁苦、悲愤,这是他人生的悲剧;

仓央,作为一个傀儡的藏王,流浪多于莲坐,孤独多于欢歌,一世寂寥、相思、忧心,这是他生命的陨落。

纳兰词,篇篇含愁,卷卷成悲,哀怨感伤,当长歌而哭;

仓央诗,首首含泪,句句成伤,念念不忘,当响彻云霄。

仓央和纳兰的这种坚持、这种信仰、这种真情,让人惊叹。

我一直在想,如果仓央多些坚持,天涯就不会放手;如果纳兰多些信仰,人生就不会失意。

汉字的美实在是震撼人心的，而古人偏又将其发挥到了极致。这并不是如今的我们，写上几句伤春悲秋的情话而能企及的。一如这女子的眉毛，古时候将其形容成“远山”，实在是妙不可言。眉目如画，故眉目可传情。这眉，或弯弯的，或淡淡的，或剑眉星目，或眉头晕染，眉尾处轻轻地勾勒几笔，何尝不似如画般青翠的远山？不管表妹在宫中过得好不好、受不受宠，她的心中也一定念着纳兰，就如纳兰一直惦念她一般，这是可想而知的。“彼此当年少，莫负好时光”，可是纳兰与表妹的好时光，也只能在回忆中去追寻了。

挚爱

(一)

爱是与生俱来的，所以，爱是人性的特质。

挚爱是指一生中的最爱，是一生不变的爱。在一个人的一辈子中，爱可能有很多，但是挚爱只有一个。

哲学家说，爱是一种特殊材料制成的媒介物，它使人容颜焕发、青春常在；

文学家说，爱是一首激动人心的抒情诗，它让人心潮涌动、热情澎湃；

医学家说，爱是一剂千古难觅的心理良药，它让人经络疏通、忧愁不在；

教育家说，爱是一种无与伦比的教育手段，它使人学业

纳兰，一介柔情书生、一个温润公子，可毕竟血气方刚，也不是没有冲动叛逆的时候。若纳兰是个“遥望京都是何处”的平常百姓，那在青梅竹马的表妹入宫后，大概也只有日夜思念的份了，毕竟，两人的距离太过遥远了。可是命运弄人，偏偏又不是这般。纳兰与康熙年纪相仿，又是伴读好友，备受器重，出入宫廷是家常便饭的事。前朝后宫，常常只有一墙之隔，想必纳兰肯定是不止一次地想跨过高墙，可是，理智又将他一次又一次拉回现实。若是冲动一时，谁又能为他的任性买单呢？理智必定是敌不过情感的牵绊，纳兰终究还是冒险进了皇宫大内，这大概是他人生中唯一的一次冒险。

有成、精神百倍。

真正的爱情，是在能够爱的时候，懂得珍惜；

真正的爱情，是在无法爱的时候，懂得放手。

看历史，能洞悉因果沧桑；观世界，能品察皓月繁星；看人生，能领悟诗和远方；看爱情，能用心用情用智慧。这样的人，实在是太少太少了。在现实生活中，往往是这样的：在一起的时候，不懂得珍惜；不在一起的时候，不懂得放手。

在爱情没开始以前，你永远也想象不出会那样的爱一个人；

在爱情没结束以前，你永远也想象不出那样的爱也会消失；

在爱情被忘却以前，你永远也想象不出那样刻骨铭心的爱，也只会留下淡淡的痕迹；

在爱情重新开始以前，你永远也想象不出还能再一次找到那样的爱情。

传说，佛陀弟子阿难出家前，在路上遇到一位少女，爱慕难舍。他甘愿化身石桥，受五百年风吹、日晒、雨淋，只求她能从桥上走过。从此，阿难化身石桥，少女再次经过的时候，不管有风还是有雨，一个人或者两个人或者一家人，都可以很从容，都可以很踏实。

阿难只为那一场遇见，而舍身弃道，甘受造化和情劫之苦，如此深情执念，令人动心动容。

阿难最终放下了情缘，也解脱了自己。从此，尘归尘，土归土，路归路，桥归桥。

当今，纳兰的才华被世人高度认可。其实，在当时的京城，纳兰也早就享有盛誉，词名动天下。且不说纳兰词传颂之广，光是明珠的家世与权势，就足以让那些没落文客、朝中新贵前呼后拥了。纳兰容若当真如大多数人传言的那般，整日在府中伤春悲秋，陷在表妹进宫、红颜离去的情伤之中而不能自已，日日写些鸳鸯小字，那么，我想，在封建社会中，这样的行为即使不被嘲弄，也不会像今日这般“人人争唱饮水词”了。“德也狂生耳”，这句词让我认识到了不一样的纳兰，也让世人知晓了这个十九岁锦衣少年的狂放不羁之心。

仓央啊，这个愁苦人，这个无奈人，我想，他就是三百年前的另一个佛陀弟子阿难。你为爱痴狂，为爱献身，爱得一塌糊涂、不可救药，至死不渝却又苍白无奈。你的爱是那么的纯洁干净，像拉萨的天空，像藏南的雪山，美得让人心疼，艳得让世人不忍直视。

为了心爱之人，仓央是那么的不顾一切。他愿意化作紫陌上的一粒纤尘，愿意化作天空中的一缕霞光，用心去守候那"一眼万年"的爱恋。

深情一眼，挚爱万年；心疼一句，珍藏万年。

有一首歌是这样唱的："泪，有点咸有点甜，你的胸膛吻着我的侧脸。回头看踏过的雪，慢慢融化成草原，而我就想你，没有一秒曾后悔。"

爱情，在某种意义上来说，就是一种宗教，就是一种信仰，就是一场无间道，就是一个童话故事。

仓央把自己珍藏在内心深处的所有圣洁和热情，全部投入进去，为每一个自己爱恋过的女子，写下了真诚的祷言。仓央啊，你的情诗，都是爱的牺牲品，美得让人窒息，艳到让人惊奇。

读仓央的诗，常常让我泪流满面、心痛不已，也常常让我陷入深深的沉思和想念之中。

仓央，是一朵跪坐在佛前哭泣的玫瑰，以佛主之身，在红尘中艰难地修行，以情度情，以情惜情。不论修行，还是参悟；不论须弥，还是芥子，皆是心中所思、心中所念。花的世界，叶的如来，只是仓央的相、仓央的法。

纳兰之盛名，不是因为几首清丽婉约的词，也不是因为几段短暂凄美的情。其实，纳兰的才名，与他的人格魅力是分不开的。爱情之外的纳兰，更让人钦佩，让人着迷，让世人惊喜赞叹。顾梁汾与吴兆骞是好友，后来，纳兰与顾梁汾也成了知己。顾梁汾更是被聘为纳兰家的授课老师，两人亦师亦友。本来，纳兰和吴兆骞是不相识的，但后来吴兆骞被营救出来，正是纳兰的功劳。纳兰作《金缕曲》，写下“绝塞生还吴季子，算眼前、此外皆闲事”。纳兰本不问政事，却为了友人破例，将友人之友当作自己之友。这豪门公子的赤子之心，并不输江湖侠士的君子之义，又怎会不令后人称赞？故有《赌棋山庄词话》中所叹：“吾友吾且负之矣，能爱友之友如容若哉！”

与文武双全的纳兰一样，仓央也是一个眉清目秀、气宇轩昂、举止潇洒、风流倜傥、富有文采的美男子。他也有一身惊人的武艺，善骑射、长剑术，是一个草原上的好猎手。

禁足在梵音缭绕的禅寺里，仓央也曾像这世间所有的少年一样，有过悸动，有过叛逆，只可惜他注定只能在菩提下讼言。

只因仓央是坐在那青灯古佛前的六世活佛；

只因仓央要在红尘中历练心智，在情爱里洗净铅华；

只因仓央是过来人，亦是未来佛。

仓央在佛与情之间艰难地爱着，在佛的脚下去苦苦地求索爱情。虽然，他也知道，爱情是一场梦，也是一张网。在佛祖和情人之间，仓央最终还是选择了弃圣佛、负如来，却一生绝不负卿。仓央，如此痴情的男人，如此感性的佛，如此坚贞不渝的情，如此深沉却又无奈的爱。也只有仓央这个活佛，才会放弃佛缘、放弃尊位，最后，还毅然决然地把自己的生命放弃。

在佛法与感情之间、信仰与自由之间、入世和出世之间，仓央一直在辗转探索着双全之法。但在这个世上，不可能有两全其美的事情，所以，痛苦走进了仓央的心田。

仓央念了十年的梵唱，转了一世的经筒，终于领悟了自己的佛法。他修行一世，希望来世能放下今生所有的牵挂。

一切有情，都无挂碍。相隔两百年，仓央的身后又出现了一个情僧，他叫苏曼珠，同样的才华横溢，同样的多情善感，同样的真性情，同样的忧郁心。

“旋拂轻容写洛神，须知浅笑是深颦。”康熙十三年，在纳兰明珠的安排下，纳兰迎娶了两广总督的女儿卢氏。这很难说不是明珠的精心安排，但要说是他将儿子的一生幸福作为自己政治生涯的筹码，那也并不全是。毕竟，婚后的纳兰和卢氏恩爱有加，举案齐眉，这是在纳兰词中显而易见的。卢氏的出现，也让纳兰慢慢地忘记了表妹，走出了年少的情伤，重新找到了生命中的另一抹色彩。纳兰词清丽哀婉，但《浣溪沙》就是一个例外，开篇就是夫妻愉快相处的画面，属于欢快轻松之作。纳兰在当时，算是极负盛名的青年才俊了，不仅在词作上成就耀眼，绘画方面也颇有造诣。而这卢氏，能入明珠之眼，想来也不是“女子无才便是德”之人，两人婚后也应是过上了一段“赌书泼茶”神仙眷侣般的美好日子。

"契阔死生君莫问，
行云流水一孤僧。
无端狂笑无端哭，
纵有欢肠已似冰。"

情僧、诗僧、画僧、革命僧，如此一位集才、情、胆识于一身的苏曼殊，竟然与仓央一样，半僧半俗地孤独了三十四年。

"收将凤纸写相思，
莫道人间总不知。
今日伤心人不见，
莫愁还自有愁时。"

作为达赖喇嘛，仓央是否称职，世人无权评论。但作为一位诗人，他一定是十分优秀的。

仓央的诗，是天籁，发自内心。三百年来，这些歌谣早已植入了藏族人民的心中。即便在今天，只要一到藏区，只要提起个头，许多人都能唱上几首仓央写的情歌。

仓央啊，你有王宫，却没有王后；你有情诗，却没有真正的情人；你有生命，却没有青春；你有花心，却没有花期。所以，你任性至性、孤芳自赏；所以，你玉碎珠沉、自我凋零。

仓央啊，我忍住了去看你，却忍不住想你。
我放下过天地，放下过万物，却从未放下过你。
仓央啊，我只多看了你一眼，这一眼叫永远。
我今生看你一眼不够，所以才会在梦中相见。

仓央在西，而纳兰在北；仓央在青藏高原上，而纳兰在紫禁城中。

或许是卢氏也懂词，也爱画，纳兰的书房里总可以见到她的身影。一日，纳兰步入书房，见到卢氏手里拿着一张画，头微微斜着，很是专注，竟未发现丈夫进来。纳兰走近一看，原来是一幅洛神图，许是卢氏画的。画上的洛神翩若惊鸿、婉若游龙，飘然于碧波之上，一副神仙姿态，极为传神。纳兰也微微出神，心想，那曹植初见甄宓的一幕，不就如自己新婚时见妻子一样吗？纳兰此时还在庆幸，曹植错过了爱人，只能在下半辈子去苦苦追寻，而他能与妻子这样长长久久地走下去。但他尽管熟读诗书，却忘记了“天长地久有时尽”，幸福的时光，仅短短的三年而已。可以想见，当他喟叹“只道当时是寻常”，这是一种怎样的无奈悲凉啊！

清人皆云，纳兰眉目如画、身姿若仙，没有半份尘俗之气。现今的世人却第一次见到，一个人的名字也可成为一首诗。正是这个诗化的男人，写出了女子般柔情的词句。

一首首词，恰如一个个的梦；

一曲曲词，正是一段段的情。

一句句纳兰词，沁人心扉；

一阕阕纳兰词，难以忘怀。

仓央和纳兰是同一朝代的，然而却不是同一时代的人。

仓央人很累，心很痛，命很苦，运很惨，纳兰也是一样。

他们两个外化的美丽，掩盖不了时时的心痛和内在的悲哀。

他们两个都是多情公子、绝世才俊，原本比任何人都有可能去做个逍遥神仙。可最后的最后，一个二十三岁的生命背着扑朔迷离的情史郁郁而终，另一个三十岁的风华岁月望着京城以北的方向戛然而止。

人生若只如初见，相恋而不相见，是痛；

相思相望不相亲，相知而不相思，是苦。

才华横溢但报国无门，慈悲为怀但不能如愿，是忧；

举世皆浊我独清，入山又恐别倾城，是愁。

仓央纳兰，并蒂双生；情雅成诗，爱淡成词。

仓央诗、纳兰词，天地灵性入心骨，我心荡漾；仓央诗、纳兰词，几程山水故园情，我心依旧。

仓央的爱情，是西藏历史上最美丽波折的童话。与纳兰一样，相传仓央也有三个刻骨铭心的情人，一个初恋和两个

纳兰毕竟是清代人，又是那样的豪门公子，三妻四妾再也正常不过了，所以除妻子卢氏之外，还有一位颜氏。历史上并没有记载她的家世，也没有像卢氏一样，在历史的记录中对她大加褒奖，也不知道她是何时嫁给纳兰的。总之，就如她在纳兰的生命中一样，历史的笔尖也将她一笔带过，并未留下多么浓重的墨彩。而作为父亲，明珠为纳兰定了颜氏，包括忙不迭地为儿子定下了卢氏，想必目的都是一样的，他想要赶紧看到孙子辈的后代了。世人一直对纳兰缠绵悱恻的爱情津津乐道，唯独将颜氏遗忘在角落里，一如她无奈又尴尬的人生。古代小妾的地位较低，若没有丈夫的宠爱青睐，人生便更是艰难了。

爱人，都是仓央的挚爱。

仓央在被选定为转世灵童之前，在家乡有一位美丽聪明的初恋仁增旺姆。他们青梅竹马，耕作放牧，终日相伴，恩爱至深。

“回眸一笑嫣然娇，断魂飘摇上碧霄。
愿与卿卿两相欢，不发毒誓不肯饶。”
“情人眼里出西施，每对卿卿每销魂。”
“我们的爱，比死亡还要理所当然。”

与旺姆相爱的时光，可以说是仓央人生中最快乐、最幸福、最自由的日子。他后来写的情诗，也生动地记录了他们甜蜜的爱情：

“我与姑娘相见，山南门隅林里。
除了能言鹦鹉，谁人都不知晓。”

后来，仓央被迫与旺姆分开，便放弃了比丘戒，便不再以教规和戒律来约束自己的思想和言行，开始大胆地追求爱情和自己想要的生活。

不久，他就结识了来自琼结地方的达娃卓玛。仓央为了这位姑娘，为了自己的誓言和承诺，不顾达赖的身份义无反顾地与她在一起。卓玛不仅长得清秀俊俏，而且说话也很温柔。于是，在白天，他们同大家一起唱歌跳舞；到晚上，他们就偷偷地私下约会。就这样，他们慢慢相爱了，如胶似漆，再也无法分开。

仓央和卓玛特别相知相爱，认为遇到她是神灵的赐予、前世的缘分。他写了这样一首诗来表达自己满足、快乐的心情：

好在卢氏为人婉娈端庄，虽然尽得纳兰的爱怜，也并未苛待于颜氏，反倒对她温柔亲厚，俨然姐妹一般。而颜氏也顺从谦恭，恪守本分，与卢氏一起，侍候丈夫的生活起居。只是在爱情中，就如歌词中所写："明明是三个人的电影，我却始终不能有姓名"。在卢氏病故后，眼看着丈夫痛不欲生，后来又看着丈夫续弦官氏，更有了红颜知己沈宛，这一切，她都只能默默接受。她从未体会到幸福的滋味，更是来不及体会幸福的滋味，纳兰就永远离她而去了。在纳兰的词中，不乏爱情，却唯独没有提及颜氏。而我更愿意相信那首《木兰花令·拟古决绝词》是纳兰拟了颜氏的心境写的，"人生若只如初见，何事秋风悲画扇"。颜氏的苦，如同词句中所写的班婕妤，而纳兰也是想借着这首词，道出对她那说不出口的愧疚。

“拉萨人烟稠密，琼结人儿美丽。

我心心相印的人儿，是琼结地方来的。”

可是，过了一段时间后，卓玛不再来唱歌跳舞了。原来，她被父母强行带回家乡去了。这对于仓央来说，又是一次永别，从此，他们再也没有见面的机会了。

“含情私询意中人，莫要空门证法身。

卿果出家吾亦逝，入山和汝断红尘。”

“朝来无情丛林去，不似昨夜风情郎。”

“此行莫恨天涯远，咫尺理塘归去来。”

从此，仓央像是丢了心爱的珍宝，心里特别难过。他失魂落魄，在烦闷之时，编写了那首《不要再说琼结琼结》的歌。从此，仓央再也没见过卓玛，卓玛也就成了他梦中的情人。

仓央的第三位爱人是于琼卓嘎，民间习惯称“玛吉阿米”，意为“未嫁的姑娘、圣洁的少女”。卓嘎与卓玛很像。在和卓玛失去联系后，仓央为了排解内心的悲伤，经常出去和其他女子一起玩耍。在一次不经意间，他们相遇、相知、相爱了。仓央经常在晚上约卓嘎出来，于是仓央又开始了新的恋情。

仓央从此“昏而往，晓而归”，乐不思蜀。他白天在布达拉宫念经做活佛，夜晚到酒楼伴卿做情郎。这样过了好几个月蜜月般的生活，同时，他也为卓嘎写下了许多脍炙人口的诗句：

“在那东方高高的山顶，

每当一轮明月升起。

玛吉阿米的笑脸，

冉冉浮现在我心田。”

人总是这样，得不到的，总是最为宝贵的，爱情亦是如此。起码在历史的看客眼中，百分百是这样。就如纳兰那扑朔迷离的表妹，我们总是各自臆想，幻化成千篇爱情词章，为不知是否真实存在的历史添油加醋。正是因为得不到的珍贵，我们越希望纳兰与表妹能相伴相守，我们就越喜欢编写一段段佳话，满足内心那份得不到的遗憾和空缺。在我们所津津乐道的纳兰情感纠葛中，还有一位女子，出现在纳兰生命的最后一年，她就是默默地承受一切的江南才女沈宛。与表妹相比，这位才女是真真实实有史料可查的。只是，纳兰还来不及走出卢氏逝去的悲痛，还来不及投入与沈宛的情爱之中，就永远地离开了人世，真是“慧极必伤，情深不寿”。这是纳兰的不幸，也是沈宛的悲剧，更是众多“纳兰迷”心中所无法弥补的遗憾。

“月出皎兮，佼人僚夕。舒窈纠兮，劳心悄兮。”在仓央的心目中，“月亮”这一意象应是他生命中的一种寄托，渗透着诗人对世间一切爱之情愫的了悟。“明月禅心，镜花水月”，月亮是佛教中一个很重要的喻象。月亮的阴晴圆缺，喻指人生的苦谛无常；月亮的皎洁幽远，喻指佛性的了悟；月亮的宁静空灵，喻指佛教对人的度化。

“你皎洁的面容，虽和十五月亮相仿；

月宫里的玉兔，性命已不久长。”

“初三的月儿弯，银光洒满天；

请对我发个誓约，要像十五的月亮那样圆。”

仓央与卓嘎每夜在酒楼相会偷情的事，本来是非常隐秘的，无人知晓。不料，有一个晚上下大雪，仓央回来时把脚印留在了雪地里，终于被他的政敌发现了。情事败露后，仓央在西藏的政治斗争中以“不守清规”为由被废黜。

“有心持钵丛林去，又负美人一片情。”俗话说，甜青稞往往可酿成苦酒，快乐往往也会变成悲哀。也有传说，卓嘎是仓央去读经之前深爱的女子，但她就像仓央指缝间的阳光，温暖、美好，却永远无法抓住。“可怜今夜月，不肯下西厢”，仓央的最后一位情人，最终也嫁给了别人。

三百年过去了，布达拉宫门前的转经筒，依然转个不停；

三百年过去了，仓央和他的爱情，依然盛开在人们的心里。

美丽如月光女神的玛吉阿米，对于仓央来说，是一个梦，是一个传说，更是一个爱的幽灵。

作为“纳兰迷”，在纳兰一生的众多女子中，我最喜欢沈宛，也最同情沈宛。我总是觉得，若真只能选一人与纳兰厮守，那人必定是沈宛。可惜正是这最合适的人，与纳兰的差距最大，最是没有可能。沈宛应该是纳兰生命中最有才华的女子，据说她十八岁便著有《选梦词》。纳兰应该也是读了她的词，后在朋友的介绍下，引为知己，互生情愫。沈宛的诗句“雁书蝶梦皆成杳”印证了这些事实，两人之间经常鸿雁传说，渐渐倾心、默默相爱。但是，在门第之见十分严重的封建社会，满汉不可通婚，纳兰注定不能给沈宛一个名分，只能将她安置在别处，不时去小聚。又或许如戏中所唱“犹来侠女出风尘”，江南秦淮，许非良家，终使她无法踏入明珠府。不过后来一想，这样的奇女子，是不会去在乎那虚名的。

其实,在我们每一个现代人的心灵深处,一定有一个自己深爱的玛吉阿米,无论是爱我们的人也好,还是我们爱的人也罢。

在一个承载了无数人幻想和猜测的酒吧里,在一个缔造了人间不老爱情传奇的藏式阁楼上,仙女般的玛吉阿米,是那样的神秘。她如同一个神话,让仓央魂牵梦绕、魂不守舍。

八廓街上的这间酒吧,是落尘灵魂的洗涤净化之所,是拉萨城风景中的风景。因为,这是玛吉阿米出现过的地方,而这个摄心摄魂的女子,使仓央这个佛主凡心跃动,使仓央欲哭无泪,使仓央欲火焚身,使仓央欲罢不能,也使后世的人们产生了许多的遐想和幻觉。

如果发觉自己的心被尘土蒙蔽了,爱被潮水淹没了,希望被失望捆绑了,那就应该去西藏看看天、望望山,去圣湖边走一走、看一看。如果发觉自己在黑夜里找不到一丝温暖,在内心中寻不到一丝宁静,在人世间觅不到一个依靠,那就应该去一趟拉萨,去玛吉阿米酒吧坐一坐。

下面这着经典诗歌,是仓央为遍寻西藏而不见的玛吉阿米写的。我们有理由相信,玛吉阿米,一定是命运之神送给仓央最璀璨的一颗珍珠,一定是苍穹佛祖送给仓央最浪漫的一抹色彩。

“曾虑多情损梵行,入山又恐别倾城。

世间安得双全法,不负如来不负卿。”

对于一个普通人来说,爱情是很美好的。但对于仓央来说,爱情是大逆不道的。因为,他是格鲁派活佛,不可以拥有

纳兰遇见沈宛时，已是而立之年。经历表妹入宫、爱妻亡故后，他早已不是懵懵懂懂的少年郎了。所以世人一直在考证，他当真那么快就移情别恋了吗？又或是他将沈宛当成了感情的替代品，以寄托对亡妻的哀思？不管是哪一种，都不像纳兰。在外人看来，纳兰在京郊小院金屋藏娇，过着旖旎风流的生活，倒也是富贵公子的正常做派。但对于纳兰来说，他此时需要的，只是像沈宛这样让人愉快轻松的红颜知己罢了。可是女人啊，往往是敏感的，也是贪心的。所以，在爱情中，她们天生就是嫉妒的化身。越是才华横溢、饱读诗书的女子，越是渴望那份百分之百属于自己的感情。卓文君、班婕妤……古往今来，比比皆是，沈宛也不例外。

尘世间的儿女情感。所以，仓央的内心也充满着激烈的矛盾斗争，他一直试图在“入山成佛”和“不负卿”之间寻求那根本不可能的双全之法。

有一种坚持叫心痛；有一种放弃叫孤独；有一种感觉叫学会；有一种后悔叫心碎。

时间一天一天地过去，仓央的心痛也一点一点地堆积，直到无法承受。仓央的心已死去，因为他把爱情丢在了风里。直到生命走到了尽头，他才明白，爱有多深，痛就有多深。

天空下雨了，可以打伞；心下雨了，可以歌唱。剩下的 21 克灵魂，是仓央最后奉献爱的唯一方式。

蝴蝶飞不过沧海，不是蝴蝶没有飞过沧海的勇气，而是蝴蝶知道，沧海的那一头，早已没有了等待。

等待，是一生中最初的苍老。当我真正体味到这句话的酸涩之时，泪水已经婆娑了那些寂寞的岁月。

有时，爱也是一种伤害。残忍的人，常常选择去伤害别人，而善良的仓央，选择去伤害自己。

鱼上钩了，那是因为鱼爱上了渔夫，它愿用生命来博渔夫的一笑。仓央上当了，那是因为仓央爱上了玛吉阿米，他愿用生死来博她的一笑。

仓央的心，一如既往地空荡；仓央的梦，一如既往地遥远。

仓央的心已死，泪已干，不堪回首梦牵魂；仓央的梦已醒，不了情，往事如烟挥不去。

在向佛与求爱之间，仓央既不想负如来，更不想负卿卿。

纳兰给了沈宛一切，唯独不能给她自己的心，而沈宛又怎会没有察觉呢？她不在乎明珠府是否给她名分，也不在乎世人的流言蜚语，但她非常在乎纳兰的感情和自己的感觉。她清楚地知道，纳兰对表妹的情，对卢氏的爱，是深不可测的。而纳兰对自己，仅仅是知己，是惜才。他们在诗词上有着许多相同的见解，也有许多共同语言，若沈宛是男人，纳兰也必定视她为知己好友，一如对顾梁汾等人一样。虽然，她的内心十分清楚，但有太多的话，沈宛始终说不出口。她不能像其他女人那样，抓着纳兰的衣襟哭诉，质问他的无情负心，所以沈宛注定是寂寞的。“黄昏后，打窗风雨停还骤，不寐乃眠久。渐渐寒侵锦被，细细香销金兽。添段新愁和感旧，拼却红颜瘦。”这首《长命女》大概就是那时所作，哀婉之情隐约可见。

在两者不可兼得的残酷现实面前，仓央没有给自己留下任何机会，也没有给自己留下任何退路，义无反顾地选择了爱情，任那情感的琼浆浸没了自己的身心。

在仓央那个年代，十五岁的男子已经是可以娶妻生子了。仓央被确定为达赖喇嘛时，年已十五岁，这对一个业已懂事、有过初恋经历的少年来说，要他从此远离恋人，不近女色，严禁结婚成家，是难以接受的。

仓央在布达拉宫后面林园的湖中小岛上，修建了一座名叫“龙王潭”的精美楼阁。在这里，他经常邀集拉萨城里的男女青年，一起唱歌跳舞，饮酒狂欢。仓央还编写了很多情歌，让大家演唱。后来，这些情歌很快在西藏各地传唱开来，深受人们的喜爱。

在后来藏族同胞的心目中，仓央就是真正的活佛，真正的达赖喇嘛。他们并不怪仓央风流浪荡，只要是活佛的情绪，只要活佛做的事情，他们都表示认可。更何况，伟大的活佛居然能表达出跟他们凡人一样的情感，所以，他们对仓央更加偏爱。

“仅仅穿上红黄袈裟，
假若就成活佛，
那湖上金黄色野鸭，
岂不也能超度众生？”

仓央，不仅没有因为被“废黜”而成为“假达赖”，相反，他成了藏族人民心中最有魅力的一位达赖。这也许是当时的拉藏汗，甚至是康熙皇帝所没有想到的。

想来，沈宛毕竟不同于卢氏、颜氏，她不是在三从四德礼仪下教出来的女子。秦淮河边的潇洒性子终究还是融在她骨子里的，既然不能相濡以沫，那么就洒脱一些，相忘于江湖。纳兰喜爱沈宛，但喜爱终不是爱情。几个月之后，沈宛还是一个人走了，回到了江南。我想，分别之时，纳兰定是万般不舍，心中也是百感交集。他想留下她，不舍得她走，可又走不出卢氏的阴影，无法给沈宛想要的爱情。纳兰也奢求过沈宛，希望再给他一点时间，去走出阴影，去挣脱禁锢，他定会爱上这样的女子。总之，纳兰定是想了许多许多，最后却只化作一句“一路顺风”。而沈宛也万万没有料到，走时的一句“枝分连理绝姻缘”，竟成了现实。一别竟真的成了永别，从此阴阳相隔，从此伤心欲绝，从此孑然一身。

“诗的根是爱,爱得越深,根扎得越深”,所以,仓央的诗歌在西藏一直被广为传颂。在仓央的诗中,有初识乍遇的羞怯,有两情相悦的欢欣,有失之交臂的惋惜,有山盟海誓的坚贞,也有对于负心背离的怨尤。

由于仓央特定的身份,所有爱情的最终指向只能是幻灭。所以,仓央能比常人更多地体验到那怨憎会、爱别离的人生苦难,以及那求不得、恨不能的生命无奈。然而,愈是如此,便愈加凸显出人间情爱的珍贵与美好。

(二)

我心纳兰,情醉容若。

在这个世界上,除了仓央诗,也唯有《饮水词》,能让我一生倾情吟唱、身心相随。因为,纳兰词实乃容若掬泪和墨而作,揉泪和血而成。

纳兰,多情而不滥情、伤情而不绝情。所以,纳兰写的词,也是清新而不华丽、古典而不落套。

纳兰感性浪漫而又深情凄美的文字,表达出了词人深藏在心底的那份对生命本身的热情渴望,那份对至情至爱的至死不渝。

纳兰词,华贵的悲哀、优美的感伤,这份情结,“换你心,为我心,始知相忆深”。

早年,纳兰也为自己写过一首词,“吾本落拓人,无为自拘束。倜傥寄天地,樊笼非所欲。嗟哉华亭鹤,荣名反

纳兰的一生恰如三月的梨花，在春光最盛时寂寞凋谢。他的人生，美丽之中有着淡淡的伤感，平淡之中有着浓浓情意。她一生追求完美，却终究摆脱不了孤寂落寞的悲情人生，真可谓是“重重心事谁人知”。他用生命演绎的人生篇章，还没有翻完就悄然停止了；他用人生谱写的冷艳词章，还没有填完就戛然而止了。短暂的三十载，唯美了整个清朝的天空，竟容不下一丝丝的瑕疵。初识纳兰，欣赏；再识纳兰，怜惜。纳兰的一生，华丽但落寞；纳兰的一生，凄美但无药可救；纳兰的一生，在令人艳羡的同时，更令人感慨。纳兰的一生，尽显于词章之中，相思是苦、悼亡最苦、恋情亦苦，苦情咏叹终化成泪，流入痴人心中。

以辱”。

纳兰极重感情、多愁善感。他执着人生，却不善处人生；他至性固结、至情固执，无事不用真，无人不用情。

纳兰词中的字字句句都浸透了“灌愁海水”。最为典型的是这一句：“怕幽泉、还为我神伤。道书生薄命宜将息，再休耽、怨分愁香。”纳兰一想到妻子在九泉之下还在为自己伤神，劝自己应多珍重，便悲从中来，这款款深情着实令人潸然泪下。

“杨柳岸边，凡有井水饮处，即能歌柳词。”相隔六百年，纳兰的身前曾出现过一个伟大的词人，他叫柳永，同样的才思敏捷，同样的玉树临风，同样的性情中人，同样的聚少离多，同样的风流倜傥。

“执手相看泪眼，竟无语凝噎。”

“衣带渐宽终不悔，为伊消得人憔悴。”

“多情自古伤离别，更那堪，冷落清秋节。
今宵酒醒何处，杨柳岸、晓风残月。
此去经年，应是良辰好景虚设。
便纵有千种风情，更与何人说。”

纳兰，将相之后，却自言人间惆怅客；

柳永，袖袂浪子，却自诩白衣卿相。

纳兰，爱不能得，哀苦悱恻，只盼人生初见，堪为情深；

柳永，群歌其词，市井多赞，纵然处处暧昧，寡然骨外。

柳三变、柳七、柳屯田，如此一位集情深意重、功名用世、磊落率性于一身的柳永，竟然与纳兰一样，孤苦悲怨地痴情

纳兰的爱可望而不可即，纳兰的人可读而不可知。他的情殇可用李煜的《相见欢》来诠释："无言独上西楼，月如钩。寂寞梧桐深院锁清秋。剪不断，理还乱，是离愁。别是一般滋味在心头"。纳兰灰色的功名之路，就是他悲情的人生之路。伴君如伴虎，整天"慛慛又临履之忧"，让纳兰这位非常看重自由和尊严的贵公子，不免意志消沉，并厌倦了侍卫的生涯。身不由已的纳兰，成了皇权斗争的牺牲品，他没有选择，也没有选择的机会。"辛苦最怜天上月"，纳兰如夏花般唯美却短暂的人生经历，使得世人更加怜他、疼他。

了五十九年。

在纳兰三十年的短暂生命中，曾为丰富中华民族的文化作出过卓越的贡献，这也奠定了他在词坛的霸主地位。

如果没有纳兰，就难有清初词的中兴；

如果没有纳兰，满族文人在中华民族文化的地位和成就，也会缺失最有力的一笔。

纳兰，“可怜遥夜，冷烟和月，疏影横窗”，“落尽梨花月又西”，“别样清幽”，“冰肌玉骨天分付，兼付与凄凉”。

纳兰，“然诺重，君须记”，“骊山语罢清宵半，泪雨霖铃终不怨”，“留君不住我心苦，横门骊歌泪如雨”。

纳兰，“我今落拓何所止，一事无成已如此。平生纵有英雄血，无由一溅荆江水”，“西风一夜剪芭蕉”，“愁似湘江日夜潮”。

纳兰，“肠断天涯”，“西风多少恨，吹不散眉弯”，“一往情深深几许？深山夕照深秋雨”。

纳兰，“聒碎乡心梦不成”，“被酒莫惊春睡重”，“新寒中酒敲窗雨，残香细袅秋情绪”。

纳兰，“近来无限伤心事”，“人生恰如三月花，倾我一生一世念。来如飞花散似烟，醉里不知年华限”。

纳兰，“一片冷香惟有梦，十分清瘦更无诗”，“为伊判作梦中人，长向画图清夜唤真真”。

纳兰，“来时容易去时难。任凭风做主，长伴月儿弯”，“前欢旧事添憔悴，半觞残酒映灯寒”。

纳兰，“烟般往事梦中休，绕梁芳踪难去留。君言相思一

纳兰词很美，这是一个不可否认的事实。他那漫无边际、飘摇欲坠的文字，让人读起来有一种天生的淡雅和高贵之感。在感情面前，人人都是脆弱的。纳兰用本真、古朴的性情去渲染人性的华丽，他那藏不住的锋锐和犀利缓缓地滑过世人那蒙尘的心，使得这个世界多了万千双流泪的眼睛，也多了万千个流泪的心情。他所处的时代正值封建王朝之盛世，一切似乎都是那么的和谐，那么的唯美。纳兰词是这个世界上最美的词、最美的花、最艳的蕊；看纳兰人，可解风情；"观纳兰词，可知兴亡"。从另一方面讲，纳兰也是康乾盛世的悲音者。他敏锐地感到了那个繁荣时代的危机，以一支素笔为他那个时代奏出了悲歌。

样苦,妾叹离散两般愁。意到浓时怎忍舍,情到深处无怨尤。孤影月明应寂寞,问君何处是归途?”

纳兰,“明月多情应笑我”,“独自闲行独自吟”,“背灯和月就花阴,已是十年踪迹十年心”。

在纳兰存世的作品中,我们最能真切体会到的是,他对亡妻卢氏的深情。“于其殁也,悼亡之吟不少,知己之恨尤多”。叶舒崇在《卢氏墓志铭》中说,卢氏是“抗情尘表,则视若浮云;抚操闺中,则志存流水”。这也可以证实,卢氏绝非寻常女子,她与纳兰志趣相投、知音情重。由此,我们便可以理解纳兰为爱妻赋悼亡词时的痛苦之深重。

1674 年,卢氏十七岁,纳兰十九岁,两人志趣相投,伉俪情笃。虽然,他们的结合属于“先结婚后恋爱”的旧式包办婚姻,但卢氏是纳兰的红颜知己,关于这一点世人深信不疑。纳兰深爱着卢氏,在郁郁不得志的苦闷之时,婚姻的幸福是他最大的欣慰。然而,甜蜜的生活只有三年。1677 年,卢氏因产子后患病,于农历五月三十日,怀着对纳兰的无限眷恋而离世,年仅二十岁。

卢氏葬于 1678 年 7 月,其间灵柩暂厝于双林禅院。在这一年多中,纳兰不时入寺守灵,遂有多首写于禅院的悼念之作。爱妻的早逝,令纳兰心灰意冷,使纳兰关闭了心门,自诉除了蓄发外与僧无别。他自号楞伽山人,也可能与卢氏之早亡有关。白居易有诗云:“夜泪暗销明月幌,春肠遥断牡丹庭。人间此病治无药,唯有楞伽四卷经。”李贺亦有诗云:“长安有男儿,二十心已朽。楞伽堆案前,楚辞系肘后。”

文如其人，纳兰词之特质亦是由其个人的性情而定的。生于乌衣门第，却与落拓文人为友，只为情痴；身处繁华京都，却倏然尘外，不作繁华主，也只为情深。在清初词坛，大多数词人普学南宋，词风多追求绮丽雅致，唯纳兰独学唐、五代、北宋，多求“生香真色”。他的至情至性、无事不真的拳拳赤子之心，毫无遮掩、毫无扭曲地自然呈现在他的性灵文字之中。“肠断月明红豆蔻，月似当时，人似当时否？”相思之情，溢于言表。纳兰不用浓稠艳丽之句，不用胭脂俗粉，纯以自然肺腑之言，抒真挚相思之情，以性情胜、以性灵胜，直抒胸臆、不事雕琢。

纳兰被巨大的悲痛压倒了,直至自己的生命结束,始终都背负着沉痛的怀念和深深的内疚。魂萦梦系,一往情深;往事历历,柔肠寸断。只要一想到卢氏,他就会处在深深的思念和强烈的自责之中,并为自己出身贵胄、没有毅然撇弃对功名的追逐而感到悔恨。

婚姻上的打击,无疑严重损害了纳兰的身体健康,使他没有足够的体力去应对侍卫之职。最终,纳兰被劳累所带来的疾病彻底打垮了,于1685年农历五月三十日病逝,那天恰是卢氏的忌日。

这是天意吗?这是巧合吗?不!不求同月同日生,但求同月同日死,这是一份生死承诺,这是一份生命契约。

纳兰当年种下的那两棵夜合树,三百年后,根,紧握在地下,而那密密的树叶,紧紧地依偎在一起。纳兰与卢氏的魂,也在地下紧牵,心相通、灵相连、身相依。

直到纳兰离开人间之时,他才明白,所谓相爱,只是想要互相看见、互相依偎。可惜,在人间再无佳人,也无伊人,更无爱人。因为,人世间的永恒,从来不是相聚,而是分离。

卢氏在临终前,料到多情的纳兰会为自己的去世而悲痛欲绝,所以曾经劝慰他不可过于悲伤。果不出其所料,纳兰心若一动,泪就千行;纳兰一见其画像,心如刀割。

纳兰一直沉湎于对爱妻音容笑貌的回忆之中。一边痛怜柔弱的卢氏独赴幽冥,一边牵挂在天堂里的爱妻,想知道她是否还是那么胆小,是否也在想念自己。纳兰想对天堂里的卢氏说:“只要牵着我的手,闭着眼睛走,你也不会迷路。”

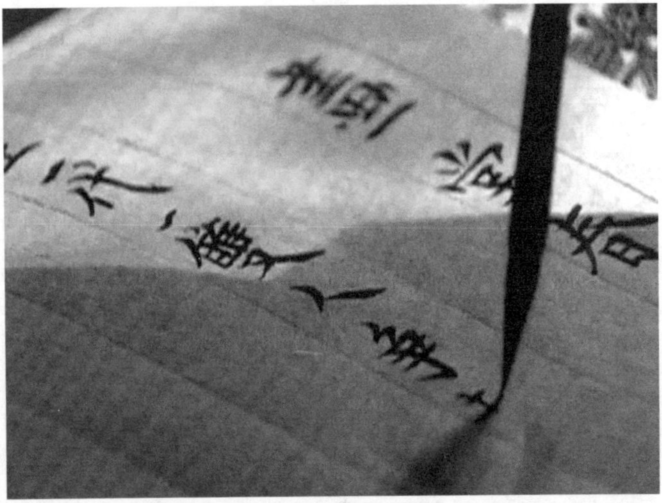

如果说纳兰是天才，拥有着孩童般的赤子之心，那生命的痛楚和情路的坎坷，让他的灵魂与生命、情感与精神，在三十年的成长过程中，得到了一次次的磨砺和升华。从某种意义上来说，愈是痛苦，愈是绝望，就愈能刺激一个人生命的潜能和词性的发挥。在仕途上，纳兰虽身负万丈凌云志，却一生襟抱未开、疆场未上，只能随皇帝南巡北狩、游历四方。这个风一样的男子，有着风一样的爱情，也有着风一般的人生和仕途。“小楼明月镇长闲，人生何事缁尘老”，失意失态的纳兰终归于“才命真相负”般的郁闷。“一切生命在本质上即是痛苦。”求不得，空长叹；人生苦，清词痛。

“动愁吟，碧落黄泉，两处难寻。”眼泪，对于纳兰来说，真的可以绵绵不绝，而直上天堂，但怎么也比不上爱妻对他的微微一笑。

冥冥之中，纳兰一直盼望着爱妻能回到自己的身边，幻想自己的行行清泪，可以滴醒她的长眠。然而，明明是纳兰自己神伤至极，他却怕亡妻为自己操劳担心，甚至似乎听到了爱妻在天堂里对自己说：“多珍重啊！别再为我忧愁哀伤了。”这种从对方处着手的写法尤见真情，读来令人肝肠寸断。“衔恨愿为天上月，年年犹得向郎圆”，“两处鸳鸯各自凉”，血泪交织，泪与声随，凄然欲绝，山河失色。

佛曰，缘为冰。纳兰将冰拥在怀中，冰化了，他才发现，缘没了。

纳兰在地上，卢氏在地下；纳兰在人间，卢氏在天堂。天渺渺，地苍苍，天上人间，何处话凄凉。“清明夜雨鸦悲啼，从此阴阳两相隔。黄花白酒纸成山，生时如梦死如醉。”

“最优美的诗篇是最绝望的，有些不朽诗篇浸满眼泪。”纳兰词就是最绝望的，他的每首词都浸满着眼泪。

“一度花时两梦之，一回无语一相思。
相思坟上种红豆，豆熟打坟知不知？”

印度诗人泰戈尔有句广为传诵的诗句：“如果你不能爱我，就请原谅我的痛苦吧！”

历史上，陆游和唐婉的故事与纳兰和卢氏的故事一样凄凉。陆游初娶表妹唐婉，夫妇感情很好，但其母亲不喜欢这个儿媳。新婚仅两年，小夫妻就被迫分了手。数年后，陆游

人生苦短，俯仰一世，纳兰的一生如流星般短暂而绚烂。他是不幸的，未能与爱人执子之手、与子偕老，但他用痛苦和心力创造出来的纳兰词，对于世人来说，是一笔宝贵的财富。他极尽一生的悲惋惆怅，为无数的灵魂提供了一个停靠休憩的精神驿站，这便是他为自己的生命所赋予的意义吧。“非文人不能多情，非才子不能善怨。雅骚之作，怨而能善，唯其情之所独多也。”纳兰，天资超逸，悠然尘外；纳兰词，怨而不怒，哀而不伤。《饮水集》之作是纳兰以心血养之，以涕泪灌之，更以拳拳赤子之心活之。

春日出游,在绍兴的沈园与唐婉不期而遇。此时唐婉已改嫁他人,而陆游也已是三个孩子的父亲。在征得丈夫同意后,唐婉设酒款待陆游。此情此景令陆游非常伤感,因为,此时酒浓情浓话不能浓,情长意长时不能长。唐婉走了,陆游满腹辛酸,在墙壁上题《钗头凤》一首。

“红酥手,黄滕酒,满城春色宫墙柳。
东风恶,欢情薄,一怀愁绪,几年离索。
错!错!错!
春如旧,人空瘦,泪痕红浥鲛绡透。
桃花落,闲池阁,山盟虽在,锦书难托。
莫!莫!莫!”

后来,唐婉读到了这首词,感触颇深,也流泪和了一首。

“世情薄,人情恶,雨送黄昏花易落。
晓风干,泪痕残,欲笺心事,独语斜阑。
难!难!难!
人成各,今非昨,病魂常似秋千索。
角声寒,夜阑珊,怕人寻问,咽泪装欢。
瞒!瞒!瞒!”

其后不久,在一个深秋的晚上,唐婉带着对陆游的思念抑郁而死。

举得起而放得下的叫举重,举得起而放不下的那叫负重。可惜的是,纳兰的恋情和爱情,都是负重的。因为,他放不下,他自始至终也不想放下。

痛苦、孤独、寂寞、灾难、眼泪,这些对人生都是有用的,

“桐花万里丹山路，雏凤清于老凤声。”在世人看来，与怀才不遇而郁郁而终的落拓文人相比，纳兰已经是十分幸运了。皇室姻亲，御前常伴，但他还常常自叹，不是人间富贵花，奈何生在富贵家。书卷上的字越看越模糊，本以为是疲累了，哪知竟是情思深处，泪眼模糊。“三更夜，霜满窗，月照鸳鸯被，孤人和衣睡”，纳兰只能盼故人入梦，而心中那炼狱般的情感、炼狱般的相思，只能付之东流。月似当时，人已不似当时。抬头望月，月中弄影的嫦娥，也正在轻诉她的寂寞。我想，此时的月宫里，应该有纳兰，也应该有卢氏。忧伤的纳兰，在天堂里不会再是一个惆怅客了，我希望你一切都安好。

它能使生命得到升华。但如果须臾不忘,就成了人生的包袱。“过河时,船是必需的。但过了河,我们就要放下船赶路。否则,它会变成我们的包袱。”

孤单不是与生俱来的,而是从纳兰爱上卢氏的那一刻开始。对于纳兰来说,感情只是他一个人的事,与任何人无关。爱,或者不爱,最终他只能一个人自行了断。

柏拉图说过:“这个世界就这么不完美,你想得到些什么,就不得不失去些什么。”纳兰想得到爱,又不得不失去爱;纳兰想得到情,又不得不失去情。

深夜来临,这是一个人心灵最脆弱的时候,也是思念最疯狂的时候,其实,纳兰并不孤单,只是在想念亡妻的时候,才是真正的孤单。

心不动,则不痛;心一动,则绞痛。

心微动,奈何情已远,物也非,人也非,事事非,往日不可追;

爱初生,可叹人早逝,羁亦远,绊亦远,物物远,情义终成梦。

纳兰每想念亡妻一次,天上就飘落一粒沙,自此就形成了撒哈拉。

纳兰每想念亡妻一次,天上就掉下一滴水,于是就形成了太平洋。

“不乱于心,不困于情,不畏将来,不念过往,如此,安好”,我很想把丰子恺的这句话寄给三百年前的纳兰。

“不要因为结束而哭泣,微笑吧,为你的曾经拥有”,我也

黄金的年轮，屋顶上的神兽，静静地显示着它的权贵，默默地提醒所有人，时光一去不复返了，莫要辜负好时光。当年，纳兰念念不忘深宫里的表妹，直到原配卢氏去世，才蓦然惊觉“当时只道是寻常”。生命就是一场修行，修的是一颗心，爱情亦然，人生亦然。生命的页面只有用简单的线条来勾勒，方能如诗如画。只要心灵的清纯还在，便是人生不老的风景。生命，是一段旅途，而生活，便是其中的过程。是翻山越岭，还是涉水乘舟，一切全凭自己。走在生活的阡陌中，不必让自己背负太多。淡淡听风，静静看雨，才会走得更轻松。一些得到，不一定会长久；一些失去，未必不会再拥有。重要的是，我们应该让心，在阳光下学会舞蹈；让灵魂，在痛苦中学会微笑。

很想用狄更斯的语录轻声劝慰纳兰。

这个世界很大,也许我们一辈子都没有机会去遇见对方;这个世界又很小,也许一抬头就能看见你的笑脸。所以,在遇见时,一定要感激;相爱时,一定要珍惜;转身时,一定要优雅;挥别时,一定要微笑。

佛说:心若静,可纳万千悲喜;心若宽,可容宇宙万物。纳兰,我仰望无边深邃的天空,想去寻找你三百年前的芳踪。但蓦然回首,原来,你的心跳,在山水间;你的呼吸,在草木中;你的心绪,在云烟里;你的温柔,在无边的月色里。

心如果能容下不满与委屈,哪里还有什么痛苦和伤害。人若有一颗大到无形的心、能包容的心,也许,烦恼自然会少得很多。心若有容,天地自宽,世界才会不同,人生才会多彩。纳兰与卢氏浅浅的三年相遇,静静地用一生守候,心不倦,意难忘。

纳兰之音,音在画外;容若之心,心若青莲。纳兰的爱,在深秋、在回忆,瘦了叶、薄了云、淡了心、浓了情,一番滋味在心头,只得无言独上西楼。

纳兰一世词,容若一生情;执着守候纳兰义,清笔素墨容若情。时光穿梭,岁月轮回,在思念之下、荒冢之上,盛开着纳兰那没有归宿的魂灵,诉说着“一生一代一双人”的那一世情缘。

读纳兰的眼,犹如读一池的秋水;读纳兰的眉,犹如读淡淡的远山;读纳兰的脸,犹如读带雨的梨花。纳兰那笔尖的微凉、手掌的暖情、内心的痴缠,筑成了一座延绵三百年的情山。

纳兰说“人生若只如初见”，他还说“当时只道是寻常”。世人皆信“水至清则无鱼”，可老天就是这么宠爱他，在他父亲明珠倒台前就病逝了，连大厦倾倒的模样都没见到。刀枪历来杀不死文化。有着千年历史的楚国被强秦灭掉了，楚辞却风靡北方，强势引领了汉晋唐的文化繁荣。南唐灭，李煜开启了北宋士大夫词的先河。金兵马踏洛阳、汴梁，北宋变南宋之时，却有一大批文化精英成长起来，接上了北宋昌盛的文脉。明清易代之际，清兵在中原、山东、江南大肆杀戮，“扬州十日，杀百姓八十万”，“嘉定三屠，庶民尸骨撑天”，却最终被汉文化彻底征服。所以，王国维讲纳兰“未染汉人习气”，我想只说对了一半。

纵观纳兰的一生，他有过一段刻骨铭心的初恋和四段各不相同的感情。

但是，纳兰一生的感情生活极为凄苦。虽遇上五名女子，虽情牵初恋、情系沈宛，却独爱亡妻卢氏，并为之填写了许多彪炳史册的词句。

爱情的到来从来是没有缘由的。纳兰见她的第一面，便心生欢喜，深深地爱着这个生于南国又迁居京城的汉族女子，"相看好处却无言"。在纳兰的心里，她就是自己的梦中情人，她就是自己在十八岁时写的一首词："紫玉钗斜灯影背，红绵粉冷枕函偏"。

在纳兰的眼里，她是从唐诗宋词中迤逦而来，带着清新，带着婉约，带着青山绿水的美好，也带着空谷幽兰的孤傲；

在纳兰的心中，她是从水墨画卷中淡然走出，或浓抹，或渲染，或云蒸霞蔚，或小桥流水，好一幅人与自然的美景。

可以想象，三百年前的某一天，卢氏痴痴地凝视着纳兰，情不自禁地对郎君说："瞻彼淇奥，绿竹猗猗。有匪君子，如切如磋，如琢如磨。瑟兮僩兮，赫兮咺兮。有匪君子，终不可谖兮！"纳兰也脱口而出："有美一人，清扬婉兮……有美一人，婉如清扬……"

如此女子，如此深情，再加上一个剔透而深情的纳兰，这两个人在一起，注定是一个美好的开始。

卢氏虽不工诗词，却胜在温润贤淑，"纵使倾城难再寻"。这样的女子深得纳兰的喜爱和怜惜，曾赞其"吹花嚼蕊弄冰弦"。婚后，两人出入成双，形影不离，琴瑟相和，"绣榻闲时，

僻静处无人行。在人迹罕至的湖边，只有蓝得深邃的天，和那与舞者站成同一种姿态的水草。荡漾的水，明亮了我的眼睛，让我想起了京城里那个最明亮的少年。千古哀伤一人知？人生苦短，人生如梦，“莫把韶华轻换了，封侯”。青春的美好年华，是何其珍贵啊，我们千万不可把宝贵的年华轻易地拿去换所谓的功业。因为，历史一再证明，“多少英雄只废丘”。秦始皇如此，曹孟德如此，千千万万的英雄豪杰亦如此。“世人都说神仙好，唯有功名忘不了。古今将相在何方？荒冢一堆草没了！”纳兰的哀伤，何止是一个人的哀伤；纳兰的感悟，也不是一个人的感悟。

并吹红雨;雕栏曲处,同椅斜阳”。

可惜的是,美好的时光仅仅三年,卢氏红颜薄命,“半月前头扶病,剪刀声,犹在银缸”。纳兰那“小胆怯空房”的爱妻就在“寒更雨歇,葬花天气”中猝然离世,留给了纳兰永远的思念和伤痛。

在纳兰生命的最后几年里,妻亡后的相思之情并没有被时间冲淡,反而他内心的悲痛之情愈来愈浓,“料得重圆密誓,难禁寸裂柔肠”。

爱妻走后,纳兰的一生更加清苦,更加缺真情、少真爱。他形同一张没有灵魂的皮囊,如行尸走肉一般,醉生梦死、浑浑噩噩,这与卢氏的早逝有关。

无论是塞外寒苦,或是江南温润,纳兰总是微微皱眉,就算是难得的一笑,那笑容深处也隐藏着淡淡的忧愁。对于纳兰来说,天,一直是黑暗的,没有白昼、没有阳光、没有晴天。

纳兰为亡妻填了不少悼亡词,语痴入骨,“哀感顽艳”,句句带泪,不忍细读,堪称悼亡词之绝唱。“一生一代一双人,争教两处销魂?相思相望不相亲,天为谁春!”“唱罢秋坟愁未歇,春丛认取双栖蝶。”“冷清清、一片埋愁地……清泪尽,纸灰起。”纳兰常常愁绪满怀,睹物思人,“此情已自成追忆,零落鸳鸯。雨歇微凉,十一年前梦一场”,真可谓是“西风一夜剪芭蕉”,“倦眼经秋耐寂寥”。

最爱卢氏的人是纳兰。卢氏啊!你怎么舍得丢下这个痴情汉?你又怎么舍得纳兰这般难过?

纳兰，出身名门，却厌恶权势；身居宦海，却心灵游离。他以一颗灵性之心，以一颗九死不悔的赤子之心，把每一个心思、每一缕忧郁，都写进了词里。我想，这注定是一场雾里看花、忧郁悲凉的宿命。面对劫数，纳兰泪眼问花花不语，只能含一片痴情，含一片悲哀，含一段断肠之愁。结婚只三年，仅仅一千天，卢氏的纤纤玉手，纳兰始终拽不住，最后只能眼睁睁地看着她慢慢地滑向阴间。时为五月，艳阳高照却不啻天昏地暗，纳兰直欲随卢氏而去。深爱者阴阳永隔，这是人类永恒的绝望。三年卢氏相伴，百年梦牵魂绕。纳兰的深情是向着死亡的，类似于市井的绝望喊叫：我不想活了！

在娶妻卢氏之前，纳兰应父母之命纳有一房小妾颜氏。颜氏嫁给纳兰，是她一生中最大的幸事，亦是最大的不幸。她只是个平常女子，虽有如花美貌，却没有显赫出身；她只想有人爱，但郎君的心并不在她的身上。

她，如同其他所有少女一样，对爱情充满了憧憬，期待着迤逦的梦，期待着相夫教子。她渴望有纳兰这样的一个美男子，永远疼她惜她，将她放在心的最中央。

纳兰在当时才动京都、品貌风流，让她十分痴迷，叫她万分动心，使她深深地爱上了这个男人。然而，纳兰并不爱她，终其一生，他都没有爱过颜氏。所以，她常常含泪问苍天："我爱你，这三个字能反过来写，多好啊！"

纳兰是一个很痴情的男人，其实，颜氏也是一个很痴情的女人。这个颜氏，温柔敦厚，虽不是一个有文化的女人，但她是肩负着传承纳兰家香火的任务嫁过来的。后来，她为纳兰生下了第一个儿子。

但是，颜氏总是被爱情遗忘在一个不起眼的角落。这个为纳兰生儿育女的女人，仅仅得到了纳兰的一首词。有人说，世界上最远的距离，不是生与死的距离，而是我站在你面前，你却不知道我有多爱你。颜氏深爱着自己的丈夫，但纳兰是个很浪漫也很专情的男人。他把自己的心全部交给了卢氏，对颜氏居然没能分出一丝一毫的位置。

但是，颜氏无怨无悔，一直尽心尽力照顾着纳兰。甚至在卢氏和纳兰都去世之后，依然留在纳兰府上，静静地看纳兰写给卢氏的词章，默默地看纳兰写给情人的情书。

读纳兰词，或叹其柔情，或感其伤悲，或悯其不幸。纳兰的世界是孤独的。其实，我们也应该学会享受孤独，跟着心的方向前进，别去理会路途中的那些风雨。享受孤独，那是一个人的精神境界，褪却所有的伪装，去聆听心的声音，与静谧的黑夜为伴。孤独不是孤单，不是寂寞，不是空虚，不是无聊，它是心灵充实至极的一种境界，是精神世界的一块净土。我在此岸，你在彼岸；两两相望，两两不忘。纳兰一个人的寂寞，成就了不朽的清词。所有的疼痛，都被他隐藏在苦笑里。越是笑，就越疼；越是疼，纳兰就越是没日没夜地填他的悼亡词。其实，那些流年、那些癫狂、那些悲伤，在某个十字路口，已经尘埃落定。潮起潮落，冲不走沙滩记忆的贝壳；云卷云舒，留不住她远去的背影；人来人往，带不走初识的那份快乐。

有些伤痛，何可言、何能言、何处言、何时言；

有些秘密，不可说、不能说、不必说、不须说。

相思难入梦，入梦也相思；相思到梦醒，梦醒更相思。相思是一种感觉，相思是一种滋味。“禅心剑气相思骨，化作樊南一寸灰。”“入骨相思知不知”，“一帘清风空惆怅”。

纳兰明知相思苦，偏要苦相思。若问相思为何苦，只因相思已入纳兰骨。相思豆，相思泪，相思雨，相思梦，“一曲愁肠断，一念情丝乱。月影喃喃念，月华丝丝却”。

相思是一首深沉的歌，从心底唱出，却没有声音；

相思是一阵惆怅的风，虽有千山万水，却不能阻挡；

相思是一颗清晨的孤星，虽时时闪现，却只在清冷中微露光华。

纳兰与卢氏，一旦遇见，便是一眼万年；纳兰与卢氏，一旦心动，便是覆水难收。纳兰与卢氏，相遇只需一瞬间，相爱只需一分钟，回忆却要用一生，相忘更要用漫长的三百年。

纳兰遇见卢氏时，常常感叹人生苦短而甜长；而当卢氏离世后，纳兰又常常感叹人生甜短而苦长。

有些路，人间注定只能走一遭；有些人，今生注定只能爱一次。

卢氏离世的那个晚上，就注定了纳兰一生的孤独，注定了纳兰一世的无眠。命中注定，已成过往，而与卢氏生生世世的许诺，注定将成为一场空。

卢氏是流星，纳兰是恒星；卢氏注定要走，纳兰注定厮守。

“谢娘别后谁能惜?”回廊依旧在,佳人已远去。纳兰爱谢娘,爱的是冷处偏佳,爱的是至清至洁。纳兰向往的是,放飞灵魂,在冷月凉风相伴下的漂泊天涯、自由不羁,在漫天雪花飞舞中的羽化灵魂、飞旋起落。伊人有苦,可以求天地垂怜;天地之苦,又有谁能怜惜?纳兰,用三十年的光阴演绎了一段倾倒无数后人的传奇。慢酌清酒,谁咽下泪盼;痴痴相盼,谁再唤卿名。一个人想,一个人走,一个人笑,一个人哭,一个人伤心,一个人从有心走到无心,一首词从有情唱到无情,这就是三百年前纳兰的心情。

纳兰的一生中注定会遇到两个人：一个是卢氏，惊艳了纳兰的岁月；一个就是后来的沈宛，温柔了纳兰的最后时光。

纳兰知道，遇见的一部分叫作缘分，另一部分叫作劫数。只要是命中注定，就必定是在劫难逃。

纳兰明白，有些事注定将成为故事，有些人注定将成为故人，有些路注定要一个人独自去走，即使跪着，也要爬到终点。

卢氏走了，带着纳兰全部的爱走了。纳兰只好忍着眼泪望着爱妻的背影，好想最后再拥抱她一次，好想再对她说一声“我爱你”。从此，天人两隔，纳兰的心孤独地走在路上，没有方向，没有归宿，只想找一个适合自己的地方停留。

有喜有悲，才是人生；有苦有甜，才是生活。

生活有苦有甜，才叫完整；心情有悲有喜，才叫体会。

人生在于去体会、感悟一些事情，生活也在于去懂得、领悟一点东西。可怜的是，纳兰的人生只有悲，纳兰的生活只是苦。

在时光的穿梭间，在生命的起伏中，有多少世事，能如清水滴石般的清透；又有多少故事，能书写完美的结局。

人生，总有停靠的船，也总有搁浅的滩；生命，总有弯弯曲曲的路，也总有高高低低的山。但纳兰的人生常常搁浅停滞、郁闷忧愁，纳兰的生命之路常常曲曲折折、坎坎坷坷。

但纳兰的生命，一定是最美的铭记。在百转千回间，来自陌上花开的惊鸿一瞥，把纳兰的一瓣心香送到了千里之外。

一切放下，纳兰则会一切自在；一切心造，纳兰至死无心

纳兰的生命，温润而凄丽，短暂而璀璨。他有着冰洁的情怀、如水的禅心、悲悯的爱恋，但他始终不快乐、不自由、不幸福。虽然，他的生命只有短短的三十载，却用一卷《饮水集》令世人折服，使世人赞叹。这让人们永远地记住了这个美丽而充满诗意的名字，也让世人在三百年后依然把《饮水集》搁在枕边，在一轮圆月的照射下，一齐吟咏、一起传唱。我一直以为，山是水的故事，云是风的故事，你一定是我的故事。可是一直不知道，我是不是你的故事？世人一直在追问，谁是谁生命中的过客？谁是谁生命中的转轮？但至今没有明确的答案。前世的尘、今世的风，无穷无尽哀伤的纳兰，我想，你就是那尘世间轮回的精灵。

自解。

只要心有，就一切有；只要心空，就一切空；

只要心迷，就一切迷；只要心悟，就一切悟；

只要心乱，就一切乱；只要心愁，就一切愁；

只要心忧，就一切忧；只要心安，就一切安。

爱情常常没有理由、没有道理，亦常常没有对错。所以，纳兰爱便是爱了，不爱便是不爱，无须苍白的解释，无须在世人面前遮遮掩掩。

在纳兰传世的清词中，只有一首《剪梧桐·自度曲》是为颜氏而填，“料应他、此际闲眠，一样积愁难扫”。最后，生子之后的颜氏一心向佛，青灯为伴，“积愁难扫”，心牵苍天，情系佛门，慈悲为怀。

人生在世，最痛苦的便是“不可得”和“已失去”。颜氏是前者，而纳兰则是后者，所以，两人都是痛苦之人。

陪伴在纳兰身边的第三个女人叫官氏，是朴尔普的女儿。朴尔普任领侍卫内大臣，是开国元勋瓜尔佳氏的后裔，在朝中地位显赫。

纳兰在元配夫人卢氏去世以后，继娶了这个出身于满洲贵族的官氏。因这是一场政治婚姻，纳兰迫于无奈而勉强为之，肯定会投下阴影，所以，两人婚后的情感生活并不和谐。

虽然纳兰在汉文化的影响下，产生了尚南情结，倾慕汉族女子，尤其是江南佳丽。但他还是十分尊重本民族的女性，再加之官氏能体谅他的亡妻之痛，给他以无微不至的关爱和抚慰，最终赢得了他的一丝眷念之情。

本以为爱情可以填满人生的遗憾，然而，制造更多遗憾的，却偏偏就是爱情。阴晴圆缺，在一段爱情中不断重演；悲欢离合，在一生情爱中不断上演。自从卢氏走了以后，纳兰的身心已瘫痪，思想已凝固，再也接受不了别人给予的爱情。纳兰本无心，却惹了尘埃、沾了情感，最终经不起“情”字的折磨，飘落成泥，还把心落在了天涯。岁月的巨轮，碾不断缠绕过往的锁链；流年的忧伤，抚不尽绵延天际的烟云。三百年前的纳兰，犹如留恋红尘的一只白狐，千年等待、千年孤单。纳兰孤单，但不孤独；纳兰寂寞，但不空虚；纳兰消沉，但不堕落；纳兰失望，但始终没有放弃。

纳兰与官氏的婚姻不可谓幸福，亦不可谓不幸福。因为，纳兰的一颗心已经全部交给了卢氏。纳兰所有的激情都已为她燃烧殆尽，所有的关怀都献给了卢氏。所以，此后的近十年，他与官氏举案齐眉、相敬如宾，两人的感情如古井般波澜不兴，平静如死水。

官氏与卢氏一样，出身贵族家庭，贵气肯定不缺，可能还有几分霸气和傲气，肯定与卢氏的娇柔贤惠不太一样。这个女人对于纳兰来说，“谁翻乐府凄凉曲？风也萧萧，雨也萧萧。瘦尽灯花又一宵。不知何事萦怀抱，醒也无聊，醉也无聊。梦也何曾到谢桥”。这种说不清、道不明的情愫，是一种矛盾和痛苦的心理，是一种无奈和痛心的感觉。

官氏在纳兰逝世后，很快脱离了纳兰家族而归于娘家。也就是说，在纳兰去世后，官氏回到了娘家想要另嫁他人。这也说明，两人的感情不深，纳兰不太爱官氏，官氏也不太爱纳兰。所以，徐尚书在编纂《通志堂集》时，删除了官氏的家族信息；韩状元在撰写纳兰的神道碑时，更是不提官氏的家族；而后乾隆年间对纳兰夫妻的追封中，官氏又被省略了。

在生命的最后时光里，纳兰结识了江南才女名媛沈宛，“雁书蝶梦皆成杳”。正是这个拥有倾城之姿、倾国之貌和如水般的女子，让他枯井般的心渐渐苏醒。此后，两人渐渐生出爱意，彼此来往。但此时的纳兰已经忘记了怎样去爱，已经忘记了怎样去哄这个敏感多情的江南才女。

“天涯地角有穷时，只有相思无尽处。”寸寸柔肠，春风朝雨；相思与你，静静对望。纳兰的生命里没有四季，只有永恒的秋，只有一生的秋心。秋心即愁，纳兰就是那个千古愁人。走过青山几许，望尽轻舟千帆。一方素纸，卢氏终于成为纳兰墨迹上永存的思念。扯下红尘的一角，卢氏不能为纳兰留住如花的容颜。而纳兰也唯有折一身清骨，怀终生情愫，让刻骨相思和爱恋记忆，点点飘舞成花。然后在盛开的百花里，纳兰用一颗痴心固守那轮回的桃源世界。

“昨夜个人曾有约，严城玉漏三更。
一钩新月几疏星。
夜阑犹未寝，人静鼠窥灯。
原是瞿唐风间阻，错教人恨无情。
小阑干外寂无声。
几回断肠处，风动护花铃。”

纳兰曾纳沈宛为侍妾，后又被迫分离。沈宛也曾路过纳兰的心，不是她不想停留，而是纳兰不肯收留，纳兰的家族更不肯接纳。

花舞花落泪，花哭花瓣飞；花开为谁谢，花谢为谁悲。

纳兰似乎对这段无疾而终的感情耿耿于怀，常常觉得是自己辜负了她。而在纳兰快要离开人世之际，却不知沈宛身在江南的何处，这是何等的痛楚、何等的无奈。

别人若对不起自己，纳兰会很快忘记。但以纳兰的性格，自己若对不起别人，那将终生不忘。所以，在他生命垂危之时，“近来怕说当时事，结遍兰襟。月浅灯深，梦里云归何处”。几分自责、几分自嘲，他或许认为这段分离，的确是自己冷落了一个不该冷落的人，才会始终对她心怀歉疚。

天公不作美，有情人终难成眷属。纳兰和沈宛留下了一段让人叹息、让人辛酸的风流憾事。纳兰说：“凄凄切切，惨淡黄花节……一样晓风残月，而今触绪添愁。”沈宛也叹息：“醒来灯未灭，心事和谁说。只有旧罗裳，偷沾泪两行。”“无穷幽怨类啼鹃。总教多血泪，亦徒然。枝分连理绝姻缘。独窥天上月、几回圆。”

纳兰宁愿为卢氏画地为牢，哪怕自己在牢里慢慢变老。纳兰，念今生，风烟流年，执手红尘，朝朝暮暮，凝字为爱。两相依、不相负，繁华唇语缠绵，谁许我一晌明媚？如花的眷恋，对于纳兰来说，卢氏是他独守的暖。静水流深，沧笙踏歌；三生阴晴圆缺，一朝悲欢离合。那年的五月三十日，长空阴晦，天塌地崩，恰如纳兰的心情。"流水落花春去也，天上人间。"此后八年，纳兰踩着碎碎的感伤，闭着眼帘，记念亡妻的笑容。三百年的红尘，就在这一刻泛起绵绵情愁。纳兰的世界一直在下雪，纳兰的心也一直在哭泣。

沈宛常常说的一句话，就是"如果只是遇见，而不能停留，还不如不遇见"。有了纳兰，沈宛就迷失了自我；而失去了纳兰，沈宛是多么希望自己再度迷失在纳兰的怀里。

若是初见，若真爱依旧，那又何必分手？又何必留下一道深深的伤口？

沈宛远走江南后，纳兰的心丢了，沈宛的心也死了。其实，从此以后，这一对有缘无分的冤家，都是在无心地活着，对情事已没有任何感觉了。

半盏清茗，一钩新月，几处闲愁。沈宛终于明白了一个道理：没心，更快乐；有心，只有更痛。

纳兰和沈宛献给对方的忧伤情歌，唱哭了一夜月色，也触痛了两颗孤独的心。

最后，沈宛和纳兰只能在各自的心头育一朵香花，剥开浮尘，把一缕暖阳唤进窗来，静待着相思慢慢地苏醒。

快乐要有悲伤作陪，这句话没有错，但雨过之后应该就是天晴。但是，纳兰的天空，雨后还是雨；纳兰的人生，忧伤之后还是忧伤。

孤独是一份情愫，是纳兰骨髓里流淌着的血液。这，不关乎朋友，不关乎亲人，只关乎生生不息的血影泪痕。

而这份纯净的孤独，忧伤地扩散于纳兰的血管之中，不忍治疗，不忍代谢。因为，它已经是纳兰躯体中活的灵魂。

纳兰，像一颗灼热滚烫的心，被揉碎在一场虚幻的梦中；

纳兰，像一颗流星划过天空，却用了最灿烂的姿态陨落。

纳兰词中，直接使用"泪"的次数多达五十六次，所以说，

在渌水亭里，谈侧帽诵饮水，说纳兰论真情，是一件最为风雅的事。纳兰词有一种只应天上有的高雅气质，词中那不言自显的雍容华贵，仿佛浑然天成的宝石。凄怨温婉的词风，像迷香一般，透过三百年的时空，仍然温柔而凄酸地熏着我的眉头眼帘，直透入内心深处。每当想起，耳边就仿佛听到纳兰在忧伤地吟唱，“西风多少恨，吹不散眉弯……”其实，世间情之种种，只是南柯一梦罢了。情来情去，放不下的只是一种无奈的执着而已。纳兰至死也没有明白，一个人内心最大的敌人，原来就是自己。

他把怀妻之泪、怀友之泪、思乡之泪、哀已之泪都流尽了。

纳兰终于走了。带着对沈宛的愧疚与遗憾走了;带着对卢氏的牵挂和思念走了;带着对世事的无奈和惆怅走了……每每想到他的英年早逝,三百年后,我的心中总是有些涩涩的酸楚。

纳兰的一笺心语,宛如水墨氤氲;沈宛的一抹温存,和着岁月微醺。

季风萧萧,季雨寥寥,有谁知道,短短数月的聚首,换来的,却是纳兰把伊人遗弃在了水的彼岸。

纳兰与沈宛的爱情,恰如那彼岸花,开三百年,落三百年,而花叶永不相见。

情,不为因果;缘,注定生死。

若风还是三百年前的风,若纳兰的背影牵不走疲倦的时光,不管流年枯黄,纳兰的心还在这片大地上游荡,一直在念叨着那一句曾经的沧海。

不问花开花落,只问浅笑安然;不管叶落与陌深,只管春风与秋月。三百年前的那一场风月,使多少伤悲凝成了雪花纷飞,使多少凄凉化作了孤灯下的一滴清泪。花开百媚,已是昨夜芳菲,但纳兰始终独守着那一角的静美。

纳兰的回忆,还在纠缠;纳兰的悲伤,还在蔓延;纳兰的思念,还在天堂里泛滥。

秋色飘摇,黄满地;秋风微拂,故人忆。

如果,沈宛不幸福、不快乐,那就赶紧放手吧;如果,纳兰舍不得、放不下,那就只有痛苦了。

如果沈宛是纳兰眼里的一滴泪，我想一定会顺着脸庞轻轻地滑落在纳兰的双唇之间。正是因为爱，沈宛才悄悄地躲开。但沈宛并不知道，远走江南的仅仅是身影，躲不开的是心底深深的期盼与默默的牵挂。如果没有遇到沈宛，纳兰的世界仍会是那么的灰暗；如果没有爱上沈宛，纳兰生命的最后时光仍会是那么的悲惨。染指一世风霜，藏尽似水柔情，沈宛冰冷的心早已随风南下，落花飘零，雾霭氤氲。沈宛很想对纳兰说，请别丢下我，我还来不及记清你的样子，怕来生再走散；沈宛也很想对纳兰说，请别扔下我，让我独自在那孤寂的角落，我真的害怕来生再也找不到你。

因为，世界上没有什么是完美的。所以说，想开了、想通了，那就是最完美的完美。

心碎了无痕，情伤了无恨，梦醒了无望。纳兰感动天、感动地，就是感动不了死神，就是唤不回沈宛的远去。

纳兰终于明白，在这个世界上，有一种缘分叫钟情，有一种感觉叫曾经拥有，有一种结局叫命中注定，有一种心痛叫绵绵无期。

相爱却不能相恋，相恋却不能相爱，既相爱又相恋却不能相守一生。纳兰的心，碎了一地，颤抖了整个山河，也把尘封的往事深深地刺痛了。他放下了尊严，放下了个性，放下了固执，都只是因为，放不下那个心中的爱人。

“我有我的孤傲，而遇见你，我低下了头。”纳兰多么希望，“栀子花开的季节，我们依然相知相爱”。

“我若离去，后会可有期？”沈宛在离开京城时，就这样问过纳兰。沈宛也多么盼望能有再度相聚的这一天，但到最后，一切成了空想，一切都成了无法实现的梦想。

三百年后，如果还有坚持，我希望纳兰的愿望能够实现；

三百年后，如果还有感动，我希望这一份感动属于纳兰。

纳兰的生命虽短，但爱情绵长；纳兰的人生虽苦，但清词如花。

到不了的都叫作远方，回不去的都叫作过去，不回头的都叫作别离。纳兰一直在等待和回忆，不是为了爱人能回来，而是想找个借口，让自己不离开。

三百年的记忆如果成了碎片，那是因为里面全部摆满了

三百年前，纳兰那破碎的剪影，让人痛心不已。他把破碎的记忆埋在心里，让自己一个人，独守着那份寂寞，独守着那寂寞的心城。纳兰的忧伤，雕琢了一树梨花的心事。三百年前那个落寞的清秋，清瘦了沈宛的红颜。而纳兰的心事，也泛起了淡淡的清愁，溅起了碎泪片片，零落在悲秋的时节。“怨怀无托。嗟情人断绝，信音辽邈”，“水驿春回，望寄我、江南梅萼”。对于沈宛来说，没有纳兰的日子，就像一本没有文字的书。因为在这世上，在沈宛的心里，只有一个她心爱的纳兰。

纳兰的心痛。

纳兰虽然遇到了对的人，却偏偏是在错误的时间里，那么他只能徒留遗憾。沈宛与纳兰的开始，就是他们感情结束的倒计时。纳兰心里的痛，又有谁能感觉到？体无完肤的、可怜的纳兰，让我怎能不念你？

木头对火说："抱我！"火拥抱了木头，木头微笑着化为灰烬。火哭了，泪水熄灭了自己。当木头爱上烈火，注定会被烧伤……当眼泪流下来的时候，才知道，分开也是另一种明白。

相遇在天，相守在人。人生，就是一场盛大的遇见。因为，在这个世界上，总有那么一个人，是你的念想，是你的温暖。

有些爱，在不经意中，刻骨；有些人，在不经意时，相遇。有些爱，在不经意中，产生；有些人，在不经意时，分开。

其实，分开后的伤痛也是一种美。伤透了就会清醒，最终会还自己一个清新的自己，但是沈宛做不到如此。

纳兰淡忘了沈宛的容颜，却苍老了自己的心。如果纳兰放空了内心，独走一段人生路，那一定也是一道最美的风景。

初初回首，纳兰蓦然惊艳。就那一眼，相遇相知；就那一笑，一生纠缠。纳兰和沈宛可以分开，却永远无法彼此忘怀。

沈宛，是纳兰经年之后偶得的一朵雪花，晶莹剔透，也是在薄凉的尘寰里，优雅绽放的另一朵无根花。但三百年前，在红尘深处，纳兰与沈宛只能相顾无言，却最终不知归处。

其实，沈宛并不想成为纳兰生命中的插曲，而希望自己

“多情却似总无情，唯觉樽前笑不成。蜡烛有心还惜别，替人垂泪到天明。”纳兰的三十年，来去匆匆，留下的只是浅浅的足迹，留下的只是模糊的背影。他还来不及细数身后的脚步，却已洒满了一地的相思，凋零了一世的繁花。每个夜晚，他只能静静地伫立在冷月下，仰望苍穹，细数他与卢氏的点滴过往。曾经的美好，美好的回忆，以及指间留下的幸福，历历在目。纳兰每每情到深处，泪，就不由自主地轻轻划下。他多想，今生今世和卢氏在一起，来生来世也和卢氏在一起，永生永世和卢氏不分离。

能成为纳兰生命最完美的结局。而对于纳兰来说，爱，开始很美，过程很累，结局很悲。然而，对于沈宛和纳兰来说，清醒更难，明白更难。

丰满了流年，温柔了过往。古老的故事、尘封的年华，是无词的歌、无字的词，深藏于世人的心底，如一张素描画，每一处刻痕都让人终生无法忘记。

悲凄的季节，流觞的曲调，无法续写的清词，不完整的情爱，这就是纳兰与沈宛的爱情。他们注定凋零在这样忧伤的季节里，无法牵住彼此的手，去走完季节的末端，而只能含泪挥别在这个淡漠的时光里。

有时候，纳兰觉得自己一无所有，仿佛被世界抛弃一样。所以，纳兰所感觉到的剧痛，是心一直在抽搐，想哭却哭不出来。

我一直认为，像纳兰这样的性情中人，才是真人，才是仁人，才是佳人。

经年如是过，纳兰的思念已入骨，其苦自知。纳兰的爱难收，如风里的流沙；纳兰的情难眠，如清词的繁华。

如斯流年、光阴匆匆，几多惆怅、几许沉浮，多少灿烂、多少繁华，到最后，对于纳兰来说，不过是有心拨一曲清词、无意落两行萧然，不过是一路奔波、一路闲愁。

纳兰的人生就是这样，开始和结尾，都注定了结局，写满了苍凉，填满了忧愁。

“一夜骤雨，几时初停歇。梦里惊虹归雁，渐消散，天色浅。归见，红酥手，却烟雨轻薄。纵有千番思绪，独自愁，与谁说。”悲伤的秋千，总有微风陪伴；孤寂的夜，也总有繁星点点；而纳兰的悲伤，却无人知晓，也无人作陪。纳兰蓦然回首，卢氏已走丢了，沈宛也不在自己的身边。纳兰隔着泪眼看世界，发觉整个世界都在哭。纳兰忘了回忆，而沈宛忘了忘记。因为，碎了一地的诺言，已拼凑不回昨天的欢聚。世界上最可怕的词不是“分离”，而是“距离”，而纳兰与沈宛之间，何止是一颗心的距离。

离别

（一）

人生之痛，莫过于生命之剧痛，而这种切肤之痛，则常常源于亲情的悲欢离合、聚散别离。无法割舍的亲情牵挂，永远陪伴着我们远行的脚步，也正是这份牵挂，让我们无法逃避生命之痛。

在很多人看来，生命是一个不断得到和拥有的过程。其实，生命是一个在不经意之时，不断失去和消逝的过程。

有一天晚上，我梦中见小女出嫁，醒来一身大汗，夜不能寐。晨起思绪万千，其实，我也知道，男大当婚女大当嫁，生老病死原为寻常事，怎奈情感本自私，凡人心结无人解，于是作一小诗《梦小女初嫁》：

等待,也许并不容易;而伤害,却轻而易举。纳兰啊,你要对自己好点,因为一辈子不长;你也要对身边的人好点,因为下辈子不一定能够遇见。真心离伤心最近,真性情的纳兰在痛过之后就不会觉得痛了,有的只是一颗冷漠的心。“雨打梨花深闭门。忘了青春,误了青春。赏心乐事共谁论?花下销魂,月下销魂。愁聚眉峰尽日颦,千点啼痕,万点啼痕。晓看天色暮看云,行也思君,坐也思君。”纳兰,在词坛赢了所有人,却在红尘输掉了沈宛。沈宛希望纳兰是自己手中的风筝,剪断了线,纳兰就自由了。但沈宛更希望自己是纳兰手中的线,风筝飞了,自己却还在纳兰手中。可沈宛并不知道,诺言的“诺”字和誓言的“誓”字,都是有口无心的。

前世情人披婚纱，
红地毯上泪满眶。
贴身棉袄送姑爷，
左手新娘右手郎。
刚出家门问归期，
六神无主难坐立。
常念小女可安好，
牵肠挂肚舍不得。
明知万事归自然，
奈何还是放不下。
舍不得，不舍得，
万般不舍难为情。
放不下，不放下，
一颗红豆藏心中。

大千世界中，每一个生命都很渺小，如一粒浮尘，飘浮在红尘深处。无论是伟人还是凡人，都会努力地跟随着季节的脚步，尽量向着阳光靠拢，尽管我们一直在迷茫，一直在挣扎，一直在苦苦地把自己变得更强大。

有人说，生命是美丽的，美丽的生命是人类文明的花朵；但也有人说，生命是脆弱的，脆弱的生命禁不起最微不足道的意外。

生命有时很脆弱，但在绝大多数时间里，生命所表现出的顽强，常常令日月失色。有时，在我们的生命中，会遭遇天塌地陷般的变故，但是，生命绝不会放弃最后一丝生的希

接纳不了一个人，是因为忘不了另一个人。纳兰可以很多情，可以爱上很多个人，但只有一个卢氏，会让他笑时最灿烂、哭时最伤心。爱上卢氏，对于纳兰来说，是在一捧桂花中酿半碗清酒，在冷月下独酌，放任彷徨的醉意一涌而上。醉也茫茫、醒也茫茫，只看见三百年前，那清冷的月光伴随着一个落寞的身影。一朝春去红颜老，花落人亡两不知。"一颦一笑一伤悲，一生痴迷一世醉。一磋一叹一轮回，一寸相思一寸灰。"从此，纳兰，行千山，涉万水，相思路上泪两行；从此，纳兰，思秋水，念伊人，咫尺天涯媲鸳鸯。

望。生命，会用顽强的毅力勇敢地与死神搏斗，用尽最后的余热怒放！

风吟如歌，雨碎有痕，花开静默，花落亦是一种很洒脱的飞扬。只要拥有爱的火种，生命的火花就一定会开放；只要拥有情的种子，生命便一定会再一次绽放花朵、结出果实。

禅宗经典《正法眼藏》对人生的启示是：只有了解生命本质与永恒真理的人，才会无所畏惧，才不会为任何生离死别而哀伤悲泣。只有在自由自在的精神境界中，才能看淡生死、笑谈生死、超越生死。

如果看透了生死的本质，就会在面对死亡时，不悲观、不惊骇，顺其自然、处之泰然。

看淡生死的人，才能更潇洒地度过人生；才能在生的时候，好好活；才能在死亡降临之时，好好走。

纳兰转了个身，又是深秋，又是秋风秋雨愁心。此时，一树树的金黄醉了心，心散落在地，被风吹碎了一地。深秋的月光婉约在水中央，荡起涟漪一层层，把纳兰的情吹皱了，也把纳兰的爱吹远了。

纳兰的思，锁在眉间；仓央的念，刻在心中。

世人笑仓央太痴狂，仓央笑世人看不穿；世人叹纳兰太情真，纳兰叹世人不用情。

仓央的一行诗，纳兰的一阕词，在氤氲纸墨间，将思念收拢，将情谊编织，将爱恋揽入怀里，不再游离在寒冷的秋风中。

人生如棋。我们每一个人，恍若站在那来回厮杀、相互

纳兰，剪一段旧时光，轻轻置于经年之上，将那些泛黄的岁月，临摹成别样的风景，把别样的词章篆刻在了清朝的版图之上。三十年点滴的过往，在纳兰的回忆中，显得格外清晰，带着几分留恋、几多感悟，带着一声空叹、一种惆怅。纳兰也曾经以为，只要倾情付出，必会收获一份秋实，必会见到一派春色满园的景象；他也曾经以为，人世间所有的琐事，必会是繁花似锦，没有忧愁，没有苦痛。但纳兰错了，原来，人生幻化如梦。一个擦肩，一个转身，便可物是人非。最后，纳兰只得掬一捧心灵的清泉，静看流年，独守那份无奈的安然。

博弈的棋盘中，任人随意摆布。纵使厌倦了这勾心斗角的世事纷争，也终是无法逃离、无法主宰。因为，不管是纳兰公子，还是六世达赖，都只是被人任意摆弄的一枚棋子而已。

这枚棋子，任凭别人如何去布局，自己只能留在框中，定在格内。仓央和纳兰的人生，都不过是一场旅行。你路过我，我路过你，分别离去，各自修行，各自向前。不管红尘万变，不问天荒地老，天涯中必有一处地方，有仓央对旺姆的牵挂与祝福，有纳兰对卢氏的念想和怜惜。其实，人生在世，只要有这一点就足够了。

词韵的风情，圈定了纳兰呢喃的温语；飞舞的落花，带走了仓央涟漪的心思。纳兰和仓央那满怀忧伤的眼神，成了一首清婉的曲调，成了一行心酸的清泪，成了一丝深刻的伤痕。

每逢亡妻的忌日，纳兰都会在她的坟头，呜咽着吟诵一首《诗经》里的诗：

“葛生蒙楚，蔹蔓于野。予美亡此，谁与独处？
葛生蒙棘，蔹蔓于域。予美亡此，谁与独息？
角枕粲兮，锦衾烂兮。予美亡此，谁与独旦？
夏之日，冬之夜。百岁之后，归于其居。
冬之夜，夏之日。百岁之后，归于其室。”

“莫道不消魂，帘卷西风，人比黄花瘦。”纳兰，虽然一直很孤单，但并不孤独。因为，有纳兰词陪伴着他；因为，有卢氏在天堂里记挂着他。

仓央的一世尘梦，锁住了他的一生凄凉；而纳兰的一生苦情，也让他付出一世心殇。

愁肠百转天涯隔，千古柔情成绝唱。沈宛，是纳兰落寞之时的一缕暖意；是纳兰黯淡之时的一抹阳光；是纳兰笔下最动人的一阙清词；是纳兰红尘中最美的那份相思。因为懂得，所以爱得沉醉；因为懂得，所以心怀慈悲。纳兰，愿倾尽一生柔情，去温暖沈宛一世的欢颜。可惜，再见再也不见，沈宛只得在时光的轮移中翘首企盼。爱难移、情难断，最后，她只能折叠空心放飞纸鸢，把心彻底放空，将纳兰彻底忘掉。虽然，此时此刻，她的手中依旧拿着那条系着心灵的纤细红线。时光深处，静守流年；浅夏不忧，流年安殇？浮生，渲染了一世的流年；浅夏，层染了一指的忧伤。

一卷诗，一轮明月，一盏孤灯，仓央独伴孤寂；

一卷词，一曲离殇，一份相思，纳兰独伴凄凉。

纳兰词、仓央诗，半卷阴雨，半卷哀伤；

纳兰公子、仓央活佛，一壶清水，半场离别。

萋萋落落，寥寥残生，是秋的伤痛洗刷了仓央昨日的梦绕；

窃窃私语，闲语绵绵，是夜的凄凉席卷了纳兰满身的炙热。

对于纳兰来说，人生不过是一场爱和一场梦的交替，只是在快乐着的某些时候；

对于仓央来说，人生不过是一场恨和一场痛的纷纭，只是在痛苦着的某些当口。

仓央独守在红尘落花之下，摇落几世的思念，隔着望断天涯的哀伤，在时光的背后，缠绵一生的浮华世事。

纳兰跪伏在卢氏的墓前，蛰伏在亡妻的掌心，盈盈相握，款款深情，葬下了一生的诺言，埋下了一世的温情。

红尘阡陌，梦萦魂牵。左孤独，是仓央；右寂寞，就一定是纳兰。仓央和纳兰的那一壶酒，终于酿成了三百年的珍藏、三百年的守望，散发出了迷人的酒香和浓烈的酒味。

一帘烟雨一帘忧，一卷残章一春秋，这是纳兰的人生；

一梦繁华一秋叶，一缕尘心一风流，这是仓央的春秋。

一诗一歌，仓央唱出了红尘几许的梦愁；

一词一句，纳兰写出了年华烟然的悲凉。

对于纳兰来说，与心爱的人相知相守，看一轮月满西楼，

迄今为止，纳兰已经消逝了三百年。但他的品质、他的孤寂，依旧牵动着众人的心；他的词，哀婉凄美，不时扣动着人们纤细的心弦。读完纳兰词，我被深深地震撼了，原来，“不以物喜，不以己悲”太过理想化了。因为，情感是有物质基础的，并不是虚无缥缈的。只要纳兰还活着，只要纳兰还在滚滚红尘之中行走，人生的一切酸甜苦辣必将与他同在。品纳兰，看纳兰，我才知道，还有一种哀伤，能够穿透街角，穿透喧闹，穿透心与心的设防，在凉薄的流年中低吟浅唱。纳兰是无人可以替代的，也是不可超越的，至少在我的心中如此。他的情，他的词，他短暂的一生，已足够我们回味一百年。

画一帘江山多娇，吟一场唐风宋雨，然后，在一份感动中谱写人生的悲欢，此生足矣。

草悠悠，情悠悠，仓央拈一只瘦笔，写不尽柔情几许，只能是一路行来一路歌；

幽幽草，幽幽情，纳兰吟一阕清词，诉不完相思点点，背着沉重的行囊去走天涯。

三百年前，旺姆的一个回眸，便是一场相遇，但沈宛的一个转身，却是一次离别。

一场冥冥中的遇见，耗尽了纳兰一生的思念；一个会意的眼神，彷徨了仓央一生的等待；一个决绝的背影，将这两位公子的爱恋一生倾尽。

纳兰生在人间四月天，而魂归三生石旁；仓央生在藏南的小山村，却梦断青海湖畔。但有一点是相同的，就是他们两个人都把梦遗落在了别处，把心沦落在了天涯。

一人独情深，两人又浅缘，纳兰只能含泪叩问苍天，"鸳鸯"二字应该怎样书写？

清秋冷寂空对月，问情寄泪心憔悴。似梦非梦，似花非花，情深似海，所以，纳兰的心里始终有一座坟，住着那个他深爱的卢氏。卿卿我我却不能相守相伴，相互依依却不能相濡以沫，纳兰对上苍这样的安排一直耿耿于怀而心有不甘。

在菩提树下，虽已过去了三百年，但红尘中仓央那最美的缘，已化作了眉间的一点朱砂，换成了心中的一颗红豆。

三百年的回忆，是一剂慢性毒药，一直折磨着纳兰，让他忧到痛、愁到苦，让他痛到死、苦到亡。

世界上有一种美,叫残缺美。世上每个人,包括纳兰,都会有一段残缺的情,恰如初见的人生。人生如梦似幻,梦中会把自己醉在故乡,醒来之时,便会痛掉整个世界。远方到底有多远?其实没有多远,永远到不了的地方,才能叫作远方。“肠断月明红豆蔻,月似当时,人似当时否?”我看到纳兰走的时候,瘦骨嶙峋,心如死灰,魂不守舍,气若游丝。纳兰终于翻不过下一座山,他给我们带来了一份临别礼物,其实叫珍惜当下。“泣尽风檐夜雨铃”,失去了才想起的珍惜,其实就是另一场美梦罢了。这个世界上最残忍的一句话,不是“对不起”,也不是“我恨你”,而是,“我们再也回不去了”。

有一种思念，它不言语，却带着刻骨，这就是纳兰的思念；

有一种爱恋，它不张扬，却带着感伤，这就是仓央的爱恋。

月光很暖，暖在彼此，但今世，已经没有了风花雪月，因为，此后这个世界再无纳兰；

思念很长，长在天涯，但今生，已不再需要踽踽独行，因为，此后这个世界再无仓央。

鱼对水说："你看不见我的眼泪，因为我在水里"。

水对鱼说："我能感觉到你的眼泪，因为你在我心中"。

遇见，是一种缘；别离，则是一种痛。而人生就是在缘与痛之间徘徊，在遇见和别离中轮回。

一寸情感，一份思念。仓央在寂寞的尘世里，把相思苦苦地酿成了千年的珍藏。三百年的漫长守望，红尘阡陌，似水华年，仓央的掌心里紧紧地握着佛的思念。

一笔流年，一页清欢。仓央在苍茫的夜色里，把守望默默地握成了千年的期盼。三百年的天命注定，来去匆匆，回眸已远，仓央的轻叹里深深地藏着佛的誓言。

在仓央短短的二十三年人生历程中，有两次刻骨铭心的别离。

一次是在十四岁时，仓央被认定为五世达赖喇嘛的转世灵童，命运之神将他推到了顶峰。同时，使他与父母从此别离，与家乡从此分开，与相爱的人从此天各一方。

另一次是在仓央二十三岁圆寂之时，从此与父母阴阳

不要等到失去了,才懂得珍惜;不要等到受伤了,才懂得原谅。世人怀着一颗易感的心,沿着一路的风风雨雨,走过纳兰的深刻忧思,走过清丽婉约的平仄伤感。走进纳兰美丽凄绝的《饮水词》里,一个个美丽凄婉的故事,一行行伤感深情的文字,一年年春愁秋恨的感慨,无不向我们展示着一种不忍碰触的忧伤。而这种忧伤,却又是如此深刻地感动着一个又一个善感的心灵,让那种或深刻难忘,或淡淡绵绵的忧伤,慢慢地浸入骨髓,沁人心脾,丰富着苍白的生活,真实着生活的美丽。

相隔，与世人生死诀别。

仓央心里明白，第一次远离父母，双亲的那份牵挂，是他前行的力量。而第二次诀别父母，双亲的满头白发，是他至死心痛不已的理由。

“别离伤晓镜，摇落思秋弦”，“不知肠断梦，空绕几山川”。仓央守在秋的路口，把那份对冬的思念碾碎、焚化，再次把相思的泪花抛向云端。

“悲罗襟之宵离，怨秋夜之未央”，“万里悲秋常作客，百年多病独登台”。仓央集活佛与诗人于一身，超越了自我，也超越了彼此。二十三年来，他一直把深秋锁在眉头，把悲秋埋在心里，把怨秋祭给苍天。

世间只有一位仓央，却有无数深情。一句“不负如来不负卿”，道尽了多少人的心声。人活在世上，不可能事事如意，但求不负真心不负君，这才是最最重要的。

仓央出生于农奴家庭，纵使日子清苦，原本也可以自由快乐地生活在蓝天白云之下，可以在大草原上禅意地过着平静的日子。但转世灵童的身份，将他牢牢地锁在了布达拉宫的屋檐下。所以，他没有选择，也无法选择。仓央唯一能选的，唯一能做的，恐怕就是他追求爱情和自由的心了。

最后，仓央写下了世间最深情、最动情的诗篇，也演绎了世间最纯净、最美好的情怀。

漫漫长夜里，那些刻满岁月的忧愁文字，泪痕处处，思念绵绵；

薄凉日子里，那些指尖流出的伤感文字，痛彻心扉，刻骨

纳兰悼亡爱妻之音，如黄河之水，直冲天际，荡起层层浪涛，激起阵阵回响。每个煎熬的日子里，纳兰总会将自己沉埋在书卷文墨之中，蘸着对爱妻的不尽眷恋和愧疚，写下片片用泪水浸湿的清词。他多么渴望，爱妻能够魂兮归来，从此再也不轻言别离。八年后，铮铮铁骨、柔情似水的纳兰，终于随亡妻而仙去，其实这样也好，一切都结束了。从此，再也不会有缠绵悱恻的心殇，再也不会有销魂蚀骨的悲恸。最后，沈宛也回到了江南，回到那个清净淡雅的地方，因为，京城里再也没有值得她留恋的人了。爱已熄灯，心已围城。多少情、多少爱，一夜之间，烟消云散，没有留下一丝一毫的痕迹。

铭心。

他寻找着爱的光阴,不只是为个人而索取,更是替众生去探求;他超凡脱俗,他的诗足以抚慰世人那疲惫的心灵。所以说,他是宗教的活佛,更是诗的活佛。

仓央用佛的心,淌着世人的泪,用孤独的文字,镌刻着情人的誓言;仓央用一生的血泪,一生的相思,低唱着海枯石烂的爱情传说。

时光苍老,指尖泛白。一切的过往,如云烟散去;一切的过错,最终也无法挽留。

等待雨,是伞一生的宿命。一生之中,仓央这个佛,能为心爱的凡人落泪,其实,这是一件很幸福的事。

爱你,在仓央今生的尽头;想你,在仓央依稀的梦里;等你,在仓央心灵的渡口。

我想,遇见,就是今生缘分的唯美;遇见,就是人生最美的画卷。因为,就在那遇见的地方,我们可以看到杏花微雨、翠柳如烟,蝶花相恋、情思缱绻。

西藏高原上那高洁的天空,一定是因为有了彼此的牵挂才不孤单,因为有了彼此的眷恋才更加绚烂。

无论仓央最后的结局如何,甚至在布达拉宫里也没有他的灵塔,他的诗歌和他的名字依然得到了一种永生。他的故事早就刻在了布达拉宫的各个角落,甚至连拉萨的街上也有仓央的影子。仓央留给布达拉宫的,是永远也诉说不完的故事和一首首火一样燃烧的诗歌。

三百年之后,仓央的性灵依旧氤氲在青海湖畔,萦绕在

纳兰，这个三百年前的男人怎么这么纠结呀，貌似一生都在幽怨、在伤感。他还会时常模仿女子的口吻填词，抒发自己的伤春之心、相思之情。三十年的纳兰，始终就是一个单纯的孩子，生性敏感，感情细腻，善解人意，难怪会有那么多今世的女子想梦回清朝，跨越三百多年的时空去爱他。在佛前，他素淡如莲，却可以度化苍生；在人间，他繁花似锦，却终究不如一株草木。他多情且痴情，为世间所稀罕，为世人所珍视。多情使他痛苦，痴情使他孤独，而他那颗孤独的心，比秋水更冷，比秋心更愁。他的词，愁心漫溢，深情忧婉，“薄情转是多情累，曲曲柔肠碎”。

雪域高原的上空，而这种至高无上的性灵，使他成为永恒的无冕之王。

山不移，水长流，但愿人长久，千里共婵娟。仓央，只想与心爱的人长相依、长相惜，但天不遂人愿。虽然仓央有梦一样的情怀、梦一样的相思、梦一样的眷恋，但所有的这一切，最终变成了梦一样的往事、梦一样的故事、梦一样的结局。

一段时光，一份怀念；

一寸流年，一份留恋。

往事如烟，旧事如梦，纷纷扰扰，但仓央的情怀依旧。

仓央的这份情，难舍难了；仓央的这份爱，藕断丝连。

多少回，仓央在梦里喊着爱人的名字；

多少次，仓央在梦中抚摸爱人美丽的面容。

孤者，王也。仓央的孤独更多的是苦涩，“风花雪夜痴情郎，醉看今宵红尘泪。孤梦寂月谁人笑，心碎魂断只为你”。

雨落烟缭，在仓央的心头上，留下了一腔打湿的心绪；花落成泥，在仓央的人生中，留下了一路永久的芬芳。从此，仓央步入了旺姆的红尘，旺姆嵌进了仓央的生命。在无数个聆听花开花落的季节里，细碎的记忆，重逢在他们每一个相遇的站点。重重叠叠的思念，永永远远的相伴，仓央一直在问：永远，到底有多远？

仓央的这一守，就是三百年。其实，仓央也知道，他的爱，就是一场哭戏。

今生的仓央，燃尽的风华，只为了一个等待；今世的仓央，耗尽的岁月，只为了一个知己。

江南的雨，滴在纳兰的心中，落在纳兰的世界，像一首悲歌，像一首悼亡词，更像一篇梦幻的童话。泣歌为谁诉，旧事已不复；思君不见君，人隔千万里；纵使相思苦，情丝千百般；泪聚凝散人，却与何人说？纳兰去世后，沈宛与青灯相伴，在阴阳两相隔的漫长岁月中，只能捧着爱人昔日的罗裳，填一阕伤感的清词，流两行思念的清泪。而后，便是永世的寂寞，一生的伤感。情缘几回波折，沈宛与纳兰的这一场情殇，干了泪、碎了心。此后，伤者自伤，痛者自痛。从此，一场梦，一段缘，一份繁华，一份痴恋，愁肠几结。从此，一纸，一笔，一人记录；一字，一句，千种悲伤。

仓央短暂的一生中,历经了常人无法想象的荣光与屈辱,承载了世间俗人无法理解的圣洁与晦暗。

仓央的一生,比纳兰更为悲惨。然而,他的情歌里却处处充满了鸟语花香,充满了对爱情的渴望,充满了对美好生活的向往。人生苦,但诗句不愁,这一点,纳兰不如仓央。"今观其情歌,其事奇,其词丽,其心苦,其命薄,其意哀,其情长,其旨远,不禁同之欢愁,与之共鸣,为之叹息。"

所以,我想,仓央的靠近,只是为了最终的分离;仓央的生存,只是为了最后的死亡。

有一种草,叫忘忧,萱草忘忧,亭亭孤秀,忘了寂寞,绿了忧伤。

有一种花,叫将离,芍香愁意,花落亭前,香了潸泪,离了芳华。

"曾经沧海难为水","为伊消得人憔悴"。散落一世红尘的迷离,轻吟一季花开的妩媚,固守着梦里的半亩方田,明知道遥遥而无期,仓央却依然一往而情深。与初恋的相遇,不倾国,不倾城,却倾尽了仓央所有的一切。

传说,仓央在被押解启程之时十分坦然。他走出布达拉宫的宫门,忽然对随从说:"不要散失我的诗稿,来日还是要交还于我的。"离开这个备受煎熬的辉煌宫殿,他终于重获了自由。不管是以怎样的方式走下去,不管是以怎样的方式告别世界,对于仓央来说,都是一种解脱。

也许,仓央真的是活佛。他热切地向往着自由,因此,他害怕进京之后会是另一种禁锢。所以,他最终选择了与美丽

纳兰的泪，是一种忧伤的泪。纳兰心甘情愿，愿化作蝴蝶，为沈宛而飞。而沈宛爱上纳兰，就等于用一年换一生，短短几个月的欢愉，换来的是余生的辛酸。她与纳兰虽在咫尺，却恰似隔着万水千山。因为，她明白，与纳兰之间相隔的不是海，是舍，是放下。夜未央，人已睡；梦未央，泪已垂；心未央，独自伤。只是在沈宛的心中，有一道无法抹去的伤痕；只是在沈宛的脸上，有一道无法消却的愁容；只是在沈宛的眼中，有一种晶莹，那叫泪水。“蜡烛有心，于是它能垂泪，能给人间注入粼粼的光波；杨柳有心，于是它能低首沉思，能给困倦的大地带来苏醒的嫩绿；百花有心，于是它们能在阳光里飘出青春深处的芳馨。”

的青海湖为伴，而不是将灵魂永远地锁在布达拉宫、禁锢在紫禁城。

至今，布达拉宫里唯独没有六世达赖喇嘛的灵塔，我想，已经长眠于青海湖畔的仓央，早已厌倦了宫里的生活，他自己也不想再待在那里了。仓央犹如一只被放飞的高原雄鹰，我想，最终应该是获得自由了吧！

离别尽离殇，浊酒尽余欢。世人至今也说不清仓央的人生是忧还是伤，说不清仓央的情事是梦还是幻。

相思成结，离别如怨，终难诉尽的，是仓央的相思还是离歌？

谱一曲相思调，唱一曲离歌，终难诉尽的，是仓央的无奈还是辛酸？

(二)

生命中曾经的同行人，如果没有刻骨铭心的相遇，也许纳兰都会很快遗忘。三百年前，那些路人模糊的影子，对于纳兰的人生而言，仅仅是珍藏的回忆片段，仅仅是下载的记忆碎片，仅仅是一场虚无的神游仙梦。

命里有时终须有，命里无时莫强求。不管是偶遇，还是牵手；不管是遇见谁，同行是哪些人，还是与谁共生共事，我们都应该庆幸、珍惜。无论是情感，还是生活；无论是一路同行、分享阳光，还是分担风雨、生死别离，都需要合律的节奏感，都需要真情碰撞后的灵魂共鸣。

静夜醒来，任思绪起舞，眠了三百年，只为今生的遇见。在清词的烟雨中，我看到了你用三百年的眼泪淹没了那销魂的爱情，我看到了那个年年泪湿青衫的多情男子在梦中向我走来。纳兰的目光，穿越隔世离空的情缘，恍若某个熟悉的声音，唤醒了三百年沉睡的记忆。纳兰，将一抹牵念和愁伤，越过时间空间，越过千山万水，越过人间冷暖，越过江南雨巷，静静地停留在塞外的荒原上。阳光再明媚，晒不干纳兰那潮湿的心，也照不亮他的生命轮回之路；春色再怡人，扭转不了纳兰那身不由己的人生，也温润不了他倍感冰凉的梦。

欢声笑语中的一道道亮丽的风景线，印象记忆里的一部部精彩的纪录片，呈现在纳兰记忆中的，是无邪的童年玩伴、青涩的青春时代、患难的朋友苦乐，收录在纳兰心路历程中的是一本既快乐又忧伤的成长手册。

“如花美眷，似水流年。”卢氏走后，那如花笑靥、笑语呢喃，一切的一切，都幻化成了纳兰心碎的往事。“爱，毕竟是纳兰的精神支柱，或者说，纳兰一生就是情感的化身。”谁说男子不多情？谁说男子不流泪？失去了爱，纳兰只剩下了一具没有灵魂的空壳，夜深人静时常常无法入睡；没有了爱，纳兰只剩下了一颗没有血流的死心，即使醒着还不如入睡。

“不知何事萦怀抱，醒也无聊，醉也无聊，梦也何曾到谢桥。”这人世间的心与泪、梦与影，交织成了一道道拆卸不掉的“情网”，让纳兰“拿却拿得起，放却放不下”。那暗夜中的无眠纳兰，其实才是真正的纳兰。因为，只有那深夜点燃的烛光，才能照亮他那颗敏感易伤的心。

天命如此，夫复何言？“纳兰容若”这四个字，便是一道风景，便是一种人生。

生命中，有一个人可以去惦念，那是一种缘分；有一个人会惦念自己，那是一份幸福。生命中，有一些人与我们匆匆擦肩而过了，却来不及遇见；遇见了，却来不及相识；相识了，却来不及熟悉；熟悉了，却还是要说再见。所以，我们要对自己好点，因为这一辈子不太长；我们也要对身边的人好点，因为下辈子不一定能遇见。

纳兰的人生很完美，只是，他将事业上的不得志换作了

“每个人一生之中，心里总会藏着一个人，也许这个人永远不会知道。尽管如此，这个人始终都无法被谁所替代。而那个人就像一个永远无法愈合的伤疤，无论什么时候，只要被提起，或者轻轻一碰，就会隐隐作痛。”男人是泥，女人是水。泥多了，水浊；水多了，泥稀；不多不少，才能捏成两个泥人。或许，卢氏之于纳兰，就是一对泥人；或许，卢氏之于纳兰，也是一道伤疤。终纳兰一生，始终无法割舍，无法忘却，也无法磨灭，这个人，就是将纳兰的心肺全部掏空的卢氏。“人是一棵有生命的芦苇，他的高贵在于灵魂。”芦苇是脆弱的，而脆弱里的那份高贵，更让人心生敬意。

对情爱的执着。然而,纳兰的心,容若的情,终究还是错过了。

看破是理,放下的是纳兰的心事;看破是道,解脱的是纳兰的人生。红尘看破了不过是浮沉,人生看破了不过是游戏。看破了,才能放下;看不破,就不可能放下。

对于过去,我们不可忘记,但要放下。因为,我们每天要去面对未来、迎接明天。人的一生中,不可能总是一帆风顺,命运也不会总是偏袒我们。但无论是快乐,还是悲伤,我们都要学会放下。

当我们紧握双手时,里面什么都没有;当我们松开双手时,就可以拥抱整个世界。放下是一种解脱,是一种顿悟,是一种生活的智慧。放下了,心就静了、就空了,人生也会随之风平浪静、豁然开朗。

人生一世,恰如一次搭乘生命列车的旅行,要经历无数次的上车、下车,时有事故和故事发生,也时有意外的惊喜或刻骨铭心的悲伤。有时候,我们不得不与情深意浓的旅伴道别分离,各自在不同的车厢,继续各自的旅程。整个人生旅途中,充满了挑战、梦想、希望、离别、无奈……但有一点是可以肯定的,那就是人生没有回头路。

有秋风就会有落叶,有生命就一定会有死亡,这是自然的定律和宇宙的法则。我们无法也没有能力去挽留生命,只有好好地守卫在生命的身边。面对生命的短暂和死亡的降临,面对黑色的悲凉和低落的心情,我们应该学会珍藏和放下,学会把握和珍惜。

纳兰，这位才气逼人、深情似海的浪漫公子，这位情切切、爱深深的男人，对父母，对朋友，对爱人，尽皆如此。纳兰背负太多，他的内心填塞了太多的情丝，所以他的心很沉重，所以他的词很幽怨，所以他注定年少早殇。每一次与恋人的生离死别，对于纳兰来说，都是一次致命的打击，都是一次凤凰涅槃。他每一次从旧的情伤中醒来，进入下一段新的情感，总会将昔时的恋人深埋于心底，背上重重的情感包袱，最终，他压垮了自己，也把他写出的文字逼进了一片哀伤之地。

一生恰如三月花；一场灿烂三场醉。清明时节雨纷落，忆亲忆友更忆你。因为，三百年来，痴情的只是纳兰，错过的亦只是纳兰。

红尘最美的遇见，应该是心与心的相印，是灵魂与灵魂的碰撞。在最美的遇见里，一定有暗香的萦绕，一定有目光的交集，一定有无声的懂得，一定也有绝妙的诗情词意。一路风尘，你唱我和，我们就会感受到一种时光不老、情人不散的意境。

此岸、彼岸，总有一种声音凝着真情穿越千山万水，抚慰你，也抚慰我；

海角、天涯，总有一种微笑沐着春风穿越岁月流年，温暖你，也温暖我。

一丝一弦一心一恋，一曲红尘叹，半生相思泪；

一词一诗一情一意，一捧蝶恋花，半世牵挂梦。

仓央在一朵花里修行，纳兰在一颗心上流浪；仓央在一滴泪中闭关，纳兰在一场醉中寻梦。

感情就是一份疼惜，一份不舍；真爱就是一种爱怜，一种甘愿。一生何求，此情足矣。纳兰，守一份情，从花开到花谢；仓央，得一人心，从青丝到白首。

仓央，无限相思，流转天涯为旺姆；

纳兰，万千情话，落笔生花为亡妻。

仓央和纳兰，与万千普通人一样，希望能与心爱的人在花前月下，两小无猜，鸳鸯戏水，十指紧扣，妇随夫唱，浅吟低唱，天涯海角；希望折一枝带雨梨花，沏一壶午后清茶，静等

纳兰与我隔世三百年，但是，我仿佛依旧能看到他那瘦削的身影，立于风中，衣袂飘扬，洒落清泪，独品孤单。所以，我很想隔着时光去叩问纳兰，为何你是如此的深情，为何你是如此的孤寂……词意的炙焰，燃烧着纳兰最初的温情，但始终温暖不了他那颗受伤的心。所以，他那不衰的清词，让我触到了一种情愫的涌动。纳兰词的意境迷离非常，有时觉得像隔着一窗轻纱在窥望世界，不是那么的清晰通透。然而，如果掀去了这层朦胧，视野里的词意，也就会在瞬间荡然无存。

夕阳西下;希望用一生温文尔雅,写一纸暖心情话,直到苍颜白发。但地老天荒,对于仓央和纳兰来说,只是一个遥远的传说。短暂生命所留给他们的都是不如意、不遂愿,留给他们的都是蜡炬成灰、枉负痴迷。

仓央将一颗柔情缱绻的心,刻上万千相思,连同自己的肉身寄给了远方的田野;

纳兰把一盏琉璃觥觞,斟满念念不忘,把自己喝得酩酊大醉,希望在醉生梦死中与亡妻相会。

仓央,踮起脚尖,贴近旺姆的脸颊,只为轻嗅爱情的味道;

纳兰,伸出双手,接住一朵飘舞的雪花,只为酝酿最美的词香。

思念,悄悄地落在仓央的眉梢;泪水,轻轻地滑过纳兰的嘴角。

仓央流泪,定是为旺姆哭泣;纳兰挥笔,定是为卢氏填词。

花谢了,这一定是仓央凋零的脚步;月瘦了,这一定是纳兰相思的泪痕。

红豆开了,散出的是一树情花;尘缘没了,留下的还是一段佳话。

一衣月光,一夜清凉,一梦落花;

一壶佳酿,一杯过往,一生愁伤。

我想,仓央诗里藏着的旺姆,就是仓央用心血绘成的一幅诗画。

高洁如兰的纳兰，是悲哀的，但他作茧自缚，一生恰如人间的三月花、四月天。如果纳兰没有经历过风雨，其实是没有资格让世人为其叹一声委屈的。如果纳兰拥有苏轼那样的性格和际遇，他会活得久一些，不会死得那么阴柔缥缈。梨花落地，零落成雪，也正是这种阴柔，成就了纳兰词的一种完美的意境，一种优美的感伤，一种华丽的凄凉，一种高贵的悲哀。纳兰的许多怀念，许多故事，许多珍藏，都渐行渐远，唯一不变的是这份牵挂的心情。读纳兰词，总有一种无奈的薄凉，一种沧桑的抑郁，一种透至灵魂深处的寒意。

我想，纳兰笔下生出的花朵，就是纳兰向卢氏倾诉的呢喃情话。

流年无声，也许是仓央前世的姻，也许是仓央来生的缘。但这段姻缘，就错在今生相见，只能徒增一段无果的恩怨。

一指流沙，纳兰就是那一朵流连于忘川河畔的青莲，用一生的时光来洗涤悲情，用漫天洒落的雨露来滋润青涩，痴心不悔，万死不辞。

其实，我也知道，人和人的聚散，就像天上的云，就像水中的浮萍，时而聚合，时而分离，反复无常。

红尘在年轮中，纳兰一笔一道沧桑，一笔一抹冰凉，一笔一片荒芜，一笔一座孤坟。因为他明白，尘缘消散，情亦寒；因为他知道，世间冷暖，梦已断。“尘世如梦似云烟，繁花落尽谁人怜。待到灯火阑珊时，尘缘落幕已百年。”

“愿为东南风，长逝入君怀。”“举杯邀明月，对影成三人。”心有波潮，唇齿流芳，一梦尘缘尽，半生云烟渺；佳人心思，一帘雨梦，一步绝尘去，黄泉抚琴瑶。

人生本是一场聚散戏。匆匆聚，匆匆散，没有任何先兆，也无须任何先兆。“聚散离合终有时，烟雨历来不留人。”离别不是最痛，相遇才是痛的根源，才是痛的开始。对于身不由己的纳兰来说，相遇就注定要分别。而在别离后，他需要面对的，则是漫长的等待和无尽的思念。

聚聚散散，这就是缘分。缘起便是相聚，缘尽便是别离。“人有悲欢离合，月有阴晴圆缺，此事古难全。但愿人长久，千里共婵娟。”

纳兰是一块无瑕的玉，也是一块透明的玉，温雅、坚强、决绝、专情。他的词章造诣为清朝第一，其心胸之豁达也非一般文人可企及。姜西溟落第，他去安慰人家；顾贞观失意，他去劝解人家；吴兆骞被发配边疆，他去营救人家。纳兰心事无人知，他的心事，只能由他一人承载，也只有他一个人知晓。“零落成泥碾作尘，只有香如故”。当这种诡异和哀愁得近乎心碎的惊艳，出现在清朝的上空时，世人的眼前就出现了耀眼的亮色，而且这一亮就是整整三百年。

纳兰的才情与性情，纳兰的至情与苦闷，全部倾注在一曲曲如莲似玉的纳兰词中，全部蕴含在一句句伤感华丽的词里行间。

在纳兰生命的最后几年，他靠回忆一遍遍咀嚼着爱情的甘甜，一遍遍吞噬着思念的痛苦。

长街长，烟花繁，纳兰挑灯回看那一路红尘；

短亭短，红尘辗，纳兰把箫再叹那一世情殇。

真是“泪眼问花花不语，乱红飞过秋千去”；

真是“相顾无言，唯有泪千行”；

真是“寻寻觅觅，冷冷清清，凄凄惨惨戚戚”。

纳兰蘸着满心满腹的相思，记下了他和亡妻的种种美好，“西风多少恨，吹不散眉弯。纵然心字已成灰，半边风月半边人”。一路跋涉，一路寻求，不管身在何处，心在何方，纳兰最惦记的，依旧是他那个地下的亡妻。“红藕香残玉簟秋，轻解罗裳，独上兰舟。云中谁寄锦书来？雁字回时，月满西楼。”这样的情深，这般的相思，这样的花残，无论是梅花三弄、叶落成空，还是岁月朦胧、天涯西东，三百年后的今天，我们依然可以找到当年那遗落的影踪，依然可以在荷塘里见到那莲花的风姿。

纳兰裁云剪翠写下的那些词章中，有人间鹊桥，但只能寄怀于梦、牛郎织女；有思念之人，但只能月影西移、孤灯独明；有恩爱相伴，但只能痛彻心扉、寸裂柔肠。陈维崧说纳兰词“哀感顽艳，得南唐二主之遗。”周之琦也说：“纳兰容若，南唐李重光后身也。”

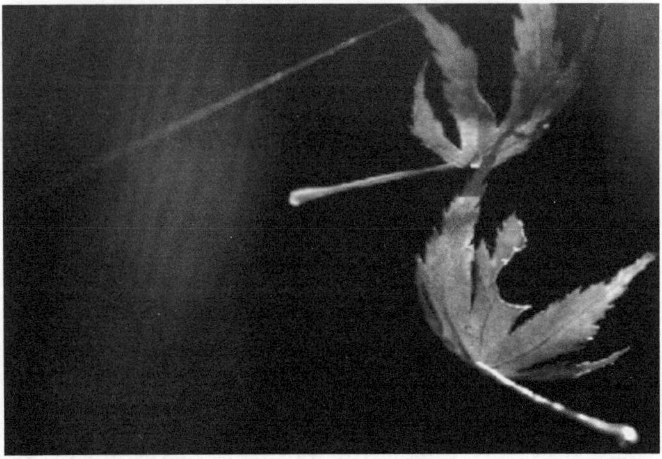

有一种苦叫甘愿受罪，有一种伤叫撕心裂肺，有一种爱叫永不后悔，有一种情叫痴心相对。纳兰在命运的边缘挣扎过、痛苦过，却最终无力改变，只能任由命运安排。又是五月三十日，不觉泪已拆两行。多么希望，我能成为纳兰手心的朱砂痣，形影相随，不离不弃，劝慰鼓励，吉祥伴行。当世的人，能否记取纳兰的过往和爱意，能否理解纳兰词“哀而不痛、怜而不悯”之玄妙，能否懂得纳兰“不解相思”“半世浮萍”的寓意。其实，纳兰不在天堂，就在我们的身边，因为他从不曾离开过。其实，菩萨也不在庙宇，就在我们的身边，因为，菩萨不是别人，就是我们自己。

读纳兰词，品容若情。一阕纳兰词，未必哀伤，只是情深。

纳兰身处繁华，却又不贪恋富贵权势，其才华横溢，犹如山间满月；

纳兰的笔锋流转间，蕴藏着千般柔情，令世人折服，亦令世人叹息；

纳兰待人以真，动之以情，不仅翩翩潇洒，而且风流倜傥。

纳兰是一个浊世佳公子，人间奇男子。其词风浅白易懂、婉约凄清，像一股涓涓清流，涤荡着人们的心灵。三百年来，世人无不争相传唱，世人无不津津乐道。

“纯任性灵，纤尘不染。”纳兰永远以一种理解、体谅、宽容的姿态，给人生以慰藉，虽然，一路上有痛悼、伤感、迷惘和绝望。

在纳兰的词里，有秋景但无秋心，有春色但无春意，有送别之意却无诀别之忧。

对于纳兰来说，每一次暂时的别离，必定是下一次重逢的前奏。所以，与友人分别之时，没有“多情自古伤离别”，没有“执手相看泪眼”。每一次的别离，纳兰没有“劝君更尽一杯酒，西出阳关无故人”的凄凉，没有“又送王孙去，萋萋满别情”的伤感，也没有“柳条折尽花飞尽，借问行人归不归”的犹豫，反而有“莫愁前路无知己，天下谁人不识君”的豪迈。

“不用凄凉录别诗”，“故人西辞黄鹤楼，烟花三月下扬州”，“海内存知己，天涯若比邻”，这是多么的动人心魄，别有

“白雪飘兮轻若絮，生如梦兮淡若云。”那一年的五月三十日，纳兰西去，这朵无根的雪花终于融化成了水，一路西游，把自己的忧思化成了一路的愁雨。而当这颗愁雨的种子落在泥土里，来年生长出来的就是一株相思树。“雨打梨花深闭门，一盏酒香细细闻。”那一年，我只看到梨花落，却没有看到梨花开；那一年，你说三月之时，春暖花会开，可是三月已到，春暖花未开。人生就是一场花开的过程。从含苞到怒放，从花开到花谢，要历经多少风雨，阅尽几多芳华，一不小心，就会花落流水。花开一世，花落一时。其实，人生就是一场花事，一场秋花的盛开。如果在心中植入一个春天，四季就会有一路的芬芳。

一番风味啊！

纳兰引用苏轼的词，对自己的恩师徐乾学说，“莫穿林打叶声，何妨吟啸且徐行”；他引用辛弃疾的词，对自己的老师蔡启僔说，“天涯芳草无归路”“玉环飞燕皆尘土”。

纳兰曾在好友严绳孙辞官离开的时候，写下了一首《送荪友》。词中说：“人生何如不相识，君老江南我燕北”，“君如载酒须尽醉，醉来不复思天涯”。后来，纳兰又写了一首《水龙吟·再送荪友南还》，“人生南北真如梦”，“一声将息，送君归去”，“几回首，相思苦”，“浮生如此，别多会少，不如莫遇”。纳兰在词中回忆两人昔日亲密相处的场景，感叹与好友聚少离多，并想象好友离开后的孤独寂寞之状。他甚至将个人情感与报国之志结合在一起，超脱了纳兰词固有的私人情感滥溢的现象，意蕴深含，境界极高。

而作为忘年之交，严绳孙“入辞容若时，坐无余人，相与叙平生之聚散，究人事之终始，语有所及，怆然伤怀”。纳兰对好友的离开伤心不已，前后共写下了五阕词相赠，足见二人情谊之深厚。

纳兰在《摸鱼儿·送别德清蔡夫子》中说：“有多少雄心，几番恶梦，泪点霜华织。”在纳兰的词里，梦的意象是生命的时光飞逝，是人生悲欢离合的演绎，是情爱的寄寓和沐浴。梦，被勾勒出的悲悯情怀和凄凄哀愁，已成为纳兰表达聚散离合之情的永恒背景。情苦不能寐，只觉得风声雨声，声声扣心弦，使纳兰心痛万分，难以承受和释怀。

纳兰在《临江仙·谢饷樱桃》中，将杜牧诗中的“绿叶成

“岁月因你曾柔情，人间再无可相思。”古之悼亡诗，始于《诗经》中的《葛生》《绿衣》，极致于元稹悼韦丛之诗；悼亡词，则始于李煜《谢新恩·天台不见吹箫女》，盛于宋之苏轼，而极致于纳兰悼卢氏之词。悼亡因相思而起，终止于悲伤的绝望尽头。而这种不加节制的悲伤，是从骨子里一点一点渗透出来的，是潋滟在心头、婉转于眉间的相思泪，常常是痛到极致，近乎崩溃。纳兰的悲，疼痛到了三百年后的今天，使我感到了一种莫名的绝望。或许，相思如病，岁月一长，便会从眉间心头，移入血液骨髓，虽难以觉察，却已病入膏肓。

阴子满枝"化用为"绿叶成阴春尽也",所表达的悲惜之情不言而喻。"感卿珍重报流莺。惜花须自爱,休只为花疼。"在这黄莺啼遍的季节,纳兰十分感谢身陷深宫的表妹还能如此珍重情谊,同时也劝慰表妹,在怜惜花落之时也要自珍自爱,不要总是为花落而生悲。

纳兰作为康熙皇帝身边的一等侍卫,常随其外出巡查,与爱人和朋友离多聚少,"刚是尊前同一笑,又到离别时节"。人生苦短,离别频繁,以至于他自己都说出"总不如休惹、情条恨叶"这样近乎出家人说的话。

纳兰常常独自在相思树前诉衷肠,柔肠百转,摩挲灵魂。他是多么希望,不管天涯海角,有情人都能相依相偎、相濡以沫、长相厮守。

前事叫回忆,未事叫未来,现事叫迷失。人生不过如此,流走的是岁月,淡了的是情感。对于世人来说,惆怅是一辈子,悲寂是一辈子。其实,我想说,放手,也是一辈子。

纳兰啊!"今生有缘无分",又何必强求?缘起时,应多珍重;缘散时,应快放下。

"寒山住寒山,拾得自拾得。
从来是拾得,不是偶然称。"

纳兰独守曾经,心碎曾经。纳兰犹如青花瓷,盛满一池相思,滑过孤寂的暗夜,想起流年的悲愁,把一丝惆怅、一线哀伤,飘散在阴阳两界。

总的来说,现代人离别后的忧愁和思念比较短暂,而古代人则比较长远,也比较深刻,"一种烟波各自愁"。即使是

唐宋之人多以牡丹、海棠为富贵之花，纳兰却赞雪花自有风骨，有别于俗世繁花。纳兰，出身富贵、仕途顺利、相貌清俊、夫妻恩爱、子嗣圆满，拥有一切的美好。似乎，这个男人就是上帝的宠儿，没有什么是他不能够得到的。然而，他虽身处温柔富贵之地，却种出了一株别有根芽的“富贵花”。多情伤别离，多情都是泪；不是雨无心，只是泪多情。我想起了《红楼梦》中那段痛彻心扉的爱情，和纳兰的经历竟是如此的相似。虽身在世家，却得不到一点朴实简单的爱，他们的结局竟然也是那样的凄凉，真是“纵有千种风情，更与何人说？”所以，我说，人生就是一场又一场无悔的穿越，是一场又一场命中注定的奔袭。

纳兰短暂出游,仅仅与爱妻分别数日,也要“摘得一双红豆子,低头,说着分携泪暗流”;也要“执手相看泪眼,竟无语凝噎”。真应验了王维的《相思》一诗:“红豆生南国,春来发几枝。劝君多采撷,此物最相思。”

相传在阴阳两界之间,有一条路叫黄泉路,有一条河叫忘川河,上面还有一座桥叫奈何桥。奈何桥,在中国道教和中国民间神话中,是送人转世投胎的地方。走过这座桥后,就到了望乡台。望乡台的边上,有个老妇人在卖孟婆汤,这个汤可以让人忘了一切。忘川河边还有一块石头叫三生石,这块石头记载着一个人的前世今生。我们走过奈何桥,在望乡台上看人间最后一眼,喝一杯忘川河水煮的孟婆汤,从此就忘却了今世的一切。奈何前世的离别,奈何今生的相见,却无奈来世的重逢。以奈何桥为界,又开始了一个新的轮回。

“寂寞空庭春欲晚,梨花满地不开门”,“雨打梨花深闭门”。纳兰心中的梨花是那样的寂寞,是那样的空无,“铲地梨花,彻夜东风瘦”,“花影疏窗度”,“帘卷落花如雪”,“梦里寒花隔玉箫”,“香径晚风寒,月在花飞处”。

“一片冷香唯有梦,十分清瘦更无诗”,“欲问江梅瘦几分,只看愁损翠罗裙”。纳兰自己十分清瘦飘逸,在词中也喜欢用“瘦”字。“瘦尽灯花又一宵”出自纳兰的一首《采桑子》,其中的“瘦”字,隐约间给人以一种“衣带渐宽终不悔,为伊消得人憔悴”的感触。

“何必诉凄清,为爱秋光,被几日西风吹瘦”,“能瘦马关山道,又到西风扑鬓时”,“晓寒瘦著西南月,丁丁漏箭余香

“瘦尽灯花又一宵。”可以想象，三百年前，一定是一个泪雨愁梦的时节，一定是一个让灵魂更添沉重的年代。纳兰的词、纳兰这个人，世人一直读之思之忆之叹之哭之。思之竟感叹，读词尽悲咽；悼纳兰之殇，流自己的泪；悼一场痴儿顽石，下一场人间梦雨。真可谓“如鱼饮水，冷暖自知”，真可谓“秋水望穿秋心愁，红颜望断红尘路”。水有多深，秋有多深，愁也一定有多深。阳光，是那么的温暖，却灼灼逼人；月光，是那么的清幽，却寒冷刺骨。三百年的花开，三百年的花落，在奈何桥边，纳兰已经等了几轮的花开花落，却还是怅然依旧、思念依然。

咽”,“生怜瘦减一分花”,“盼到花铺似秀,却更比春前瘦”,“谁怜辛苦东阳瘦,也为春慵”,“一宵灯下,连朝镜里,瘦尽十年花骨”……纳兰把这一连串的“瘦”字,用得风生水起、妙趣横生,用得愁云冷雨、情意绵绵,令人不堪其状、不忍卒读。

泪浸于心,是浅爱;心浸于泪,则是深爱。

纳兰,脚下的路太坎坷,试问谁能伴你一路走?

纳兰,脚下的路太长远,试问谁能陪你到天涯?

纳兰行色匆匆,脚步不停地向前走,希望能把心爱的人遗忘在夜色中。但太多的过往,太多的感伤,太多的迷茫,太多的太多,还是让眼泪打湿了纳兰的脸庞,还是让纳兰陷入了一次次的哽咽之中。

凉风乍起,雨打残红;

一壶沉沦,半世凄凉。

纳兰每每忆起那季深秋,整个人如同掉进了冰窟窿里,从头悲凉到了脚,连空气中似乎也弥漫着淡淡的忧伤。

纳兰站在月下,仰望苍穹中的那一轮皎月,却宛若看到,伊人身披银纱,在月下咏词。她,茕茕孑立而面带淡淡忧愁,那般情愫、那般忧伤,怕是纳兰的笔墨也难以伸展。

纳兰的忧伤,没有悲伤那种撕心裂肺的感觉,也不似忧愁那种蹙眉长叹的样子,而是一种淡淡的、细细的伤感。

时光流逝如白驹过隙,三百年后的我们,也许会忘了那季花开、那夜叶落。但一定会记得,那阵花香、那片孤叶,和西边月下最美的那段情愫、那对佳人。

纳兰念一个人,是如此的任性。所以,心中有增无减的,

“从前幽怨应无数，铁马金戈，青冢黄昏路。一往情深深几许？深山夕照深秋雨。”纳兰词，既有旖旎缠绵的一面，又有豪壮激越的一面。他有时偎红倚翠，有时又铁马金戈；他有时沉醉于儿女情长，有时又面对现实的矛盾重重，思绪如涛、情感如注。纳兰，是一部读不完的书，而纳兰词，则是一杯品不尽的茶。曾经牵手，却未走到最后，想来这是多么让人心痛的一件事。原来，生命中有许多人，会突如其来出现在眼前，教会你某个人生的真谛，此后又突然消失不见。爱情之所以短暂，就是为了教会我们“珍惜”这两个字。

是纳兰魂不守舍的思念和摄心噬魂的牵念。念一个人，纳兰从来不觉得心累。日复一日的枯等，无怨无悔的牵挂，纳兰一直在等着爱人来入梦，等着佳人款款地再现庭院，等着情人穿越另一个季节，雨蝶翩翩，款款深情。

我一直认为，死别是一种可以淡忘的痛，而生离却是越来越痛的煎熬。

哀莫大于心死，所以，心死之人的心痛是没有感觉、没有眼泪、没有哭泣的。

在纳兰的眼里，除了眼泪，装不下任何其他东西；在纳兰的心里，除了悲伤，也装不下任何其他东西。

因为，爱人在纳兰的心目中，又醇又淡。醇似千年佳酿，醉；淡若半盏香茗，清。

山一程，水一程，思念悠悠梦里行，片片离情片片伤。

风一更，雪一更，落花不解伊人苦，谁又怜惜伊人情？

“梧桐叶上三更雨，别是人间一段愁”，这是一种纳兰式的离愁，更是一种纳兰式的释然。

留恋一个身影，纳兰以一生的梦境托付一个难了的情结；迷恋一段情缘，纳兰以岁月为笺，以心灵为笔，以思念为墨，填不尽缱绻在心间的离情别绪。

谁许我几世诺，却负纳兰世世情？

谁托我繁华梦，却赠纳兰滴滴泪？

一场情梦，一场空缘，一首钗头凤，一对彩蝶飞，纳兰书写了惆怅千万句，也难尽心中的断肠词。

纳兰于千树梨花间，一世缠绵情，几番悲伤深埋；

纳兰的一生都生活在一张别人早已为他织好的网中，一生都交织在悲怜与愁情之中，宛如一捧幽兰开在广袤的沙海里。他期待着那片属于自己的绿洲，期待着那片属于自己的白云，期待着绿洲中的温柔和白云下的牵手。但是，纳兰一生重情，却总是被无情所伤。带着无悔的伤痛，带着生死相隔的爱恋，纳兰在三百年前惊鸿一瞥，倾倒了大地河山，也迷倒了万千苍生。我想，所有的一切一定都是上天注定了的。三百年后的今天，只为你挥洒那一阕阕满笺的泪墨，行行浸染着你那幽兰般的气息，字字隐透着几度光景的秘密，将潮湿而细碎的心思，凝结在眉心，化为唇瓣间的细语，织成了一帘婉约而绮丽的幽梦。

沈宛于滚滚红尘中，一曲红颜泪，几回憔悴痴守。

“人不见，碧云暮合空相对。""携手处，今谁在？日边清梦断，镜里朱颜改。春去也！飞红万点愁如海。”

清梦断，朱颜改；卢氏亡，纳兰愁。

“思往事，惜流光，易成伤。拟歌先敛，欲笑还颦，最断人肠。”

从此，“一片春愁待酒浇","风又飘飘，雨又萧萧”。

从此，“银字笙调，心字香烧”，“红了樱桃，绿了芭蕉”。

从此，“听风听雨过清明，愁草瘗花铭”。

从此，“便做春江都是泪，流不尽，许多愁”。

纳兰不是沈宛的岸，沈宛也不是纳兰的涯。纳兰的生活简单，日子也很简约。所以，纳兰词，也是素心瘦字，墨笔涂鸦，一曲一墨、一词一茶。自从卢氏离去后，虽然与沈宛擦出了爱情的火花，但这把火，没有点燃一片天空，这朵花，也没有盛开在尘世。

一场花事老去，纳兰埋葬了所有和卢氏有关的过往。就像雨，淋落了露水的相思；就像雾，朦胧了婉约的花间词。

纳兰啊，要多少疼痛你才会关闭心门？要多少难言你才会桎梏灵魂？

纳兰像一颗流星划过，但醉了一场三百年的浮华。其实，一生一世的誓言都是谎话。人生，就是梦里的水月镜花，就是满地的雪落心伤。

纳兰容若，这名字风光旖旎、惊艳宇宙，这名字诗意浓浓、香花弥漫。一吟此名，浊世才子的翩翩风貌，如在眼前。一个策马临鞍的流丽少年，一个翎舞翩跹的俊雅公子，一个冠绝清代的中兴词人，真是“陌上人如玉，公子世无双”。可惜天妒英才，早早地将他收回了。春已去，秋将尽；雁南归，人未回。在岁月的转角处，总会上演一场场的悲欢离合；在流年的光阴里，总是温习着一场场的错过。众里寻她千百度，那人已不在灯火阑珊处。或许，邂逅，缘于情；转身，缘于爱。一切都是那么的美好，一切都是那么的自然。

忧 愁

（一）

仓央的一生是一个难以捉摸的谜，也是一个永恒不朽的传奇。在仓央的身上，既有宗教的神圣、政治的诡谲，又有爱情的凄美、命运的无常。

在匆促的二十三年生命旅程中，他展尽了命运的神奇，所以，三百年来，一直为后人所追索和探奇。

仓央是一个天生的诗人，也是一个天才的歌者。他的唯美诗篇，感动并影响着后世的无数男女。他的一生，仿佛就是一出戏，起承转合，波澜壮阔，清雅幽静，情意淡然。

仓央就是这样一个凡心不灭的奇男子，在佛与情之间游

纳兰的柔情，感天动地，摄人心魄，但万劫不复。这份爱恋，似水温柔，苦涩哀痛，让人看了心会滴血。他的词句，娓娓倾诉着他的柔情，诉说着他的无奈和忧伤。他害怕血泪，他害怕分离，而官场无情、世事莫测，他最终还是避不开血泪和分离。纳兰写的每一首词，都是他的经历、他的心情，还有他那不敢哭出来的声音和那不敢一泻而下的泪水。他生于无奈，死于遗憾；他的一生，不似易安，胜似易安。喝一碗孟婆汤，难舍今生的情缘；走一回奈何桥，湿了前生的眷恋。今生的豪赌，输了前世的誓言，在奈何桥畔，我等了你整整三百年。我在风中看见，你的泪如飞落的花瓣，而你看不见，我已泪千行。

走，在天堂与人间徘徊，“转佛塔、卿缭绕”，“不负如来不负卿”。

仓央，半生荼蘼，半生寂寥；清净而生，清净而去。

仓央，不喧不嚣，不污不淫；一半明媚，一半忧伤。

仓央是一棵树，一半在土里安详，一半在风中飞扬。他把所有的悲欢，埋进土里；他把所有的思念，挂满枝头。

仓央，在错的时间里遇上对的人，其结果只能是一声叹息；仓央，在对的时间里遇上错的人，其结果也只能是一声叹息。正如蝴蝶飞不过沧海，白云飞不出天空，其结果只能是，一个人地老天荒，一个人浪迹天涯。

仓央，在今天已经成为一个特殊的符号，一股强势的呐喊，一个爱的代言。

仓央，你是神王，你是情圣，你是诗人，你是不朽的传奇。

我默念仓央的名字，不为超度，不为觐见，不为修来生，只为触摸你的指尖，只为途中与你相见。

三百年前，在布达拉宫山下一个叫“雪”的地方，篝火燃亮，人们围坐在一起，跳舞、歌唱、饮酒、狂欢。在众人欢聚之时，一个年轻人用嘹亮的声音唱起了一曲他自己写的歌，而这首歌把爱情诠释成了一种永恒：

“用墨写下的字迹，
一经雨水就洇湿了，
没能写出的心迹，
想擦也擦它不掉。”

人生初见，转身而去，留下了一个美丽的背影。完美的弧线和身段，诉说着对昨日的深深依恋，我不舍的眼眸，只为停留在你即将离去的那刻。梦中相见，你倾城的微笑把思念化成了一场及时雨，把情生情死化成了一场烟花雨、一捧玫瑰花，把情真意切化成了一滴悲哀断肠泪、一抹忧伤忘怀笑。生命的花开，只因灵魂深处的那份相知相懂。这份懂得和知心，温暖了这一树芳华，把纳兰一颗滚烫的心揉碎在一场虚幻的梦中。情深无言，爱深无语，只要一个会意的眼神就可直抵心灵，只要一个莞尔的笑靥就可一洗秋愁，只要一句款款的问候就可润泽心莲。

仓央是一位伟大的藏族诗人。他的情诗绮丽动人、唯美传情,带有禅学的意境,感动了后世的千万读者。

但是,仓央生不逢时,心不入世,情不自禁。虽然他不拘泥于世俗,超脱于红尘,看淡了情爱,但是,他偏偏又深陷于红尘之中,最终又不惜以身试情。

仓央的个性洒脱不羁,所以,他的情诗字字惊艳、句句惊心。仓央的一生充满传奇色彩,从转世、坐床、寻芳、废立到隐去,都曲折复杂、不同寻常。

仓央,这位门巴人的儿子,一生都在追求不自由中的自由。为了过“像个人的生活”,他付出了惨痛的代价,但也为后世留下了无尽的传说和不朽的诗歌。

不同时期、不同地域的人都会记起这位“迷失的菩提”,因为他的诗歌是打破宗教桎梏的最强音,也是发自内心的率真感慨。

佛说众生有情,而佛法就是为了度脱有情众生;佛说娑婆世界因欲化生,而佛法就是为了救助众生离欲。

触,缘于爱;爱,缘于取;取,缘于有;有,缘于生;生,缘于老死忧悲苦恼。所以,爱欲是生命由来的源泉,也是痛苦与欢乐由来的源泉。

现实中的人们,在这个缘中颠倒迷失,终于乱了方向。于是,就有了无边无际的轮回,就有了纠缠不清因果。

仓央诗,以其高超的艺术魅力而成为藏族文学中的一朵奇葩。他不同于传统的喇嘛,既是西藏人民心中的活佛,又是享誉民间的爱情诗人。他的双重地位和身份,使得他在藏

“曾经有一份真诚的爱情放在我面前,我没有珍惜,等我失去的时候,我才后悔莫及,人世间最痛苦的事莫过于此。如果上天能够给我一个再来一次的机会,我会对那个女孩子说三个字:我爱你。如果非要在这份爱上加上一个期限,我希望是……一万年!”“宿命”这两个字,总让人捉摸不透。可惜,纳兰与卢氏这一场相遇的结局,却是“一人独思,两处销魂”。既不回头,何必不忘;既然无缘,何须誓言。今日种种,似水无痕;明夕何夕,君已陌路。人生最大的一种痛,不是失败,而是没有经历自己想要经历的一切。

传历代喇嘛中占据了特殊的重要位置。

与纳兰生来就富贵不一样，仓央出生穷苦。十四岁前，他在偏僻的藏南农村长大，犹如沙漠中的一粒沙，本来不会有人知晓。但命运之神与他开了个大大的玩笑，将他从底层一下子捧上了天，使他从平凡一下子跳跃至非凡。

正是这种飞跃，使他受制于命运，束缚于命运，错过了许多的美好，碰见了许多的不如意。在乱世流离中，仓央的真情渐行渐远，仓央的孤独如影随形，仓央的呐喊响彻高原。

在袅袅香雾中，仓央的前世因果在佛殿中飘散，没有天荒地老，没有山盟海誓，只有世间苦涩，只有一生错过。在舍与得、舍不得与舍得之间，仓央选择了放手。他将空手握紧，从指缝中流淌出了悠扬的文字，从掌心里映射出了佛祖的身影。

仓央的情诗，折射出了一个真性情的男人，一个贴近生活、回归草根的活佛。他那荡气回肠的歌咏、隽永深沉的情怀，激发着一代又一代的年轻人去憧憬和追求美好的恋情。

仓央爱憎分明，热爱自由，向往大自然。在仓央的内心深处，总是觉得，纯净洁白的月亮就是自己忠贞爱情最真实的体现。所以，在仓央的诗作中，不断地出现了诸如“皎洁月亮”“吉祥洁白月亮”“十五月亮”“初三的月牙儿”这样的月亮意象。

在那东方高高的山顶，每当一轮明月升起，仓央的相思之情就跃然纸上。“初三的月牙儿，银光洒满天；请你答应我，更像十五那样圆。”

真情、自然、伤心，是纳兰词的魅力之所在，而这种魅力正体现着叶嘉莹先生所说的“弱德之美”：“这种美感所具含的乃是在强大之外势压力下，所表现的不得不采取约束和收敛的属于隐曲之姿态的一种美。”正是因为纳兰以自然之笔写出了他的伤心之真情，才使他的词充满了惆怅之感，才让他的词令人不忍卒读。纳兰词，以直白简约、直抒胸臆著称。用“点滴芭蕉心欲碎”来表达内心的难过；用“绿阴帘外梧桐影”来表示平日的惆怅；用“桃花羞做无情死”来表述相思的苦闷。在纳兰词中，感情是最简单、最直白的语言。

仓央的情诗,既寄托他对美好爱情和自由的追求,也折射出了他不屈不挠的反抗精神。他用“花朵”“玉蜂”来象征美好,而将“白霜”“寒风”比作是爱情的阻挠者、破坏者和背叛者。

参佛学道的背景,使得仓央的诗并不局限于爱情这一主题,很多时候也充满哲理神思。“我为了死,才一次又一次地活了下来”,“我们的爱,比死亡还要理所当然”,“世间事,除了生死,哪一件不是闲事”。

仓央在“坐床”之前,过着和常人一样的世俗生活。他热爱大自然,向往自由的生活。然而,在“坐床”之后,这一切都改变了,一切的梦想只能成为幻想。

不管身处何方,故乡的风景一直在仓央的诗中,而仓央的情意一直就在他自己的心中。

三百年来,仓央的诗歌净化了一代又一代人的心灵。他用最真诚的慈悲,让处于社会底层的俗人,感受到了佛法并不是那样的高不可及。

“直道相思了无益,未妨惆怅是清狂。”他用缠绵悱恻、绮丽动人、带有禅学意境的诗篇,让世人感受到了世界有情、人间有爱,让凡人感觉到了佛性的存在和信仰的广大。

仓央常常将禅学写入诗中,借禅意来表达爱情。禅学讲的是修行,认为“平常心是道”,“佛法在世间,不离世间觉”,认为世人应以出世的精神去做入世的事业,以做作品的态度去积极工作。

缘来缘尽,一切随缘,不去强求,这是一个超然的佛理。仓央不以法王为重,不以女友为轻,而以平等的身份,去追求

纳兰“颇好为词，盖爱作长短句，跌宕流连，以写其所难言”。静静地品读纳兰词，便可领略到纳兰那一腔亘古难见的缱绻情怀，便可在纳兰那情景交融、意境天成的词海中游弋。一向钟爱纳兰词，但要真切地读懂纳兰的心，怕是用一生的时间去品味，也不一定能够最终抵达纳兰的心灵深处。纳兰那深邃而辽远的精神领域、悲情而寂寥的内心世界，这世上又有几个人能够真正读懂？秋夜静读纳兰词，不愁也自愁，不忧而自忧；秋夜静读纳兰词，情怀悠远，词意飘香。

真心实意的爱情。继位六世达赖后，仓央的人生轨迹出现了断裂，但情感的丝线却一直牵连萦绕在他的心中。自由的情思一直导引着他去摆脱被限制和禁锢的处境，以获得爱情的自由。其间他所付出的代价是惨痛的，但仓央在所不惜，甚至愿意拿生命去抵换。

传说奈何桥边有块青石叫三生石，这块石头上记载着每个人的前世今生。石身鲜红如血，我想这一定是痴情人心底那最酸的眼泪染红的。投胎转世的人，都要走过奈何桥、喝下孟婆汤，忘却三生尘缘，忘记一切恩怨，重新转入世间去完成下一世的轮回。

鸳鸯也好，比翼也罢，只要执君手，必定共偕老；青烟也好，黄土也罢，只要缘定三生，注定终生追随。

仓央揪下一缕长长的青丝，编织成一条扣心环，绕于旺姆的无名指上，从此，情绺永恒、相思瘦尽。

仓央那一生一世的缘，牵出了他一心一意的爱、一花一叶的美、一人一情的真。

佛说，相爱的人，缘定前世今生来世。

前世，芸芸众生，你是你，我是我；前世，茫茫人海，你寻找我，我寻找你。

今生，你化成了我，我化成了你。于是，我们彼此带着覆盖厚厚尘埃的记忆，你寻找你，我寻找我。你炽热的眼神、怜惜的神情，终于打开了我尘封久远的记忆。

关于来世，佛说："天涯咫尺，咫尺天涯；缘来缘去，缘去缘来。"一切爱恨情愁皆由自己，也由不得自己。从此以后，

细数门前落叶，倾听窗外雨声和那涉水而过的声音，此时突然想起，你被雨淋湿的心，是否依旧在跳动？“一生一代一双人”是纳兰《画堂春》里的名句，但是，早在千年之前的唐朝，骆宾王的《代女道士王灵妃赠道士李荣》中也有一句“相怜相念倍相亲，一生一代一双人”。纳兰因此词成名，也因此词让世人记住，而世人恰恰忘了它的原创作者。本来，天下文章一大抄，纳兰也抄古人的诗词，甚至抄同时代人的词，但能抄到如此之绝，如此之妙，如此的融会贯通，如此的真情灵动，三百年来，或许仅纳兰一人而已。

无论沧海，无论桑田，你是你，也是我；我是我，也是你。

前世情，今生续；今生缘，来世情。

仓央的生生世世，轮回不息，只为了一个“情”字。

从仓央的诗中，我们读出的是凄美的爱，是苍凉的爱，是仓央和他的爱人对世间无端阻碍和不公对待的包容与隐忍。

仓央的一生是一个难以言说的故事，也是一个旷世永恒的传奇。这个谜一样的男人，对我们来说，是那么的熟悉，却又是那么的陌生，陌生到了我们只知道仓央这个名字，只知道他是诗人，只知道他的六十六首情诗。

仓央是一个僧人，却写尽了凡尘俗世的万千情与爱。他的情诗犹如青藏高原的明珠，照亮了无数男女的心房和梦想。

他的传奇让世人津津乐道，不断去探索和想象；

他的故事让人们为之着迷，不断去讲述和传唱。

仓央并非看破红尘而遁入空门，而是灵童转世而误入佛门，这或许不是他的本意和选择。仓央在藏南的山野里长大，向往着自由和爱情。他的心灵和脑海深处埋着一颗自由的种子，他的血液和骨髓里流淌着爱情的萌动。即使后来成为身披袈裟的活佛，他依然有一颗凡尘之心，虽然，这颗心还没有看透人间的悲欢离合，还没有达到真正意义上的“四大皆空”。

仓央的眼前是一尊佛，心中却是心爱的女孩。于是，他终日惶惶不安，徘徊在圣殿前，在佛缘与情缘之间一直纠结着、矛盾着、痛苦着。

禅心若梅。多少沧海桑田，多少往事回首，纳兰的生命，又何尝不是一株傲雪的梅花，历经风雪摧残，孤苦而寂寞。《饮水集》的淡墨幽香，来自苦寒，来自血泪，来自痛彻心扉的思念和追忆。纳兰啊，等了你整整三百年，我流泪了，泪水落在了水中的月亮之上，碎了，月亮也碎了，我的心也随之碎了。你是从遥远北方飘过来的一片雪花，我想用火热的执着将你融化，然而最终发现，我们竟一次次擦肩而过。从此，我仅存的一丝希望被打破，而后我的空间会长久沉默。但我依然相信，优美的生命，就是一曲无字的挽歌。漫过心际的孤独，早已蔚然成冰，而你永远是这个季节里最美的音符。

在布达拉宫的金殿上端坐,仓央注定无法成为一个平凡而无欲的少年,而这样的代价却是心灵的痛苦煎熬。仓央佛衣下的纯美真爱,终于使心头的情事变成了一生的愁事,也使仓央的情诗源源不断地从酒肆传到了雪域的四面八方。

在这个世界上,一定有一种爱,可以超越所有的雕饰和渲染。如果两颗心在世俗的上空相会相通,就不会有太多的卿卿我我,不会有太多的情绪波动,甚至不会有太多的言辞倾诉。这样的爱,显得冷静、深邃、有缘;这样的爱,显得艳丽、痴狂、有情。

在仓央极富宗教意味的、意思含蓄暧昧的道歌中,悲与喜、来与去、增与减,这种互相矛盾的情感趋向,在诗人的心里都有明确的定义和意义。因为,他的情,早已经定格成了不离不弃、白头偕老。

仓央是六世达赖,是西藏历史上一位颇具传奇色彩、家喻户晓的人物,但布达拉宫里至今也没有他的灵塔。仓央无意成为诗人,但他的诗歌传遍中华大地。

他的豪迈大气,他的骄傲自信,尽显王者之风;

他的情意缠绵,他的无奈忧伤,尽显情圣之魂;

他的至性随性,他的叛逆不羁,尽显狂生之灵。

仓央化作了青藏高原上的一缕缕清风,化作了中华大地上的一簇簇白云。所以,只要有风吹过,我们就能听见他的歌唱和叹息;只要有云飘来,我们就会看到他的深情和高洁。

在世人的眼里,仓央宛如雪域高原上蓝得纯粹的天、白得纯粹的云。如果能穿越到三百年前,听他吟诗,听他浅唱,

纳兰词，细细咀嚼，顽艳绝伦；纳兰词，轻轻触碰，画面分层。读久了，便会生出一丝恐慌和不安；读多了，便会横生出无端的臆断和猜测。或许，世人对词的理解各有千秋，或许，是以有涯随无涯。但那无法停息的飘忽和担忧，伴随着纳兰的哀怨、纳兰的精雅，让世人一如既往地飞蛾扑火。这莫名的恐慌和不安，也无法阻挡凡心的向往，因为，纳兰当时的心境，世人很想知道，但很难知道。其实，爱到情深处，方知更为谁。对于纳兰而言，若卢氏仙逝、沈宛南下，这功名富贵又有何用，这满腹才情只能化作那一首首的清词绝唱。

听他讲经，现代人的身心定会更加空灵、恬静、飘逸、洒脱。

仓央的脉络是混沌的，正如他迷茫的眼神；而纳兰的脉络是清晰的，正如他清澈的眼睛。

三百年来，仓央的前生今世像一个谜，没有确切的记录，没有清晰的归宿，没有明白的轨迹。所以，有关仓央的传说和故事多种多样，有关仓央的评说和解读千奇百怪。

仓央是一个孤独倔傲的行吟歌者，是一位才华横溢的浪漫诗人。为了爱情，他可以放弃宗教领袖的显赫地位和无上权力，不背叛灵魂，不违背本心，不迎合世俗，不畏惧势力，大声地为爱而唱、为情而歌。

佛说，彼岸，无生无死，无苦无悲，无欲无求，是一个遗忘一切悲苦的极乐世界。但是世间有一种花，超出三界之外，它生于弱水彼岸，无茎无叶、绚烂绯红，佛说，那就是彼岸花。

仓央有谜一样的身世，谜一样的生活，谜一样的叛逆，谜一样的情和诗，谜一样的传说。所以说，仓央是三百年前一个迷雾中的谜。

仓央短暂的一生，留下了许多传世佳作，把淡然、平和的爱融进了诗里。他的境界让俗人看到了出世法中广大的精神世界。他的诗歌和歌曲净化了一代又一代人的心灵。

佛说，没有遗憾给你，再多的幸福也不会体会到快乐。

佛又说，在体验痛苦的过程中，只有参透生命的真谛，才能得到永生。

有人说，苍天弄人，造化弄人；也有人说，时事弄人，命运弄人。

情到深处是孤独。纳兰的情已经到了灵魂的最深处，所以，他是一个千古孤独客。一个人的滚滚红尘，一个人的茫茫天涯。爱到极致的悲怆，这种情，该是怎样的一种深情？往事已堪哀，不复忆当年。这种情，应该是“一生一代一双人”的认定，是“未梦已先疑”的凄凉，也是“魂是柳绵吹欲碎”的绝望。纳兰喜欢雪花，虽然它寂寞无助地静开在天地间，有些悲凉，有些空寂。但这种冰清玉洁、玲珑剔透之内核，使纳兰成为一个单纯、洁净的孩子。他依心而悦，这种孩提般的欢愉，是我更愿意看到的。我更愿意看到，佛祖能降临在他的身旁，去超脱他那碎断的心肠。

仓央诗中不着一个“爱”字，但字里行间全是缠缠绵绵的爱，全是执着坚韧的情。他把爱的虔诚挥洒得淋漓尽致，我有时会想，那该是怎么样的一个人啊！那该是怎么样的一份情感啊！原来，在这个世界上，没有永不消失的达赖喇嘛，只有永远的仓央嘉措。

“活佛即浪子，浪子即活佛。”在白天，在布达拉宫，仓央是人人敬仰的活佛；在夜晚，在拉萨酒庄，仓央便是山下的风流情种。

仓央的诗，本是纯净的、宁静的，本是“天上的歌，人间的诗”。其实，他的诗和世俗的情爱无关。仓央虽然离开我们三百年了，但他的传说还在，诗还在，魂也还在。

在我的眼中，仓央不是放浪形骸的活佛，而是佛光中滋生出来的情圣。

因为爱，仓央的传奇故事一个比一个悲戚；

因为情，仓央的佛心痛楚一日比一日强烈。

三百年前，仓央置身于青灯古佛之中，看着那香雾缭绕，而掌心的念珠，在仓央的心灵浸湿下变得更加光滑圆润。

作为六世达赖喇嘛的仓央，本应是全体藏民心目中至高无上的活佛，本应担负起解救藏民于水火的重任。可世事难违，仓央没有把世人从痛苦中解救出来，却用诗篇向世间发出最后的召唤，求索着解救之道。因为三百年前，仓央他自己也身处痛苦之中而无法自拔。

仓央以佛性度人性，将佛爱和情爱结合在一起，自然平淡地写着心里的感情，他身后留下的这些情歌让佛性最终走

风在吹，雪在飘，花在落，人一直走在路上。人生，就是在这无边的风景里，奔走、停歇，你来、我往，我想、你念。纳兰的情之美，美到心醉；纳兰的情之殇，殇到心碎。一寸情感，一份思念，在三百年前那纷扰的尘世里，纳兰把相思苦苦地酿，酿成了千年的珍藏、千年的守望。红尘阡陌，冷暖清秋，纳兰用痴痴的望，守成了一个圆，似水华年。因为，纳兰的掌心里，始终握着对卢氏的思念。纳兰，心存眷念，便有了牵绊，便有了依恋，那是人间最明媚温暖的，如午后的暖阳，带着些许温柔、些许朦胧、些许恬淡。纳兰将心底隐忍着的痛，化作了阕阕清词、一纸断章，诉说着自己的满腹苍凉。

向了人性。

我们与仓央之间需要三百年的逾越，其实，世人再怎么努力，依旧只能闻到仓央的一丝气息，却无法触摸到仓央的指尖，更走不进仓央的灵魂。

想念着、追溯着那人、那诗、那情，想起了苍茫的雪域高原，想起了辉煌的布达拉宫，想起了月色如银的青海湖畔，想起了仓央的“不负如来不负卿”，想起了许多有关仓央的久远传说，想起了那神秘的经文和不灭的香火，也想起了他的那一刻、那一夜、那一日、那一月、那一年、那一世。

“几天不见，你为什么就愁上加愁？
你不担心我也愁白了头？
我等啊等，为什么等到冰川变成了忘川，
却等不到寒冷变成温柔？
玛吉阿米，你能告诉我吗？
我该抱着雪山取暖呢，
还是对着苦酒诉苦：
雪山在消瘦，我也在消瘦。”

“一花一世界，一景一乾坤。”

多情的仓央，在森严的布达拉宫里，吟唱着不朽的情歌；伟大的仓央，在圣洁的青藏高原上，传扬着永恒的慈悲。

（二）

西风渐紧，夜阑更深；一抹月光，一盏清茶。

纳兰的人生，一半是希望，一半是失望。缘来缘去缘如水，所以，纳兰爱便爱了，不爱便不爱了。纳兰与卢氏，初遇美妙，蓦然回首，便是一见倾心的追寻；相爱温馨，执手望月，就是一生最丰盈的刻骨；别离凄苦，纳兰无言，卢氏亦无语，并肩走过修长的小径，深深地把彼此的一份爱意珍藏。回眸处，卢氏已不在，纳兰一遍又一遍在他们一起滞留过的地方，试图去寻找那份曾经的真情，一直走到了受伤的心灵深处。那些曾经的风花雪月，那些曾经的颦眉相对，让心与心相依，让魂与魂相守，这便是纳兰此生镌刻于心的绵绵词章。

一卷纳兰的《饮水集》，淡墨飘香、幽然深情；一首首纳兰词，字字皆泣血，句句皆断肠，“幽艳哀断”“哀感顽艳”。

在纳兰词中，有无限的忧愁之情，而这种忧愁之情，像轻纱、薄雾一样笼罩在他的所有作品之中。在现存的三百四十九首词中，“愁”字用了近百次，“泪”字、“恨”字也出现过几十次，此外，像“断肠”“无奈”“伤心”“怆怀”“无意绪”“可怜生”“冰霜摧折”“芳菲寂寥”等，几乎是开卷可见。

纳兰词的字里行间，渗透着深挚而哀怨的情思，宛若杜鹃啼血，声声凄切。即便是一些情辞慷慨、奋袖激昂之作，也间杂着变徵之音，流露出沉痛的人生空幻之感。

从纳兰词中可以看出，白天夜里、一年四季、家中或旅途中他都处在愁情之中。他认为，人间万事都令人哀愁，愁就是生活的主旋律，愁就是人生的全部。这一点，至今让世人万分不解。他说“人间所事堪惆怅”，“向西风回首，百事堪哀”。他还说自己有“百忧”“百虑”，“百忧兹暂豁，与子各尽觞”，“荒庐日旰坐，百虑依春草”。

纳兰一生都在感叹。他感叹自己的忧愁无人知晓、无处可诉；他感叹自己因忧愁而憔悴、生病。他想方设法去排遣忧愁，但他的忧愁不但无法消除，反而在不断增长，“新恨暗随新月长”。他还说自己就是一个愁人，“我是人间惆怅客”“簟纹灯影一生愁”。

纳兰，是一位以哀怨清丽的诗词行走于世间的男子。人们常说，男人是理性动物，女人是感性动物。如此说来，多愁善感的纳兰确实是很独特的，甚至有人把他当作男人中的女人。

“生者百岁，相去几何？欢乐苦短，忧愁实多。”“人言头上发，总向愁中白。拍马笑沙鸥，一身都是愁。”在清词的忧伤中，纳兰孤苦伶仃地想着卢氏的美丽，暗自泣血；在浑浑沉沉的酒樽里，纳兰不顾一切地饮着对卢氏的思念，冷暖自知。纳兰，珍惜惆怅，绽放感伤，使那残缺的记忆充实了灵魂，唯美了过往；纳兰，追求痛苦，放下快乐，千回百转后，对卢氏的思念又回到了原点。纳兰对卢氏的眷恋，是一个不悔的诺言，是一种沉淀后的幸福。在时光的空隙里，纳兰今生注定为卢氏，独守着那段前世姻缘。

“长漂泊，多愁多病心情恶。

心情恶，模糊一片，强分哀乐。

拟将欢笑排离索，镜中无奈颜非昨。

颜非昨，才华尚浅，因何福薄。”

悲伤是纳兰词中不变的基调。其实，纳兰只想宁静安然地去过平淡的日子。可是，世家的出身，注定了他要在官场中辗转。心中的向往不能够轻易达成，也不能够被红尘俗世所理解，所以，纳兰的内心总是被巨大的孤独感所吞噬，他只好在他的词中，轻轻地诉说着心底深处那最纯最真的愿望。

我常常在静静的夜里，静静地欣赏纳兰这个人，静静地品读纳兰词，静静地品味纳兰的忧伤，静静地品尝纳兰忧伤中的无奈。在缘情而旖旎的《饮水集》中，世人依稀可见纳兰那清明透彻的眸光，只是，他的眉间锁着一抹淡淡的哀愁。

胸纳幽兰，从容自若，养性含德，他的名字如水一样柔情，容情容意，若即若离。如此反复读来，我竟咀嚼出说不清的凄婉悱恻，和那道不尽的惆怅伤怀。

此情难断，此意难消。纳兰只在人间驻留了三十年，便匆匆离去，似一颗划破夜空的流星，华光璀璨，却转瞬即逝。

一阕阕挚情哀婉的纳兰词，宛如寒风中凝成的泪，让世人隔了三百年的时空和风尘再去凝望，依然为之忧伤、为之哭泣、为之销魂、为之叹息，并为之心甘情愿地跃入时光的隧道里。从此，内心渐渐平静如水，悲哀之情却由心底油然而生。

一个背影转身，在风里轻盈；一个背影离去，在雨里安静。多少无奈，多少悲哀，纳兰只能和着泪将痛苦咽下，消化成一曲曲的清词。这个天生痴情种，用三十岁的年华，陪伴在永远十九岁的爱妻身边。他用词酒酬红颜，用真情笑苍生，但自己心头的寂寞和寒冷无人知晓。他的深情，最终也无力唤回那段薄浅的情缘，只能仰天长啸、扼腕叹息。三百年前那一个背影，飘飘然地消失在云月之巅，那不经意间的一次回眸，让我心神荡漾了好久好久。以至于你的消失，虽然是那样的无声无息，却完全遁藏在我那未干的眼角中。

少年的纳兰，在春风中悠悠惆怅如此；青年的纳兰，在秋风中独自无奈叹息如此。所有的这些，让世人唏嘘不已、惋惜不已、心痛不已。

世人隔着三百年的岁月，很想去触摸纳兰那单薄的青衫，去探求纳兰那孤独的灵魂，去想象纳兰那落寞的容颜，去寻找纳兰那孤单的身影。

纳兰孑然独立于喧闹的俗世，清高而孤寂。虽然身世显赫，但他始终冷眼旁观官场的勾心斗角、蝇营狗苟，在齿冷之余，他更为天下事忧心忡忡。

在碌碌红尘中，纳兰一直在寻找人生的快乐，希望与心爱的女子在夜合树下，"赌书消得泼茶香"。纳兰本是一个天上多情种，不是一朵人间富贵花。所以，他将心中纠缠错结的万千情丝，最后融入了亡妻的一颦一笑之中。

一缕香魂，让高洁如玉的纳兰柔肠寸断，落泪如雨，魂梦相依；

一杯淡酒，使潇洒飘逸的纳兰几度思量，无人懂得，无人知晓。

纳兰生性情痴，却错落在红尘中。所以，他最终只能是一世孤独、一世情伤。

为了一个"情"字，纳兰心碎神伤，只得将人世间所有的情感注入行行词章之中。这个踽踽独行、风雨兼程的流浪者，这个仰问苍天、追随大地的羁旅人，期盼归程，浮萍浪迹，试图去找寻一个精神的家园，以安顿自己漂泊的灵魂。

"西风多少恨，吹不散眉弯。"纳兰把最苦的相思诉入飘

“诗乃心声，性情中事也。”纳兰的词最为深婉、真纯，一扫元明以来浮艳颓靡之风，为沉落多年的词坛，注入了一股生机。自宋以降，千年间，纳兰是一道词的风景。纳兰词，如青莲出水，满园芬芳，一脉独香。读纳兰词，品纳兰名，他宛如一个女儿之身，柔情万种，妖媚入骨，愁情四射。梦里花落知多少，未等花落采一枝；几多忧伤几多恨，几多惆怅几多愁。纳兰，一生正气钢骨，一世温情柔骨。他有一点清高，有一点孤傲，但，千古痴情，万般至情。在他的《蝶恋花》《青衫湿》《沁园春》《浣溪沙》当中，“愁”字与“怜”字在韵脚中随处可见，与“情”字紧紧相扣，贯穿于纳兰的一生。

逸的风中，浸湿了淡淡的眉梢；纳兰用他那颗最炙热、最敏感的心，燃起了最澎湃、最激荡的情。

纳兰词中，“愁”字用得最多，几乎十首中有七八首都有“愁”字。可是，每一个“愁”字，都有一种新鲜的意境。随手拈几句：“是一般心事，两样愁情”，“几为愁多翻自笑”，“倚栏无绪不能愁”，“唱罢秋坟愁未歇”，“一种烟波各自愁”，“天将愁味酿多情”，“将愁不去，秋色行难住”。

这个纳兰擅用的“愁”字，或写远方的怀念，或写幽冥的哀悼，或以景入情，或因愁寄意，各各不同，却都有新奇的联想。

世间有无数深情，却只有一个仓央，因为他说：“我放下过天地，却从未放下过你”；

世间有无数厚意，却只有一个纳兰，因为他说：“一往情深深几许，深山夕照深秋雨”。

“梦好难留，诗残莫续，赢得更深哭一场。”纳兰举头遥望挂在天空中的明月，思念着亡妻，“若似月轮终皎洁，不辞冰雪为卿热”。

阳春三月到了，燕子又飞回来了。燕子还是去年的燕子，但伊人却早已经去了另一个世界，“无那尘缘容易绝，燕子依然，软踏帘钩说”。

据记载，纳兰明珠被罢官回家后，捧起儿子纳兰的遗作《饮水集》，读着读着，他流泪了，叹道：“这孩子的心怎么这么苦啊！”

纳兰是一个苦命之人，其一生都受到世俗的牵绊。他与

纳兰是一束淡雅的花，越闻越沁人心脾；纳兰是一杯香醇的酒，越品越唇齿留香。曾经的曾经，想象纳兰那专注的背影，便触动了我的魂，牵动了我的心。在这拥挤的人群里，吟着纳兰那忧伤的词曲，便将我的心整个吞没，将我的魂整个消融。所有的情感，都抵不过光阴的交替，看着年华老去，我们是这样的无能为力。我喜欢纳兰词，是因为他的词带着一种通透人性的魅力，是因为纳兰的心知晓我们每个人的情意。当我还沉浸在浓郁的俗世爱恋之中时，他已看破了红尘的无奈，参透了命运的玄机，理解了生命的无常。其实，纳兰最初的天真、温情早已烟消云散，换来的却是一生无奈的薄凉。

沈宛相恋,却又同时陷入自己与卢氏的回忆与梦魇之中,使得这份恋情,如同当年陆游与唐婉之间的情爱纠缠,最终还是无疾而终。

卢氏这位大家闺秀,拥有满腹才情,是一位解风情、识雅趣的"知性女子",却没留下只言片语,甚至只有一个姓氏,连名字也没有留下。但纳兰对卢氏的爱,是深入骨髓、融入血液的,已化为纳兰生命中不可或缺的一部分。

这三年的鸳鸯夫妻生活,卢氏与纳兰赌书泼茶、被酒春睡、并吹红雨、同倚斜阳。同时,也正是在这三年里,纳兰完成了一千八百卷的《通志堂经解》。纳兰这般的忙碌,肯定忽略过卢氏,后来他也一直为此耿耿于怀。但她没有怨言,只有整日心疼纳兰的"催道太眠迟",从不想让纳兰为自己担心。即便在病入膏肓的最后时刻,也是"沁鲛绡,湘竹无声",背着纳兰偷偷流泪,不让纳兰牵挂自己,真可谓"无限情深为郎尽"。

而沈宛,是一个才貌双全、冰雪聪明的女词人、名歌妓,年纪轻轻就写出了《选梦词》。但沈宛只是纳兰伤痕累累时的一剂镇痛剂,或许,纳兰也想把她作为自己对爱情幻想的最后一根救命稻草。

遗憾的是,他已经给不了沈宛爱情,因为他的爱已随卢氏的去世而消亡。没有爱的纳兰,在妻子卢氏离世八年后的同月同日,也离开了这个令他惆怅满怀的人间。

沈宛,纵然痴情一生,也躲不过这恶浊的世道。卢氏与纳兰共同生活了三年,而沈宛与纳兰只有不足三个月的露水

在纳兰看来，“初见惊艳，再见依然”，这只是人生的一种美好愿望，而现实的结果常常与之相反。大多是，蓦然回首，曾经沧海；早已是，物是人非，换了人间。纳兰，一个唯美的灵魂，不论是对待爱情，还是对待友情，他都极其真挚。他待人发自肺腑，有一种恨不得把心都掏给对方的一片赤诚，“一日心期千劫在，后身缘、恐结他生里。然诺重，君须记”。心之所期，劫之所在；心若无期，劫则不在。情之为伤，苦了多少人，煞了多少忆；情之为悲，冷了多少清，落了多少思。纵使飞蛾扑火，却依然义无反顾；情之所起，伤人伤己，却仍是一生无法割断。落一笔长相思，挥洒多少痴情泪；饮一杯浊酒，品了多少世间情。

姻缘,正如她的词中所说:“醒来灯未灭,心事和谁说。只有旧衣裳,偷沾泪两行。”可怜的沈宛,在这个世界上,只留下了一个完整的姓名和几首词,还有那爱不得、求不得的一片忧愁。

纳兰,这个既具才情又有家世的清代贵公子,有着叫世人羡慕而不可得的权势与荣耀。本该是锦衣玉食、无忧无虑的他,竟然有那么多的不快与辛酸。愁与苦,与纳兰形影相随,寂寞与忧伤几乎伴随了他的一生。

纳兰的不如意,无人能够理解;纳兰的不开心,无人能够知晓;纳兰内心的矛盾,无人能够体谅。

纳兰是一个既不快乐又不幸福的寂寞人,一个为华丽外表包围着却又内心孤寂的人,一个为情而活却又被情所伤的人,一个纠结于缠绵情思却因情殇而亡的人。

在爱情上,纳兰有太多的不得已、不如意。有些是自己错过的,有些是不得不放弃的,还有些是被世俗扼杀的。

春风拂心海,暖阳荡心房,深情埋心底,真爱随心藏。自从遇见了沈宛,纳兰从来没有想过放弃,从来没有想过分离。但后来虽然失去了沈宛,纳兰那浓浓的思念依旧在继续。

有一种爱,叫白首;有一种伤,叫放手。

沈宛的一去不回头,便是永久;沈宛的无奈放手,便是永别。

或许,沈宛只是做了一场梦,梦醒后,便是孤独一人,梦游江南。

世俗最终将纳兰与沈宛的爱情摧毁。沈宛只得含恨回

纳兰,重 21 克,这是一个灵魂的重量,也是他美丽而悲怆人生的凝练。他是一个歌者,更是一个偶像。他的生命虽短,但非常丰满,因为丰满的人生不在于它的长度,而在于它的厚度。忘不掉是痛苦,忘掉则更痛苦,而忘与不能忘都会逼着纳兰去无条件接受,迫着纳兰频频点头。过错是暂时的遗憾,错过则是永远的遗憾。纳兰这辈子没有过,但一直错了整整三十年。所以,在他的身上,世人找不出过错,反而找到了许多错过。纳兰是一个多情的标杆,三百年来无人可及;纳兰是一座真情的山峰,三百年来也无人越过。

到江南,在那个遇见心上人的地方煎熬着、等待着。她捧着纳兰的组词《梦江南》,一直在期许着郎君的到来,一直在打听纳兰的消息。最后,一个在江南望眼欲穿,一个在京师地下长眠。从此有情人天各一方,阴阳两隔,纵有多少相思缠绵,也只能是“两处销魂”。

闭上眼睛,从此,世界就与沈宛无关。沈宛与纳兰在一起是为了快乐,分手也是为了减轻痛苦。因为纳兰无法再令沈宛快乐,所以她只有离开。沈宛离开的时候,一定很痛苦,但我知道,纳兰肯定更加痛苦。

因为有爱,沈宛一直在江南有所期待。纵然最终失望,也是一种幸福,虽然,这种幸福带着痛苦。

沈宛每一次流泪,先湿的一定是纳兰的心。沈宛一转身,就是纳兰的一辈子,就是这两个苦命人一辈子的心心相印和依依不舍。因为,走得最急的,都是最美的风景;因为,伤得最深的,也总是那些最真的感情。

爱是世界上最美好的事情,即使它伤透了沈宛的心,她也要笑着去忘却,收拾起心情,然后开始下一段旅程。纳兰一直刻在沈宛的记忆里,即使忘记了他的声音,忘记了他的笑容,忘记了他的脸,但是,每当想起他时的那种感受,是永远都不会改变的。

每至深夜,沈宛读着纳兰的词,用心触摸纳兰的背影,她的心一直在流泪。黄昏依然,风景依然,沈宛依然,只是心空空的、冷冷的。

沈宛之所以会落泪,是因为痛;沈宛之所以会痛,是因为

纳兰，三百年前，荣华于世；三百年后，浮名于世。纳兰的感情，仿佛泥足深陷，无法自拔，而纳兰的词，写出了世人内心说不出的感受。三百年来，动情于词，动情于人，但在这个世界里，读者甚多，知者甚少。一种沉浸，一种迷醉，每读纳兰词，欲罢不能，欲拔不能，即使眼中无泪，心亦低泣。有时候，执着是另一种重负，是另一种伤害，而放弃却会是一种美丽的解脱。经年风雨天纵，虚将人生轻抛；几经沧海轮回，痴情感动三百年。人世间，有多少钟情男女，颂一声纳兰，撷一片词魂，使悠长的思念跨越时空，使灵魂的爱恋零距离对接。

在乎;沈宛之所以会在乎,是因为有感觉;沈宛之所以有感觉,只因为纳兰是她一生钟情的男人。

江南有酒,醉得心愁;繁花落尽,一世成殇;与君情断,彼岸花凉。

一指一弦尽离伤,半醉半醒皆凄凉;三生三世韶华逝,两心两碎两断肠。

“清怨月明中”,“月照鸳鸯被,孤人和衣睡”。“明月”最是相思,“红泪”最是重情,而“来夜”最是期待。

纳兰“静数秋天”,先是“又误心期到下弦”,后是“美人如花隔云端”,“一霄冷雨葬名花”,最后只能仰天长叹,“尽日问花花不语,为谁零落为谁开”。

“春浅”“红怨”,这就是纳兰的心事;

“秋尽离人”“把酒留君君不住”,这就是纳兰的心事。

“思往事,皆不是,空作相思字”,“凄凉满地红心草”,“此夜芭蕉雨,何人枕上闻。”芭蕉,“不雨也飕飕”,“阴满中庭,叶叶心心,舒卷有余情”。纳兰啊,我终于明白,“何处合成愁”,原来就是那“离人心上秋”。

“星球映彻,一痕微褪梅梢雪。紫姑待话经年别,窃药心灰,慵把菱花揭。

踏歌才起清钲歇,扇纨仍似秋期洁。天公毕竟风流绝,教看蛾眉,特放些时缺。”

据说,这是纳兰所填的第一首词,大概是他十岁时所作。词中既有少年之清秀,又有少年之志向。

康熙二十四年五月二十三日,纳兰在寓所召集梁佩兰、

清朝的雨丝，飘了三百年，淋湿了万千红尘过客的眼眸，也打湿了魂萦梦绕的渌水亭。渌水亭，这个不用细细品味就让人唇齿生香的地方，碧水菱荷，流水清澈。在这里，朋友至交，诗词唱和，把酒言欢，应该是那个时代的红尘中最幸福的地方。在五月的清风里，我驻足于渌水亭畔，倾听你未了的词章，感受你无边的痴情，注视你翩然傲立的雄姿，品味你纵情山水的心境。此时此刻，我沐浴着你的词香，感怀着你的凄凉，想铜驼巷陌，思金谷风光，往事不堪伤，痴恋不可忘。我常常为你那感天动地的痴情而落泪，所以，在那一脉春水间，我痴恋了你整整三百年。

顾贞观、姜西溟、吴天章、朱彝尊等人，举行了他生前的最后一次宴会。席间，他们以庭院中两棵夜合花分题歌咏，纳兰也写下了他一生中最后的一首五律词：

“古戍饥乌集，荒城野雉飞。
何年劫火剩残灰，试看英雄碧血，满龙堆。
玉帐空分垒，金笳已罢吹。
东风回首尽成非，不道兴亡命也，岂人为。”

第二天，纳兰便卧床不起，“七日不汗”，发烧不退，溘然长逝。

纳兰词多偏婉约一脉，很多词都是忧伤默默、哀婉不尽。作为带刀侍卫，其细腻之极颇似女子，这种男子女子化的性格非常奇怪，世人颇感不解。但纳兰毕竟是一介武官，一定有几首偏向豪放的词。“试看英雄碧血，满龙堆”，“古戍烽烟迷斥堠，夕阳村落解鞍鞯。不知征战几人还”，颇有唐朝边塞诗的味道。然而他毕竟不是岑参那类的边塞诗人，所以，纳兰词在荒凉中透不出一种豪迈，却多了一份凄凉之感。

纳兰还有一首“出塞”词，“画角声中，牧马频来去”，“铁马金戈，青冢黄昏路”，这两句倒透出些许豪情。偏偏“西风吹老丹枫树”“深山夕照深秋雨”，就是这一棵枫树、一场秋雨，就把全词变成了婉约词。即使是“金戈铁马”，也体会不到一点“出塞”的感觉，感受到的仍然是“一往情深深几许”。

“风也萧萧，雨也萧萧，瘦尽灯花又一宵。
醒也无聊，醉也无聊，梦也何曾到谢桥。”

这是一首凄凉曲，也是一阕无聊词。

在中国古代浩渺的悼亡词中，纳兰和苏轼的作品独树一帜，对当世和后世都产生了深远的影响。如果说生离还有相见的指望，那么死别则是阴阳两隔，永世不得相见。死别比起普通的离别更悲一层，“生人作死别，恨恨那可论”。历来在敏感而又多情的文人笔下，悼亡词总是那么的悲戚，其中以苏轼的《江城子·十年生死两茫茫》和纳兰悼念亡妻的词为最。他们都是性情中人，都以真情取胜，都表达了对亡妻最刻骨和最诚挚的思念。但是，由于他们的生活环境、境遇和人生观各不相同，其词作也各具特色，展现出了不一样的风采、不一样的意境。

这份平淡和慵懒，说不清、道不明，情难抑、理还乱，是一种无眠的相思，是一种矛盾的心理，略带些许自责和自嘲，略带几分消沉和深沉。

“回廊一寸相思地，落月成孤倚”，“判叫狼藉醉清樽，为问世间醒眼是何人”，“闲愁总付醉来眠，只恐醒时依旧到樽前”。古代文人都喜欢曲水流觞、饮酒赋诗，都认为“一醉能消万古愁”，其实是“一醉解千愁，酒醒愁还在”。

或悲或喜，或哀或乐，古代文人总是离不开酒。若文人择物为友，则首当推酒。对于文人而言，没有酒作伴，则如俞伯牙失去钟子期而悲叹世上再无知音。

纳兰也常常借酒浇愁，但这只解决了短暂一刻。纳兰酒醒之后则会更愁，而且是旧愁加新愁，“抽刀断水水更流，举杯消愁愁更愁”。

纳兰与卢氏惺惺相惜、相濡以沫，互相心动、互相倾心；但纳兰与官氏相敬如宾、相安无事，没有心动、没有倾心。

因为，在纳兰与官氏之间，有一位虽死犹在的卢氏。纳兰对亡妻的这一份苦恋和苦念，直叫山河泣血。“珍重别拈香一瓣，记前生”，“又到断肠回首处，泪偷零”。

“别绪如丝睡不成，那堪孤枕梦边城。”“起来呵手封题处，偏到鸳鸯两字冰。”分离的愁绪缕缕，说不清、剪不断；分别的愁绪丝丝，理不清、理还乱。纳兰身处边城之时，孤枕难眠，也在辗转思念着卢氏。他们两人之间的缠绵心意，在静夜里相通，在时空中相融。

深深离别情，悠悠离别恨，这种感觉待要写来时，纳兰的

苏轼的《江城子》写于发妻王弗去世十年之际，所以起笔就写到“十年生死两茫茫”。因为苏轼知道，爱妻走后，那种琴瑟相和的日子再也找不回来了，一种难言的寂寞和怅然顿时涌上心头。“不思量，自难忘”，这种欲罢不能的思念也随着时间的推移愈加强烈。虽然纳兰和妻子相处只有三年，但当妻子撒手人寰之时，纳兰不能自已，形同出家人。他不仅在每个重要的日子赋词怀念，而且常常睹物思人，悲伤不已。因此，他在《金缕曲》开头就化用李之仪《卜算子》中的“此水几时休，此恨何时已”，起句就说“此恨几时已”。一个“恨”字，道不尽忌日对妻子的怀念，也道不尽对亡妻的愧疚之意。

笔端显得万分凝重。离别的愁滋味,对于纳兰来说,犹如多情之酒,是写不完的情话,是诉不尽的相思。

可是纳兰偏偏触到了“鸳鸯”这两个字,偏偏又记住了“阴阳”这两个字。于是,他的心,顿时如坠冰窟,撕心裂肺;他的情,顿时如冰下暗流,曲折幽清;他的意,顿时似边塞夜雨,绵绵不断。

“不及芙蓉,一片幽情冷处浓。”失恋、落第、别友、亡妻后的纳兰,在一种凄冷的心境中,独自舔舐着那层层叠叠的愁情,和那千疮百孔的伤痛。

纳兰的一生很短暂,但他有过知己,也有过挚爱。他的很多作品都承载着他的悲伤、婉约、清丽、哀怨、惆怅、深沉与伤感,而纳兰也正是在这些复杂的情感中,体味着生命的无常与短暂。我们也是通过那些令人忧伤感慨的清词,感受到了他短暂的、充满悲剧的人生中刹那的美丽,从而有一种别样的悲剧审美愉悦。

“道书生薄命宜将息,再休耽、怨粉愁香。料得重圆密誓,难禁寸裂柔肠。”常言道,“诗言志”“文载道”“词缘情”,纳兰词真是一字一泪,哀痛欲绝。严迪昌在《清词史》中说:“纳兰的悼亡词不仅拓开了容量,更主要的是赤诚淳厚,情真意切,几乎将一颗哀恸追怀、无尽依恋的心活泼泼地吐露到纸上,所以是继苏轼之后在词的领域内这一题材作品最称卓特的一家。”

作于康熙十六年(1677 年)重阳之日的《沁园春》,被认为是纳兰悼亡词中的代表之作。词前有一小序:“丁巳重阳

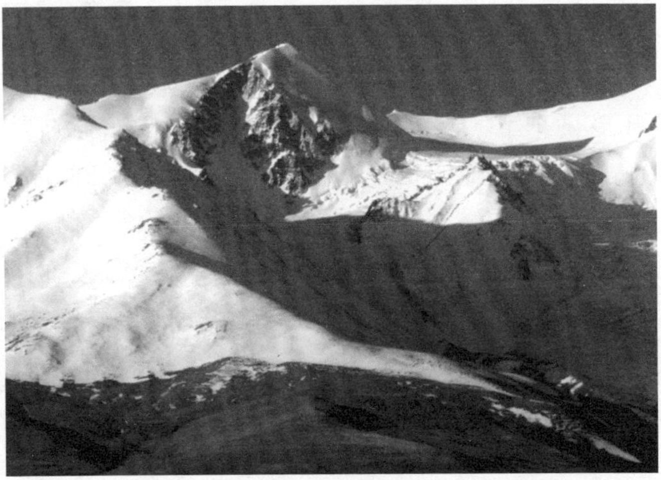

纳兰，这样一位集家世、地位、才情、风姿于一身的青年才俊，却不能主宰自己的命运。上天赐予了他真诚美妙的感情，却一次又一次使其幻灭。最终，他只能在幽怨与难过中度过了辛苦的三十年。填词，是纳兰对自己生活的一种怜悯，也是他生命中的最后一点温暖和寄托。没有词，就没有在时光长河中，纳兰那感人至深的落寞背影，和那模糊憔悴的清瘦脸庞。没有纳兰，也就没有词章在清代最华丽、最真切、最深情的一次回光返照。纳兰把一颗真心，一颗会疼的、知冷知热的心，捧给了这个世界。纳兰的一生是多情的一生。他的一支笔、一首词、一份真情，把大地和山河都惹哭了，让世人伤心了整整三百年。

前三日，梦亡妇淡妆素服，执手哽咽，语多不能复记。但临别有云：‘衔恨愿为天上月，年年犹得向郎圆。’妇素未工诗，不知何以得此也，觉后感赋。”从小序中可以看出，该词为纳兰在卢氏去世半年的重阳之前，梦见亡妻后所作。

这首悼亡词丝毫不逊于苏轼“十年生死两茫茫，不思量，自难忘”的沉痛；也不逊于贺铸“空床卧听南窗雨，谁复挑灯夜补衣”的凄凉。纳兰的悼亡词以一颗真挚之心、一份入骨之情，为我们写出了“上穷碧落下黄泉”的追索，这是多么的缠绵悱恻啊！

冰心说：“生离是朦胧的月日，死别是憔悴的落花。”生离已足够使敏感才子的心产生伤感，更何况是与挚爱之妻的死别呢？所以，纳兰的悼亡词更多地体现了他风格上的哀婉动人。

一生最爱，是纳兰。爱纳兰的清新脱俗、缠绵雅致，真真的公子情怀。

一生最恨，也是纳兰。恨纳兰的痴迷多情、忧愁刻骨，倒好似风流墨客。

爱，只因纳兰那不工辞藻却气概自成的边塞词作，那一首《长相思》，是三百年的绝唱。

恨，也只因纳兰那发自肺腑而扼腕叹息的悼亡之作，那一首《木兰辞》，是几个世纪的哀痛。

牵挂是人与人之间一种珍贵的情感，是纳兰的一颗心对卢氏的深深惦记。

歌德说，人之灵魂似水，从天而降，蒸而升天，凝而坠地，轮回永生。冥冥之中，我仿佛看到了一张清俊惆怅的男子脸庞，在三百年前的凄清月光下，闪动着多情的眉眼，暗自神伤，悄然落泪。当惆怅里的思念带着墨香跃然纸上之时，纳兰才发现，爱妻的去世，让他生无可恋、死不足惜，让存在于他脑海中的关于过去的种种回忆，可以毫不留情地击碎人心，痛彻骨髓。纳兰啊，我翻阅泛黄的历史，你就在词海中复活，呈现在现代明媚的阳光之下。纳兰啊，我想，一定有万千凡人愿意牵起你的手，听你诉说那至性至情的爱情故事。

牵挂是一封远道而来的家书,是亲情的问候;

牵挂是一句安顿灵魂的絮语,是心灵的对话。

纳兰的牵挂是维系亲情、维系友情、维系爱情的纽带,是纳兰心的寄托、心的向往、心的挂念。

牵挂是一份亲情,是一缕相思,是一种幸福;

牵挂是一种眷念,是一份缠绵,是一丝感悟。

牵挂是一种心灵的煎熬,是一种精神的寄托;

牵挂是一种梦中的笑靥,是一种情感的升华。

“慈母手中线,游子身上衣”是充满亲情的牵挂;“少小离家老大回,乡音无改鬓毛衰”是溢满乡情的牵挂;“但愿人长久,千里共婵娟”是徜徉恋情的牵挂;“相见时难别亦难,东风无力百花残”是牵挂的折磨;“曾是寂寞金烬暗,断无消息石榴红”是牵挂的煎熬;“独在异乡为他客,每逢佳节倍思亲”是牵挂的寄托;“劝君更进一杯酒,西出阳关无故人”是牵挂的大气与豪迈;“海内存知己,天涯若比邻”是牵挂的蕴含和包容。

正因为纳兰有了牵挂、卢氏有了牵挂、沈宛有了牵挂,所以,他们的人生才变得更加丰满、更加完美。

正因为相互牵挂,才会有“孔雀东南飞”的美丽传说;才会有“孟姜女哭长城”的千古绝唱;才会有“梁山伯与祝英台”的悲欢离合;才会有“思君如满月,夜夜减清辉”的妙句佳章;才会有“风絮飘残已化萍,泥莲刚倩藕丝萦”的无奈感叹。

我想,我们身边可以没有人,但心里一定要有所牵挂。

人,不一定要信佛,但一定要有佛性。

卢氏走后，纳兰一次次将自己灌醉，又一次次将自己复苏。他的灵魂一直在游荡，从寂静的月夜，到泛白的天际；从繁花盛开的春日，到大雪纷飞的冬夜；从宽敞明亮的院子，到他们共同抚琴赏月的后庭；从弯弯曲曲的回廊，到他们缠绵恩爱的卧室。纳兰，一日、一月、一年，重复着醉生梦死的日子，复制着行尸走肉的自己。人总是想去更远的地方，蹚过河，翻过山，见了天地众生，才愿蓦然回首。原来，爱意可以浓厚到痛彻心扉；原来，八年生死两茫茫、“烟花不堪剪”，也可以那么美。粉红色的夜合花随风飞舞，最终带走了纳兰，也吹走了他的苦痛和惆怅，还有那些知心爱恋的记忆和心海飘荡的感悟。

佛性,最讲一个"善"字。用佛待人,自已即佛;用佛性悟人,人可兼佛。

我想,纳兰与佛教之间一定有一个不解之缘。他年轻时读了很多佛教经书,熟悉很多佛教掌故和佛教事物,并常与僧人交往。他深受佛教影响,一直向往着佛法与佛界,所以,他的诗词文章也表现了佛教的一些基本思想。

纳兰希望有来世,梦想着来世能够与卢氏生死相依,再做一场生死夫妻。纳兰,一个执着于儒家经典的读书人,就这样成了一个痴迷于阿弥陀佛的伤心人。

纳兰词中也有多处涉佛,比如"西方有至人,莲华护金碧","佛法自来空色相,当年何事苦吞针","天地忽如寄,人生多苦辛","人生若草露,营营苦奔走"。

纳兰这一生最为世人所称道的,就是真诚。

真诚是那轮悬挂在苍穹中的太阳,一天天迸发出灿烂的希望;真诚是戈壁滩上的一棵白杨树,一寸寸谱写着伟岸的执着。

真诚一直飘逸在生命的空间中。飘逸的人,飘逸的心,飘逸的人生,飘逸的生命,飘逸的灵魂,都需要真诚的陪伴。

真诚是一种不加掩饰、不加遮盖的透明,是一种没有面具、没有虚伪的袒露。所以说,真诚是一种优雅,是一份心情。

在一个人的一生中,多一份真诚,就多一份自在;多一份真诚,就多一份坦率;多一份真诚,就多一份祥和。

缺乏真诚的人生,是一种苍白的人生,是一种迷失的人

我的思念和向往，穿越三百年的沧桑，在纳兰的祈望里尘埃落定。走心的词句，斯文的外表，贵族公子的风雅，英年早逝的传奇，有学识、有礼貌、有才气，纳兰复活了我们理想中那多才多艺的谦谦君子形象。我们怀念纳兰，也是在怀念那一去不复返的古典人文时代。缘，是入魔的心结；分，是修罗的囚网。约了今生，来世定不相弃；天可负我，而我决不负你。任那时光荏苒，流水薄情；任那人海沧桑，世事如棋。我想，上天一定是公平的。因为纳兰太完美了，所以上苍没有给他天长地久的爱情，没有给他一个终老的机会。我透过这扇时空的窗望出去，仿佛又见那位公子在那轻絮飞舞的湖边，摇着纸扇，吟着清词。那气质、那笑容，就是我心中的纳兰。

生，是一种畸形的人生，是一种丧失人性的人生。

在封建社会，有许多正直、率真、无私的文人武士，由于不会阿谀奉承、溜须拍马，常会官途失意、穷途末路。

古往今来，怀才不遇、遇而不用者比比皆是。东方朔，一代奇才，却只能作为汉武帝御前的滑稽小丑，供人取乐而已。另外，柳宗元怀才不遇明主，只留下“独钓寒江雪”的无奈之语；苏轼怀才不遇明主，只留下“心似已灰之木，身如不系之舟”的哀叹之语；辛弃疾怀才不遇明主，只留下“可怜白发生”的悲凉之语。

杜甫自安史之乱以后，就失去了依靠。他到处漂泊，孤舟老病，步入了“白头乱发垂过耳”时光，写下了“国破山河在，城春草木深。感时花溅泪，恨别鸟惊心”的凄美诗句。

李白一生不求功名显露，却高自期许，不畏权力，藐视权贵。他的诗歌，充满着热烈的人生之恋，洋溢着童真般的情趣。不甘寂寞和孤独的他，对大自然有着强烈的感受力，善于把自己的个性融入自然景物中去，使他笔下的山水丘壑也无不具有理想化的色彩。“渌水明秋月，南湖采白苹。荷花娇欲语，愁杀荡舟人。”

李商隐生活的年代，正是李唐王朝江河日下、社会动荡不安的晚唐前期，社会病态纷呈，矛盾重重。李商隐少年丧父，他就协助母亲千里迢迢带着父亲的灵柩回归故里，弱小孤男，撑持门面，佣书贩舂，备尝艰辛。后虽苦苦挣扎，终也无法摆脱人际关系这张无形的罗网，致使他“虚负凌云万丈才，一生襟抱未曾开”。

纳兰，一朵拥有慧根的青莲，终究抛不下七情六欲，终究挣脱不了红尘的羁绊，终究敌不过烟火的诱惑，短短三十载春秋，让他经历了太多的悲欢离合。或许是他太累了，需要闭上眼睛来获得短暂的休息，然而，这一闭就再也没有醒来。因为，纳兰知道，只有闭上眼睛，才能再次看见最干净的世界，才能再次见到自己的爱妻。这位休息了三百年的男子，把爱融进了人间词话，让后世人不忍去轻轻触摸。一切的一切已经过去，纳兰无奈地轻声告诉自己，要学会放弃，所以，在眼泪落下的瞬间，他就毅然起身离去。他最终将痛苦埋在心底，留下了曾经属于彼此最美好的回忆，用他那一丝丝的遗憾换回了那一点点的思念。

屈原虽忠事楚怀王，却屡遭排挤。怀王死后，又因顷襄王听信谗言而被流放，最终投汨罗江而死。

“田园诗人”陶渊明，是中国文学史上第一个大量写饮酒诗的诗人。他的《饮酒》二十首，以“醉人”的语态，或揭露世俗的腐朽黑暗，或反映仕途的险恶，或表现诗人退出官场后怡然陶醉的心情，或表现诗人在困顿中的牢骚不平。

紧锁的双眉，忧郁的眼神，当年的“侧帽”少年，如今的忧郁才子，他的身边有一大批真诚相待、亦师亦友的知己，如吴兆骞、顾贞观、严荪友、陈其年等。“然诺重，君须记”，此般情深，传遍词坛，令人怅惘欲涕。

在千般浮华、万种风情之中，纳兰结交了一批布衣友人。他热忱真挚，仗义疏才，救人于危难，这种文中风骨也说明，他是一个真性情之人。

纳兰虽是满人，但在后人看来，纳兰的骨子里更像是一个汉人。他喜欢诗词歌赋，喜欢和才高八斗的汉人一起把酒言欢、谈天论地。在纳兰所交往的汉人朋友中，最值得一提的，便是与他志趣相投的顾贞观。这位顾梁汾，是纳兰亦兄亦友的师长。

康熙十五年(1676 年)，怀才不遇的顾贞观在满腹愤懑中认识了纳兰。有一天，纳兰读了顾贞观所写的《金缕曲》，仿佛怅然之情一扫而过，心中只剩下满满的欢喜与开心。顾贞观见纳兰谦逊有礼，内心也非常推崇这位后生。

“知我者，梁汾耳。”纳兰与顾贞观心心相印、惺惺相惜，经常在一起针砭时政、云游填词。纳兰非常敬重顾贞观的才

北方有佳人，绝世而独立；执子之手，与子偕老。这是一种并肩站立、地久天长、海枯石烂的感觉，是共同凝望太阳升起、太阳落下的感觉；这是一种天变地变情不变的感觉，是见证岁月、见证感情的感觉。流年飞度恨时短，梦里烟雨歌惆怅；回首红尘芳菲尽，一枝花开是断肠。是谁，在原点等候，一年又一年；是谁，轻抚着眉头，淡漠了沧海桑田。这个人就是纳兰，这个人就是将情感当成生命的纳兰。“此情可待成追忆，只是当时已惘然。”天上比翼，地上连理，我想，这世间总会有一种爱情，是像山一样执着，像海一样深沉，像天空一样广阔的。

识和为人，将他与“凌云健笔意纵横”的文坛宗师庾信并列，将他与“傲骨不屈性高洁”的风流才子嵇康并论，对顾贞观被论为“润色朝家典”的“题风客”而愤愤不平，深深地为“高才自古难通显”而叹息不已。

1681年，顾贞观回到老家丁忧，之后又经历了纳兰去世的打击，于是一心隐居起来，日夜只顾着读书，直至终老。纳兰和顾贞观作词都主张“舒写性灵”，故两人的词极情之至、质朴自然、雄于学养而又能创新出变。

《浣溪沙·郊游联句》是纳兰与友人合作的一首词。这一首联句之作，既可以看出诗人之间亲密的友情，亦可看出纳兰在其中所表现出的伤感情绪。

“出郭寻春春已阑（陈维崧），
东风吹面不成寒（秦松龄），
青村几曲到西山（严绳孙）。
并马未须愁路远（姜宸英），
看花且莫放杯闲（朱彝尊），
人生别易会常难（纳兰）。”

另外，有一个“生馆死殡”的成语，说的是纳兰与友人之间的一段佳话，被后世赞颂为真挚友谊的典范。顾贞观曾填《金缕曲》两首，为好友吴兆骞被流放黑龙江一事向亲朋好友求援。此举感动了纳兰，他认为西汉苏武和李陵的赠答诗、西晋向秀的《思旧赋》和顾贞观这两首以书信形式填的词，堪称文坛的三件极品。

从纳兰词中,我们可以知道,有些事情只有经历了才会明白,有些人只有失去了才会懂得。三年相伴三年欢,八年相思八年苦。五月三十日,且看满天花雨处,尽是纳兰心中愁。一个人快乐与否,执迷还是看淡,皆由心性。人生长路,目的地虽然由不得我们选择,但至少在每个路口,该往哪个方向走,我们还是可以作出自己的判断。心似落花,冷香已尽。旧时的音容早已经朦胧了纳兰的视线,当所有的希望被冻结,那多情的风声却再也飘逸不出动人的词曲。世人只能踏浪于寂寞的海岸,静静地体会纳兰在那细纹间留下的温柔,世人也只能对着纳兰那孤独的背影,悼念一声凄凉。

后来，纳兰回信给他说："此事三千六百日中，弟当以身任之，不俟兄再嘱也。"顾贞观进而直言相请说："人寿几何？请以五载为期。"纳兰就马上请身为宰相的父亲帮助，才使吴兆骞早些结束了流放生涯。吴兆骞回京后，纳兰又聘他为馆师，教授其弟学业。后来，吴兆骞在回乡途中病故，纳兰即从江南回京，亲自为他操办丧事，并出资送其灵柩回吴江。

"人生南北真如梦，但卧金山高处。

白波东逝，鸟啼花落，任他日暮。

别酒盈觞，一声将息，送君归去。

便烟波万顷，半帆残月，几回首，相思苦。"

这首《水龙吟》是严绳孙南还之时由纳兰所赠。词中那销魂蚀骨的清愁别绪，那纯真痴情的凄楚怆然，把纳兰这个"痴人"活生生地呈现在了世人的面前。

严绳孙，字荪友，清初诗人、文学家、画家，与朱彝尊、姜宸英一起号为"江南三布衣"。康熙十二年(1673 年)，已经半百之年的严绳孙和年仅十九岁的纳兰相识，结为知己，成为纳兰的汉人好友之一。康熙十五年(1676 年)初夏，严绳孙离京南还，有归隐林下之心。纳兰对好友的离开伤心不已，前后共写下五首词相赠，足见两人的情谊之深厚。

梁佩兰，号药亭，清初诗人。年近六十方中进士，授翰林院庶吉士。后因年事渐高而无意仕途，不久就因故离开了翰林院，南归隐居广州以诗酒自酬。后与友人结成诗社，以再振岭南诗风为己任，致力于培养诗坛新秀。纳兰后来也寄赠一词给南海的梁药亭，"一帽征尘，留君不住从君去"。

读纳兰词，读冷了窗外纷飞的暮雪，也读冷了风雪中的一枝寒梅。一种华贵的悲哀，一种优美的感伤，让人们记住了纳兰这个人，也记住了这个一世不离悲伤的男人。无数的意象所连成的意境，让纳兰词百品不烦，百读不厌。也正是这些，让世人记住了纳兰这个人，也记住了纳兰词的意境之美。纳兰，天生就情感丰富，多情而忧郁，有着绝世的才情、出众的相貌、濯濯的风采、高尚的品行。纳兰，一个近乎完美的人，然天妒英才，他只活了短短的三十个年头。他是一个真性情的人，一生"以风雅为性命，以朋友为肺腑，以道义相砥砺，以学问相切磋"。

陈维崧，字其年，明末清初词坛领军人物，阳羡词派领袖。纳兰写了一首为陈其年题照的词，“曲罢髻鬟偏，风姿真可怜”，描写陈其年当年行乐的场景。“背立讶卿卿，知卿无那情”，纳兰以诙谐的口吻赞赏友人的风流倜傥和江湖豪气。这首结构别致、风趣幽默的词，说明纳兰这个多情之人开起玩笑来，也别有一番味道。

张纯修，字见阳，曾与纳兰交往，结为异姓兄弟，足见两人志趣相投、爱好相从、品性相尚。“秋尽离人，此际心偏苦。”“把酒留君君不住。莫被寒云，遮断君行处。”张见阳将赴任江华县令，纳兰作词送别。纳兰一边描写了江华(在湖南省西南部，今为瑶族自治县)的苍茫凄清之景，另一边描写了此时此地之景，将送别、惜别的深厚情意表达得淋漓尽致。

“愁绝行人天易暮，行向鹧鸪声里住。
渺渺洞庭波，木叶下、楚天何处。
折残杨柳应无数，趁离亭笛声吹度。
有几个征鸿，相伴也、送君南去。”

王彦泓，字次回，明末诗人。他娶妻贺氏，与其同岁，夫妻恩爱，相敬如宾。生有一女王朗，是明末清初著名的女词人。王彦泓一生仕途不济，命途多舛。他三十六岁丧妻，至四十一岁还未中举。

王次回的诗词，充满了香艳、痴情、懊恨、追忆、忧伤的文字。“水国不生红豆子，赠卿何物助相思”，“明明可爱人如月，漠漠难寻路隔烟”，“由来半刻值千金，只得如花一黯然”，“几层芳树几层楼，只隔欢娱不隔愁”。

纳兰词风接续南唐李后主，凄美而惆怅。在那诗词逐渐走向衰落的年代，纳兰用出众的文采、真挚的情感，照亮了整个清代文坛，也照亮了三百年来的中华词坛。时光流逝，隔开的不是人与人之间的距离，而是心与心的距离。三百年前那唯美的意境令人沉溺，于是，世人展开了一次次对纳兰梦中的追寻。纳兰一生的爱情生活，失意多于得意，眼泪多于欢笑，悲凉伤感，凄怨苦多。纳兰是一个将文人的忧伤发挥到极致的人，愁到了最深处，情也到了最浓处。法国作家缪塞说："最美丽的诗歌是最绝望的诗歌，有些不朽的篇章是纯粹的眼泪。"我想，这句话用在纳兰身上是再合适不过了。

王次回的诗词对纳兰的创作产生过一定的影响。纳兰词中依稀可见王次回《凝雨集》的踪影，隐约可见其诗词的影子。“点滴芭蕉心欲碎，声声催忆当初。”“幽窗冷雨一灯孤。料应情尽，还道有情无。”

姜宸英，字西溟，明末清初书法家、史学家，与朱彝尊、严绳孙并称“江南三布衣”。他二十岁赴科场，七十岁钦点探花。这条仕途路，他走了整整半个世纪。然而，高中探花后仅两年，就因顺天乡试案被牵连，在狱中自杀。

姜宸英性情孤傲，纳兰也主张个性张扬，这是他与姜宸英在交往中得以沟通的重要前提。除了姜宸英外，纳兰还经常与当时的一些名流，如梁佩兰、吴天章、朱彝尊等人，聚会欢宴、吟诗填词。他们避开官场的争斗角逐，以词牌唱酬作桥梁，既咏叹明亡清兴的无奈，又注重彼此间以文会友的情谊，创作出了一大批清新秀隽、自然超逸的传世之作。

姜宸英考试不第、离京返乡之时，纳兰写了一首《金缕曲》以表惜别和安慰之意。这首词借用杜甫、李商隐的诗句及苏秦的典故，灵活妥当而不露痕迹，自然生成而不着痕迹，将对姜宸英的同情、劝慰及怀念之情表达得含蓄婉转、跌宕有致。“衮衮长江萧萧木，送遥天、白雁哀鸣去”，“一事伤心君落魄，两鬓飘萧未遇”。

纳兰还有一首安慰姜西溟的《金缕曲》，“何事添凄咽？”

“失意每多如意少，终古几人称屈。”“泪似秋霖挥不尽，洒向野田黄蝶。”

姜宸英回老家慈溪，纳兰作《送姜西溟归慈溪》一词，热

纳兰，如此传奇的一个词人，独领词坛三百年。世人一直在发问，是什么让这样一个事事如意的富家公子，在词作里屡发悲怆之音呢？我想，就是那一场凄美绝伦的爱情。他，眉宇俊逸；她，蕙质兰心。纳兰与卢氏少年夫妻，恩爱美满，是典型的才子佳人。卢氏既是纳兰的房中之妻，又是他的枕边知己。“飞琼伴侣，偶别珠宫，未返神仙行缀。取次梳妆，寻常言语，有得几多姝丽。”他们相伴相惜三年，最后，卢氏恋恋不舍而去，纳兰八年含恨含悔而活。尽管幽冥永隔，纳兰却依然丝丝缕缕、万般不舍，这份情，足可以感动天地。

情四溢，劝慰与牢骚纵横交织，真力弥满，才调纵横。从纳兰的抱怨与不平中，可见他对姜西溟的诚挚情意。“长安一夜雨，便添了、几分秋色。”“一场秋雨一场寒”，“一声梧桐一声秋”，“一点芭蕉一点愁，三更归梦三更后”，“君须爱酒能诗，鉴湖无恙，一蓑一笠”。

有一种相见，是心灵的相约，是梦与梦的相连。

有一种缘分，是深情厚意的修炼，是相见如初恋般的纯洁。

纳兰的朋友、知己、爱人，走的走，散的散，死的死，知音不再，理想不存……凡此种种，让纳兰如何承受？

所以，纳兰只得一聚一醉，一咏三叹，一病不起。再回首，斯人已去，只留下一个满怀伤悲的背影。

惆怅，惆怅，纳兰有着无尽的惆怅；

忧愁，忧愁，纳兰有着无尽的忧愁。

纳兰啊！多想给你一颗后悔药，让你一夜不流泪；多想给你一颗止痛药，让你一生不伤痛！

纳兰是个痴情人，是个一往情深的痴情人。他把自己紧紧地缚在一张网里，不断地折磨自己，直到耗尽了自己对生命的全部热情。变成望夫石的女人是痴情；白娘子的千年报恩是痴情；过度的执着超出了时空的界限，双双化蝶的梁祝是痴情。“怕相思，已相思，轮到相思没处辞。”痴情，无法自拔，不求结果；痴情，无法衡量，不求回报。纳兰用尽一生去守望一个人，像曹雪芹先生一样，寄一生情于红楼之梦。后来，纳兰又奉父母之命续娶了官氏，还有颜氏为侧室，但这个固执的痴情人，好像再也没有激情了，“茕茕白兔，东走西顾；衣不如新，人不如故”。

绝 唱

（一）

一念红尘短，一念地久长；
凡事皆自知，凡事皆心知。
凡尘有菩提，明月映禅心；
纤指拨冰弦，婆娑一世界。

仓央的诗深含佛理，有佛的影子，也有佛性的痕迹。但仓央又从内心深处，充满着对爱情的强烈渴望。所以，在他的诗中，充满了对佛的忠诚和对爱情的无奈。

仓央是一位跨越地域的诗人，非常忠实于他自己的内心表达。所以，他的诗歌的表现形式是文学的而非道德的，他的表达习惯是藏族的而非汉族的。

世人从仓央的诗中，可以读出一种悲凉孤寂之感，当然，

这世上，喜欢文字的人，心一定很清苦，身一定很寂寞。因为，这些人的心一直在路上，所以很苦。纳兰依着文字，把心事写得或忧伤，或苍凉，无关飞短流长，都是自己于时光里的点点心语。他把自己的苦填进词里，任由一颗苦心煎熬，任由一种情愫折磨，任由一抹红尘涂上色彩，任由一轮岁月落满尘埃。人世间，几许落寞几许愁，几许落花几许忧，纳兰在字里闭关，在词里修行，只愿锁住伊人心。纳兰始终是一个孩子，天真烂漫、敏感多情。他的词章，就是他心事的流露、天性的抒发，故而毫无做作之态。冥冥之中，一花一世界，一字一心语，那文字于心念里开出的花朵，便是守望在红尘里的一树菩提。

其中也有一丝桀骜不驯的意味。

在仓央所写的诗歌之中，有少男少女初识之时，懵懂纯真的羞涩；也有两情相悦之时，美妙感人的相处场景；还有一诺定终生的坚贞不渝，以及求而不得、真情付之东流的痛惜之情。

一个人存于人世间，本应有家，有天伦之乐；本应有亲情，有承欢膝下；本应有爱情，有男欢女爱。可是，这些人世间常人可以轻易拥有的东西，对于仓央来说，却是只能出现在梦中的情景。

因为仓央的身份，注定了这一切美好的爱情和亲情都只能是幻想。所以，这种痛彻心扉的复杂情感，在他的诗中若隐若现。但是，也正因为这种求不得的心态，使得他对于这样的真挚情感更加迷恋。所以，仓央在二十三年里会有更多的灵感，来写他的灵魂诗。

仓央的诗歌是灵魂的释放。他的爱憎、苦乐、忧伤、感悟，都是因为爱情。仓央爱旺姆，爱玛吉阿米，也爱整个西藏。所以，他的诗不只是写给旺姆和玛吉阿米的，更是写给西藏的。仓央和仓央诗的影响力已经超越了国界，超越了时空，超越了语言，超越了种族，超越了性别，已经成为中国传统文化的一大宝藏。

“沟头上草地换了颜色，
沟底下树叶飘然而落。
杜鹃往门隅纷纷而去，
做只燕子该多么快乐。”

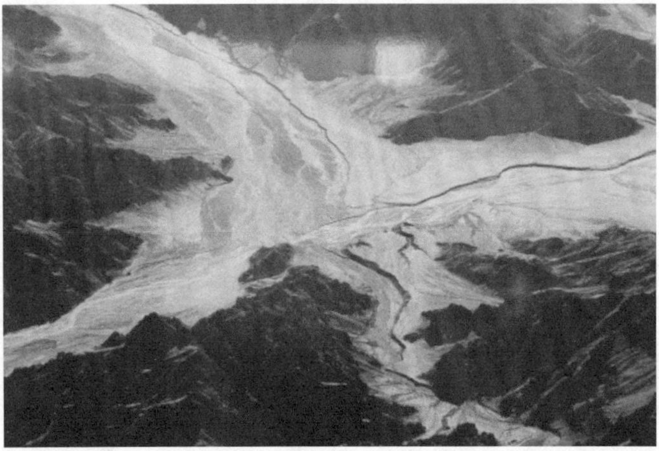

纳兰，一个用心填词的人，也是一个把自己填进词里的情种。他以血，渲染了生命的底色；他以泪，浇灌了情爱的花朵。人生的悲喜冷暖，四季的花开花落，一半清欢，一半惆然，纳兰都一一尝遍。当寂寞来袭时，仿若黑夜里的一朵幽幽玫瑰，魅惑着心魂，缠绕着相思。每每此时，纳兰的身影，都会随之若隐若现，拂在我的眉间心上。佛说，众生无人不寂寞，而我的寂寞也只因想你。“我是这样的无意，在一扇半开半掩的轩窗下，让禅意的文字，盛开在许多个宁静的夜里。不是为了某个故事，埋下深沉的伏笔，只为在众生的心底，栽种一株菩提。请相信，世间所有的相遇都是久别重逢。也许，我是你前世无法破解的棋局，你是我今生永远猜不透的谜底。”

这首诗,是他在布达拉宫诵经之余所写,体现了仓央对家乡的思念和对自由生活的向往。布达拉宫的封闭生活和家乡的田园生活形成了鲜明的对比,快乐自由的生活成了仓央的唯一憧憬。

“若要附和美人心愿,
恐将失去此生佛缘。
若要隐居山里修行,
又会背离女子芳心。”

这首诗,体现了仓央内心对情爱的向往,以及徘徊在教规和人性、佛主与俗人之间的那一份纠结。

“奔腾在山上的那些野马,
能用绳套链索将其捉住,
若叫仁慈强巴一旦反叛,
任谁也无法将其威力按住。”

这首诗,体现了仓央强大的内心世界与强烈的反抗精神。

这些才是仓央最真实的诗,才是仓央最美的诗。这些情诗唯美了所有的曾经,也唯美了整个时空。

这个三百年来雪域大地上最浪漫的传说,这个青藏高原上最美的仓央,他把自己藏进了诗里,任世人解读,任世人想象,任世人误解。

有学者认为:“把仓央嘉措写的诗歌看成‘情歌’,把仓央嘉措看作一个有叛逆精神、不守戒律、恣情纵欲的风流活佛,甚至把他当作一个‘情种’,实际上这是一个极大的误解。”

纳兰，把花约成了词，肥了相思，瘦了闲情。他将朵朵沉香，酿成了情深意重的离歌别赋，醉卧于三百年前的滚滚红尘之中。沈宛曾在纳兰的生命中走过，留下了浅浅的笑靥；沈宛曾在纳兰的季节里停留，温暖了想念；沈宛曾在纳兰的红尘中驻足，带来了欢乐。纳兰含着泪，带着笑，蕴着情，藏着爱，把一份念想静静地散落在沈宛那流年的空隙里。沈宛和纳兰一样，终是阡陌红尘中的过客。繁华还未落尽，那原以为永不凋谢的缘分之花，已默默地随风飘远了。沈宛的个性太强，从不怨恨缘去太过匆匆，只是她不明白，这缘分究竟是什么？曾听人说，缘分是前世感情的延续，是永远不变的誓言；缘分又是今生相遇的凭证，是今生坚贞的约定。

读着仓央这些至真至纯的情与诗，心中涌起的不仅是感动与感叹，更有一份难言的心绪和惆怅。仓央的诗，如一曲天籁之音，震颤灵魂、动人心弦。诗里那种爱得不带一丝杂念的纯情，久叩心门、长驻心间。

仓央之所以被世人所珍爱，不仅缘于其六世达赖喇嘛之尊位，更缘于他自身洋溢着的、活灵活现的人性。这种人性，恰恰在他的诗歌里，获得了忧伤而又得体的表达。而这种人性的宣泄，也恰恰是当今世人久违了的心灵共鸣。

只有领悟“缘起性空”的人，才会透彻地理解仓央的这些诗歌，喜爱这些诗歌，并在这些诗歌里停下来，驻足畅思。然后静下心来，微微地笑一笑，掸一掸红尘，长长地舒一口气。继而便打定主意、下定决心，就此安心度日、安顿灵魂，哪儿都不去了，什么也不想了。

因为，这些诗歌，是仓央用一丝一缕的灵息写成的，是三百年前的仓央与现代人的隔空对话。所以，这些仓央用真情实感写出的诗歌，能够一直滋养世人的心智。世人一直坚信，他曾经真的爱过，他曾经真的动于心、困于情、知于神。

三百年前，在云海深处和雪山上空，在圣湖岸边和流浪路上，仓央用精灵般的情歌，唱出了天荒地老和痴心不改，唱出了自由任性和纠缠纠结。那一颗不变的朝圣之心，始终牵引着仓央向藏南前行，把光与风的故乡牢记于心，希望家乡的温暖能抚慰自己这颗受伤的心。

“人间四月芳菲尽，山寺桃花始盛开。长恨春归无觅处，不知转入此中来。”仓央那短暂而惨烈的命运，让整个西藏

思念纳兰的善，因为他的眼中有我恣意的欢笑；思念纳兰的美，因为他的铮铮侠骨之中蕴含着丝丝柔情；思念纳兰的真，因为他金子般的心灵没有蒙上一丝一缕的尘埃。“人生若只如初见”，试想，要历经多少风霜雪雨才会有如此的感慨？我想，一切的一切，皆源于初遇太过美丽之故吧。想你，也许是一天，也许是一年，也许是生活的碎片；念你，也许是一时，也许是一世，也许是一阕雅致的清词。纳兰与沈宛，相遇不易，相守更难；纳兰与卢氏，相爱不易，相忘更难。曾经，一念倾城，如今，一别天荒；曾经，歌尽繁华，如今，只伤离情。

为其疼痛不已，为其扼腕叹息。这也使得本来就忧伤异常的西藏，由于一个活佛的爱情悲剧而更加忧伤。

现在，可以这么说，由于仓央的存在，由于仓央的爱情传说，整个遥远而神秘的藏传佛教变得温情脉脉了，变得贴近生活了，变得不再那么神秘了。

“世界第三极”的西藏，是“远方的上方”，是高原中的高峰，是世界的脊梁。这个地方，既是世间实实在在的高处，又是人们精神上圣境的象征。

仓央嘉措，象征着远古的情种；藏传佛教，则象征着人们心中虔诚执着的信仰。

仓央，用冰雪一般纯洁的心灵，用湖水一般澄澈的爱，书写着最美丽的诗篇，吟唱着心中的那一份苦涩和哀伤。

身不由己的仓央是可怜的，外面纷纷扰扰的世界一直左右着他所有的悲喜。所以，那斑斑点点的忧伤，总是在他的字里行间游走着。

仓央的心中载着满满的慈悲，把二十三年的爱与恨轻描淡写地埋在了诗里。但世人知道，他的心是那么的痛，痛得让人连轻轻触碰都不能。

仓央走了，走了整整三百年，带着世人的惊叹，带着世人的惋惜。可是，我们这凡尘之中的俗人，又有几人能够知道，离开才是仓央的渴望，离开才是仓央的目的。离开那神圣的布达拉宫，离开那万千人的朝拜，仓央心里明白，只有离开，他才能走向自由，他才能远离那既定的悲惨命运。

仓央离开了布达拉宫，最终回到了他最初来的地方，回

“你如今的气质里，藏着你走过的路、读过的书，和爱过的人。”“相遇是一树花开”，是人生中美妙的音符，一路芬芳着生命的旅途。对于纳兰来说，三百年前的天空，本是一道风景，可是在遇见沈宛之后，它变成了一种心情。在对的时间里，遇见对的人，是一种幸福；在对的时间里，遇见错的人，是一种悲伤；在错的时间里，遇上对的人，是一声叹息；在对的时间里，遇上错的人，是一种无奈。杨柳岸，晓风残月；所谓伊人，在水一方。沈宛离去之后，纳兰便没有了寄托。“挑灯坐，坐久忆年时”，“憔悴去，此恨有谁知？”纳兰笔尖流出的，是一剪云烟；纳兰心中亮起的，是一地阑珊。

到了蓝天下的草原,回到了大地的怀抱。在那里,再也没有谁能够来安排仓央的命运,再也没有谁能够来主宰仓央的生命。从此,仓央的慈悲终于活了,他的心终于跳动有力了,他那纯净澄澈的眼神终于又回归自然了,他终于可以去自由翱翔了。

仓央做梦也不会预料到,三百年后,他很火、很热、很时尚、很神圣,一直以来被世人膜拜着,被世人追捧着,被世人想象着。三百年来,世人一直在追随仓央的文字,临摹仓央的诗篇,咀嚼仓央的哀伤。可是,又有几个人能走进他的心,去真正懂仓央、祭仓央、哭仓央。但无论如何,仓央已经远离了喧哗的俗世,依然是那样安静地深爱着、安静地慈悲着、安静地怜悯着,在青藏高原上空守护着苍生的灵魂。

仓央,在世人的眼里,已经被人们解读为不顾一切、大胆执着追求真爱的"情僧"。而仓央情歌中的"不法之情",也显现出了不顾一切禁忌、不管一切后果的真爱特征。

仓央离开人世间已三百年了,失去了亲人和未来,迷失了自己和爱人。但三百年后的现代人,依然感受到了仓央的前世今生和情感灵动。

"梦浅情深,
蹚不过去的河留给来生,
繁花错落有序,
我被一页一页地误伤,
而窥视我的人,
转眼便立地成佛。"

莲花美，人心碎。问青天，曲难鸣，情谁共？一曲低吟，纳兰将心与心的相逢谱成了康定情歌；一动心念，纳兰用一季风月站成了一世守候。时光不老，老去的，是故事里的那些事、那些人；岁月无痕，留下的，是无数的白发和皱纹。红尘沧海，总有这样那样的救赎或苦楚，只在不经意的回眸处，有一程山、一程水，还有一声问候、一世珍藏。纳兰，生就多情，却也无情；纳兰，生就柔情似水，却也冷若冰霜。其实，对于纳兰来说，决绝也是一种情非得已。因为，他明白，此时沈宛若离去，定将后会无期。而对于沈宛来说，正因为懂得，所以，她选择离开。

这是怎样的一颗孤寂之心！这是怎样的一双紧锁之眉！仓央在青藏高原上开放的寂寞之花、自由之花，比水还要清澈，比云还要轻柔。

最后，仓央将自己燃烧成灰烬。不求重生，只求花香；不求不朽，只求传奇；不求喧嚣，只求安宁。

仓央是信仰大地的人。他崇奉苍天，崇尚泥土，崇敬雪山，崇拜湖水。天地山水可以作证，仓央在上天的注视下，一直守望着这片土地，一直在感恩万物，一直在回报这个世界。

仓央，一位敢于抛弃世俗成见、敢为天下人所不忍、狂傲于天地之间的人，因为他的风流浪荡、满腹才华，给世人留下了那旷世情诗。这些情歌，写尽了深情与人生，道尽了苦难和无奈，成为藏族诗歌中一颗璀璨的明珠。

世人无法想象，仓央，这个圣域之王，他的诗作，比他的地位更令人神往，而他的经历，则比他的诗作更加传奇。

心之所向，是三生三世无可替代的恩赐；

心之所寻，是日出月落亘古不变的善意。

有人说，人生就是一场美好的遇见。现代人多么希望仓央能与纳兰相遇，多么希望这两位才子能在清朗的天空下，惺惺相惜、唱和共鸣。但事与愿违，臆想是不可能实现的。仓央 1683 年出生，而纳兰 1685 年离世，两个人重叠的时间只有短短的两年。另外，一个在雪域高原，另一个在京城重地。所以，三百年前的时空差异告诉我们，他们不可能相遇，更不可能相知。

然而，岁月是朵双生花，仓央和纳兰就像一朵双生花，静

纳兰，是一个永远也长不大的孩子。他的多情，他的炽热，他的诚挚，连同他那释放不尽的纯真，都让我们不忍目睹一幕所谓的精神虐杀和生命童趣。在纳兰的生命哲学里，只有一个“情”字。自然流露、自由倾泻的“情”，是他人生的全部，更是他生命的宗教。性情中的纳兰，还将大自然当作了他的爱人。一株路边不起眼的小草，一阵落叶飞絮，大自然的一切仿佛都承载着这个有情人无限的感慨。他就像一个好奇的孩子那样，会细心地去捡起一片枫叶，察看它斑斓的颜色，凝视它残留的生命，并且将它夹进自己的童话故事书里面，当作一个孩提时的秘密。

静地开在尘世间。他们在尘埃中绽放,在红尘中挣扎,最终又归于尘土、归于寂静。

一个是“不负如来不负卿”,一个是“一生一代一双人”,仓央与纳兰,同样的纯净,同样的真实,同样的情感丰富,同样对爱情怀有真挚与火热的心情。

仓央与纳兰,都是脚踩莲花而来,拥有绝世的才华,满含深情地齐声吟唱着古老的诗词,度过了“清凉孤绝”的短暂一生。

在他们各自的寂寞与悲伤中,因为有世间那份最深情的爱,他们的世界变得温暖;也正因为有这份温暖,他们的生命变得不再苍白。

仓央和纳兰同是清朝康熙年间的大才子。一位是西藏六世达赖喇嘛,风流倜傥,被称为“西藏情圣”,他的诗歌流传甚广,在历史上也颇有争议;一位是武英殿大学士明珠的长子,身居武官正三品、出身官宦世家的著名词人,精于骑射,在书法、绘画、音乐方面均有很高造诣。

仓央与纳兰同样英年早逝。仓央二十三岁,去向和死因至今成谜;纳兰三十岁,一生忧伤,死于痨病。

他们都是这个尘世间的匆匆过客,却留给了后人无尽的思索和想象。

他们隽永的诗词在世间流淌了三百年,被有缘之人一次次记起、一次次传颂。

仓央和纳兰这两位才子,有太多太多的相似之处。

一个是希望“不负如来不负卿”,一个是希望“一生一代

纳兰虽然把控不了生命的结局，但他读懂了生命过程中所流露出来的那份真实。“王将军兰亭修禊，悲陈迹于俯仰，今古同情；李供奉琼筵坐花，慨过客之光阴，后先一辙。但逢有酒开樽，何须北海；偶遇良辰雅集，即是西园矣。”而在渌水亭旁，也正有一派“云兴霞蔚，芙蓉映碧叶田田；雁宿凫栖，秔稻动香风冉冉”的景象。德国浪漫主义诗人荷尔德林，在预感到人在不可逃避地陷入无家可归境地的同时，必将企求重返故里、重返童真，享受偎伴美好人性而激起的无尽欢乐。因此，他呼吁人们“诗意地栖居在大地上”。这种“诗意地栖居”，让现代人懂得，世俗亦可神圣，情爱定在人间。

一双人”；

一个为恋人谱唱了不朽情歌，一个为爱妻写下了传世清词。

但仓央本心为民，最终为天下而死；纳兰感性为情，最终为爱情而亡。

不同的人生轨迹，同样的至情至性，同样的英年早逝，留给世人无尽的唏嘘喟叹。

这两朵开在尘世间的至纯之花，给后来人带来了一丝温情、一线信仰、一点希望、一个梦想。

透过三百年的迷雾，我们依稀可见，仓央的那一叶经幡，静静地伫立在青海湖畔，守护圣湖，迎风飘扬。仓央啊，你度了众生，却最终把自己遗落在了布达拉宫，犹如那古老的檐铃，风动铃响，铃响心动，心动情生，情生泪下。

透过三百年的时光，我们依稀可见，仓央白天长跪在佛旁，转动着经轮，念诵着佛经，夜间前去约会情人，把脚印留在了雪中。仓央啊，你浪迹天涯，以骨为笔，化血为墨，却看不破镜花一场，只能身陷一世情殇，埋首三尺红尘。

仓央痛恨明月，恨其总缺难圆；仓央痛恨深秋，恨其洒落人间一地幽兰。仓央总是在心里默念：“我爱你，与你无关，纵使一生已过。”

我相信，三百年前，遥远的北极星一定也是一种信念。其实，现在也是一样，北斗七星总是指引我们前行的方向。时光荏苒，夕阳下、圣湖边，仓央那苍老的容颜，一直在诉说着三百年沧桑的信仰和那一颗向往自由的心。

纳兰的生命中执着一个“情”字，连双林禅院的《楞伽经》也都未曾消解得了他。这个“情”字，托起了他无边的哀愁，在三百年前奏响了一曲旷世情歌。他在这不竭的“情”里，寄托着相思，编织着友谊，吟和着性灵。他总是用一双孩童般的眼睛去审视这个混沌世界，而生命却偏偏用“苦短”“无常”来和这样一个纯真的孩子开玩笑，让他止不住发出一声声低沉的哀怨。一句“人到情多情转薄，而今真个悔多情”，道尽了浮生多情人的愁肠。“为怕多情，不作怜花句”“料应情尽，还道有情无”“多情情寄阿谁边”“自是多情便多絮，随风直到谢娘家”，纳兰的确是一个因情而生、因情而伤、情未尽而身先死的惆怅客。

佛性包容一切却又超越一切。佛性就是一片空明、一片宁静、永恒存在、亘古不变；佛性就是无内无外、无边无际、无明无暗、无生无来、无垢无净。

血与雪，星光与羽毛，在世界之巅，仓央用真实向全世界宣告，只有行囊里的圣典，才是自己坚定的等待、灵魂的拯救和美丽的安慰。

在桃花的源头里，曾经有雪崩，也曾经有山裂。但仓央依然情定三生三世，依然魂牵藏南故乡，依然做着自己喜欢的事。

在转动的经筒上，曾经有指纹，也曾经有记忆。但仓央依然将佛珠的温暖贴在指缝中，为的是度人度己，为的是苍生慈悲。

轮回中，生与死，在仓央的一念之间；阳光里，命和运，与仓央一生相伴。

仓央的气息守在唇齿之间，指间的一个飞吻，则预示自己的心灵即将远行。风托着云，云捧着心，心滴着血，血伴着泪，而那泪中映出的，是仓央那一世的凄凉和悲伤。

从此，喜马拉雅山的忧伤，汇聚成了高原上的大河，犹如仓央那流不尽的泪水。仓央流下的每一滴泪水，就是圣歌中的一个个音符；他唱响的每一句情歌，就是藏民口中的一声声呢喃。这带泪的音符，这含情的呢喃，三百年来，一直敲打着大地，也撞击着世人的内心。

春花秋叶，清日明月。仓央，这个精灵般的生命，将无限的哀愁和漫长的等待，诠释成一曲曲神妙莫测的歌谣，刻录

纳兰词,“哀怨骚屑,类憔悴失职者之所为”。纳兰如此多愁善感,是因为他一直活在各种矛盾纠结之中。他既遵从儒家教育,渴望入仕做一番大事业,但又对政治生活充满畏惧;他既“性至孝”,尊重父亲明珠,又为他的纳贿和结党而不满;他既“结遍兰襟”,却又为被当作某种政治工具而苦恼;他既对侍卫生活非常厌倦,却又不得不尽忠职守;他既对佛道极尽向往,却又摆脱不了儒家思想的制约。凡此种种矛盾,始终纠结于纳兰的内心,使其愁意浓浓而哀怨重重。

成一首首传唱至今的情歌。

冬雪夏雨,风云雷电。仓央,他极精致、极浓缩的人生,将青花瓷般的语言和珍珠样的心性,演绎成自由的赞歌,堆积成梦想的情诗。

从青藏高原到蒙古高原,从仓央到纳兰,人性与信仰,精神与支撑,祈祷与匍匐,所有这些是那么的神似。这两个才子,忠诚地守护着一颗相同的心,虔诚地追求着一个同样的梦。

佛家说"前世今生,因果轮回",这种观念在藏域更加明显。信奉"因果报应"的藏民,用一份坚守和纯朴,来守候他们心底的一片净土。而这片净土,也正是他们安贫乐道、独享宁静的精神根源。

挣脱不出牢笼的仓央,无奈地选择做"两面人":

白天,他是万人敬仰、至高无上的达赖喇嘛,接受着信徒们的崇拜;

晚上,他偷偷出宫,化名贵族公子宕桑旺波,混迹于街头的酒家歌舞之中,与心爱的姑娘厮守在一起。

表面上,仓央既是圣僧又是情僧,拥有两全其美的生活。但在这条连接布达拉宫和酒家客栈的道路上,一个高贵的灵魂在变脸、在撕裂、在叩问、在纠结、在呐喊。这种离经叛道的自我折磨与积极向上、向真向善向美的内心煎熬,终于在仓央的笔下喷发,化为了一首首著名的诗歌。

仓央的诗,写尽了凡尘俗世的情与爱,讲透了神与人的转换与沉沦。所以,他的圣歌,在民间广泛流传。读着仓央

生活，宁静就好，洁净就美，素雅则更艳。静能养生，素能养心，素雅更是一种处事风格。林清玄说，素雅的桂花、玉兰和栀子花，几乎都是白色的，把身体做得很小，一朵朵像星星撒满天一样，却香气极盛。人生最好的境界，是从无限风光中看出内心的素净来。梁实秋也说，寂寞，是一种清福。生命安然，所有的幸福与快乐，都来自于简静的生活。在静寂中思索，在淡雅中洗礼，在素静中熏陶，拥一颗向暖的心，安静地走过生命赋予我们的每一天。这样的人生，正是我们所追求的；这样的人生，正是生命的全部本源。

的诗，想象仓央的情，感悟仓央的痛，品尝仓央的苦，就好像回到了他的那个时代。此时，就会有一种感觉，仓央也许真的是那个普度众生的菩萨，以情爱之身，传情爱之说，度万千苦难之人，善行连连，功德无量。

仓央的多情之苦、多情之痛，终于练就了他的佛心。而佛之所以最后能够成就正果，正是他经历了世间万千肉身之苦而终入大乘之境。

读了仓央的诗，世人终于明白，爱是一种修行，痛是一种磨炼，苦也是一种享受。

无语向天，今生有憾。三百年前，仓央那孤独、忧郁的目光比深夜更漆黑，仓央那凝重、无奈的仰望比道路更遥远。

苦恋情缘，生死相依。仓央试图破解温暖的迷醉，试图将纤弱的身躯嵌印在大地之上，试图将故乡雕刻在喜马拉雅之上。但最后，他把自己留在了青海湖畔，也把家乡留在了自己的背影中。

其实，三百年前，仓央的信仰是指向内心、逼近真实的。所以，他把自己一个人的悲苦埋在了喧杂的尘世中，宁愿熄灭自己，也不想去点燃喜悦。

最后，仓央把黄连含在嘴里，把眼泪藏在眶中，将一把锋利的匕首硬生生地插在胸口，一边流浪，一边慈悲，一边思念，一边微笑。

在仓央的背影里，诺言拖着忧伤，信仰拖着悲愁，相思拖着疼痛，但仓央的脸上始终荡漾着幸福。

多么希望，金顶上的万丈金光，能将仓央复活，将冰川

在寂寞了八年之后，纳兰遇见了沈宛，并选择了这个江南才女，因了前世那份未了的尘缘。为了守候这一场轮回中那宿命的缘，纳兰在初遇的渡口，种下樱花十里，不约来生，不诺后世，只许今生今世，只求今世与沈宛相伴相爱。纳兰的寂寂心语，落在耳鬓厮磨的转角处，或婆娑，或无奈，全是关于远方，全是关于沈宛。沈宛在纳兰的生命中绽放，很美，也很短。她素素地开在纳兰的心底，干净如琉璃，不染一丝尘埃。行于红尘，眷于红尘；苦于红尘，弃于红尘。但对于沈宛来说，有些爱恋与喜欢，一直在原地，从未拥有，也未曾失去。

融化；

多么希望，草原上的凄婉牧歌，能将仓央唤醒，将思念送走。

在那个偏远的高原，仓央守望着感念，守护着忧伤。没有同伴，也没有侍从，仓央踏着一块块有灵性的石头，匍匐在崎岖的山路上，以接近神的方式，一路前行，无怨无悔，义无反顾。

当今世人一直试图去描摹仓央的心灵，去追寻仓央的佛性，但常常是走马看花、浅尝辄止，常常是误将光明当成黑暗，误将纯真当作幼稚。

仓央用洁净的手语，给三百圈年轮留下了花纹，让沉重的心愿获得了畅想的机遇。一季开花，十年长树，百年成人，千年冰封。其实，三百年太短，并不足以让我们对仓央有太多的臆想、太多的畅想。

指尖与指尖触碰、手与手紧握、肩与肩并齐，这就是一种信仰，这就是份承诺，这就是永恒的情谊。

格桑花开了又谢，诉说着凄美的永别。而仓央背起信仰，背离故乡，拜别父母，惜别恋人，肩上扛着那份承诺，用一双看不见的佛手，托起那雪莲花的一路盛开。

仓央一直在寻找一个家园，希望能安顿灵魂、拯救心灵，希望在这个家园里能容纳誓言、绽放春天。仓央站在珠穆朗玛之巅，穿越三百年的时空与世人对话，讲述有温度的情感，诉说有高度的思想，记录一份安宁祥和的思绪。

仓央，应该可以知足了。因为这一刻、这一天、这一月、

有一种陪伴，不在身边，却在心间。人和人相遇，靠的只是一点缘分。所以，在纳兰的心中，填满了卢氏，而在纳兰的词中，也投射出了卢氏的身影。卢氏在天上读着纳兰的清词，纳兰在人间看着卢氏的画像，冥冥中偶尔相视一笑，不说话，也很暖，也很温馨。不念前尘旧梦，不记来生相约。这种黯然零落的相恋与相思，碾成尘，不留一丝香息，落在三生石上，将两人的誓言掩埋得很深很深。依一脉温雅素静，听一程山水清灵，听一幕风雨轻扬，从卢氏那双清净的眼眸中，看不出一丝云聚云散的忧怅，看不出半点悲欢冷暖的感伤。因为，一袭白衣青衫的纳兰，是她心中如词芬芳的花语花言。

这一年、这一世，虽然仓央在残酷的现实中挣扎、在滚滚的红尘中生存，但毕竟他在雪莲花丛中生活过。

三百年后，心在原处，爱在原处，情也在原处。仓央千里奔赴心灵的宫殿，将六十六首情歌献给复活的女神，将玛吉阿米深情地拥在怀里、捧在手心、含化在心中。

在布达拉宫，仓央趺坐在佛像旁，诵读着经典的训诫，但他的心早已飞向了树林和羊群，早已飞向了高原和家乡。在布达拉宫中，他心不在焉地被动接受着上苍的安排，却心无旁骛地做着自己喜欢的事情，使得神意的引领成了一种虚无。

正是仓央这种有悖佛意的行为，使得青藏高原上的一片片雪花，把仓央结成冰、化为水，并放逐到遥远的白山黑水。面对浮尘、浮云和浮世，仓央在青海湖畔华丽转身，给了这个世界一个永恒的传奇。

仓央心中的苦恋，是心痛的蝶恋花，是美丽的格桑花，是顽强的冰凌花。具有药效作用的雪莲花和藏红花，却无法治愈仓央的伤痛，无法安顿仓央的灵魂，因为仓央的伤痛是心痛，仓央的疾病是心病。

仓央其实要得不多，他只要一匹马，带着爱人走天涯。仓央其实想的也不多，他只想在一轮明月下，陪着父母享天伦。但尘缘未了，情缘未了，仓央注定要承受生老病死、爱别离、怨长久、求不得、放不下这“人生八苦”。

日月有情，天地有约，而这个前世约定的情缘是一个无言的承诺，这个今世升华的情感是一种成长的色彩。因为在

“忘前事，怯流光，早春窥、酥雨池塘。”“人扶醉，月依墙，是当初、谁敢疏狂。”一山又一水的记忆中，唯有幽幽笛韵在含泪细数流年；一程又一程的心迹里，只有绵绵细雨在倾诉如梦如烟。一瓣又一瓣的心碎，唯有一卷清词能慰藉憔悴的痴情；一季又一季的疼痛，只有冰冷西风能轻抚清瘦的容颜。茫茫人海，芸芸众生，我们行走过、经历过。我一直在想，在短暂一生的旅途中，多少次的擦肩而过才能换来一次偶遇？沈宛为纳兰驻足停留，纳兰也为沈宛静默等待，但这对临时鸳鸯最终不能在美好的年华中相依为伴。“几度寻君君不遇，梦里依旧相眷顾。千言万语难再叙，向谁诉？同在茫茫人生路。”

生与死之间,隔着距离,隔着成长,隔着时间,隔着思念,所以,这前世的约定,是否会成为今生的相遇,只有那冥冥中的上天才知道。

仓央对于生死,是那么的看重,“世间事,除了生死,哪一件不是闲事”。仓央对于生死,又是那么的淡定,“生死本无常,人应多思量。不观生命本真,智者也同愚人一样”。

人间的富贵,百岁便空了;天上的繁华,千岁便止了。

世上的安乐,瞬间便没了;男女的爱情,转眼便散了。

仓央的心,最终空了,也止了;仓央的爱,最终没了,也散了。

夕阳下的柳,是天凉时的秋;无常后的痛,是感悟前的愁。

无缘不可求,娑婆不可留;净土不可忘,念佛不可休。

仓央的诗,是真的表达、善的倾诉、美的追寻、情的飞扬,即使飞渡几千里山川,我们都能触摸到,都能被深深地感动。

现在可以这样说,在历史上,有一位宗教领袖,他叫六世达赖;而在文化里,有一位中国诗人,他叫仓央嘉措。

良宵苦短,相思方长;今生来世,若爱流觞。

“帐外清风扶月,沉落心间,空谷寒幽,唯我独留。”凭借这一席看不见的心仪和思念,仓央啊,我足足等了你三百年。

(二)

仓央嘉措有着这个世界上最沉重的名字。一个大湖(嘉

尘缘如梦，世事难料，世人是否懂得纳兰如莲般的心事？在那月朗风清的夜晚，纳兰点燃了一缕心香，静观红尘中的几度轮回、几度痴情、几度守候、几度凝眸、几度翘首。纳兰许下了一个愿望，今生只为等待沈宛的到来。而沈宛只求一份不悔的情缘，愿为纳兰回眸驻足，任凭烟花逝去、红颜老去，任凭繁华过后的寂寥常留。纳兰不愿时光老去，拼命用文字去轻叩光阴。他望着沈宛瘦去的年华，把清词跌成了一地的忧伤。为纳兰，沈宛愿倾尽一生柔情，痴情相守，愿与郎君在这清浅的文字中相偎取暖。但事与愿违，在最深的红尘中，隔着光阴，沈宛只能轻沾墨香，细数一段锦瑟流年，独闻一抹相思花香。

措)的重量压在仓央的心上,让这个年轻人喘不过气来,使他常常有一种窒息的感觉。而与他同时代的纳兰容若,一个京城满族男人的名字,是那么的有诗意,是那么的有女人味。“若”“兰”,如兰的芬芳,如兰的清香,如兰的君子气质,这就是慧心如兰、素心如兰、淡容如兰、优雅如兰的纳兰。

“阶前双夜合,枝叶敷华荣。
疏密共晴雨,卷舒因晦明。
影随筠箔乱,香杂水沉生。
对此能消忿,旋移近小楹。”

这首《夜合花》,是纳兰最后一次与久别好友在月下把酒畅谈时所作,是他最后一次性灵词魂的升腾。从此,他终于可以解下桎梏、放下一切,去往心之所向,前往魂之所牵。

命运折磨人,人生多磨难;纳兰寻芳去,从此无容若。

“人生恰如三月花,倾我一生一世念。”一夜细雨,纳兰的生命便如满地零落的夜合花,碾入尘土、化入寻常。“对此能消忿”,可纳兰又将如何去消解,最终还是心归黄泉、抱恨西去。

季羡林在《我最喜欢的书》一文中说:“宋代以后,中国词的创作到了清代又掀起了一个新的高潮。名家辈出,风格不同,又都能各尽其妙,实属难能可贵。在这群灿若明星的词家中,我独独喜爱纳兰性德。他是大学士明珠的儿子,生长于荣华富贵中,然而却胸怀愁思,流溢于楮墨之间。这一点我至今还难以得到满意的解释。从艺术性方面来看,他的词可以说是已经达到了完美的境界。”

三百年前的清初词坛,纳兰的出现注定是一件幸事。纳

纳兰对职业的厌倦，对富贵的轻看，对仕途的不屑，使他对凡能轻易获取的身外之物均无心一顾。但对求之却不能长久的爱情，对心境合一的自然和谐状态，他却流连向往。他向往江南，在《梦江南·江南好》的十首组词中，赞尽了江南的旖旎风光。纳兰深爱着江南，不仅因为江南是沈宛的故乡，而且因为那里有亭亭玉立的莲，有青石深巷，有水乡鱼市，有月中桂花，有亭头观潮，有山前渔舟唱远，有莺啼绿映红，有春风十里香，有黄梅时节温湿的细雨，还有二十四桥吹箫的玉人。可是，身心均受困于官场的纳兰，始终无法亲近江南那氤氲的雨季，所以，他一直悲伤万分。

兰,这个名字里有着些许女性柔美气质的男子,又似乎从出生的那一刻起,就注定和词有着深深的渊源,也预示着他将承受一身躲不开的情孽和羁绊。

天不遂人愿,纳兰的三十年,事业与婚姻都失意。他仅有的三年幸福快乐,也随着卢氏的难产病亡而烟消云散。这对于纳兰而言,犹如胸口插了一刀,却看不见血,也没有伤,只有心痛。纳兰一生的痛,既有爱妻离去的痛,也有知心人离去的痛,更有不被外人所理解的痛。

"一样花开一千年,独看沧海化桑田。"纳兰将一生的惆怅,融在那一字一句的清词中,祭奠着那三百年前的绵绵思念与浓浓孤单,叩问着那三百年前的忧思苦闷和苍天不公。

三十载虽短,但这位满腹词才、侠骨柔肠、骨血相融的真性情汉子,却历经了三十年的孤寂岁月。他将这短短三十载的路走得很长很长。在他的脚下,无限延伸的是一程的山水、一路的伤痛、一生的不得志。

从"志欲吞鲸鲵"的青年壮志,到"醒也无聊,醉也无聊"的落拓抑郁;

从"戏将莲菂抛池里,种出花枝是并头"的卿卿我我,到"为伊判作梦中人,长向画图清夜唤真真"的柔肠寸断;

从"不信道,遂成知己"的深挚情谊,到"分明小像沉香缕,一片伤心欲画难"的无助离别。

纳兰将他的壮志难酬、爱恨离愁,全部用性灵的词作宣泄出来了。所以,后来梁启超评价说:"纳兰小词,直追后主。"

缘分，是男女爱情的开始。缘有多深，爱就有多深；缘有多长，情就有多长。在这个世界上，有一种心情叫依恋，有一种感觉叫爱恋。斟一杯红酒，为你而醉；扮一袭红妆，为你而美；燃一支红烛，为你流泪；走一路红尘，与你永相随。缘分，爱是缘，被爱是分；缘随天意，分却在人为。缘分是在转角后的再次遇见，是两个人的美丽邂逅；而牵手是前世的约定，是两个人的誓言。缘分，是前世临终时的感情延续，是此生轮回前不变的誓言，是彼此曾经许过的幸福约定，是再次轮回做人时还能在一起的美好梦想。

历代文学中，唐宋诗词是中华民族的文化精髓，名家众多。至于清代词人，闻名于世者，纳兰当为翘楚。其词风大有南唐后主李煜之遗风，具有极高的学术价值和艺术价值。纳兰自己也曾说："花间之词如古玉器，贵重而不适用；宋词适用而少贵重。李后主兼有其美，更饶烟水迷离之致。"

在中国古代词坛上，有一大批杰出的词人，如晏殊、李清照、辛弃疾、柳永、陆游、苏轼等等，其中纳兰与李煜应该占有重要的一席之地。

纳兰词不仅在艺术上多有创见，且完美融入了李煜词的神髓与气骨，故兼具"贵族气质""文人气质"与"哀婉气质"。

李煜的成就是旁人无法企及的。因为，他的词，是亡国之痛换来的词家绝响。他诚然是个治理国家的失败者，却是个驰骋词坛的成功者。千古以来的词家，唯有李煜是当之无愧、舍我其谁的"词中之帝"。

纳兰被清代人推崇为"李煜后身"，虽不乏溢美之意，然其小令的确颇得后主之神韵。其词品贵重大气，又和后主相通，这大抵是因为他们一为南唐君王、一为相国公子，都是身份贵重、心性不俗之人。"愁痕满地无人省，露湿琅玕影。闲阶小立倍荒凉，还剩旧时月色在潇湘。"

其实，爱能拯救灵魂，亦能摧残灵魂。世上情爱纷纷扰扰，缘起缘灭，聚散依依，牵肠挂肚，无论是平民还是圣人，都曾在心灵深处有过爱与恨、苦与乐、悲与喜。一个人，也只有经历过这些情感磨难，才能真正悟透爱之切、伤之深、思之真。

人生至此，夫复何言！纳兰，生时如此惊艳，死时却阴柔飘渺。在琴瑟声声的冥冥之中，纳兰转过身，悠然离去，只留下了一个拖了三百年的背影。梨花满地，零落成泥，葬的是纳兰自己；玉箫尘埃，粉衣香退，葬的是纳兰一生的情殇。时过境迁，纳兰筑起了多少风花雪月，任凭那三千弱水，用地老天荒换回了一生的执子之手。世人读不懂纳兰，是因为这份情平淡如水，是因为这份情纠结与矛盾，所以，世间凡心是无法看清的。纳兰词，仿佛是远方天国那璀璨的烟火，仿佛是华美的谱曲，即使倾我一生，也读不尽、叹不完。

其实,很多撕心裂肺的生离死别,很多肝肠寸断的烦忧痛苦,都是因为不懂得“珍惜”这两个字。明知生命的短暂、命运的无常而不去用心珍惜、用爱呵护,不去努力争取、真情付出,其结果一定是悲情丛生。

柏拉图曾说过:“若爱,请深爱;若弃,请彻底。不要暧昧,伤人伤己。”因为,真正的爱情并不一定是别人眼中的完美匹配,而是两个相爱之人彼此心灵的契合。

与仓央一样,纳兰也成了传奇。而传奇注定只有一个结果,那就是很少会圆满。

纳兰词的优美,来自于纳兰的万千心事,而这份心事一直纠结于眉、郁结于心、困结于血脉。纳兰词犹如从心脏中涌出,在血管中奔流的血液,终于找到了一个破口,突然喷涌而出。这是一种人性的解脱,这是一种灵魂的爆发,这是一种情感的倾泻。

作为词文艺术的奇才,作为一个有纯真性情和热烈情感的词人,在纳兰的内心深处,非常厌倦官场的庸俗和侍从的生活。所以,他一直无心功名利禄,无意升官晋爵,“身在高门广厦,常有山泽鱼鸟之思”。

纳兰其实就是一个普通人。他有普通人的情感,希望有自己想要的爱情,希望有真爱,有真情,有真意。“亦有同心人,闺中金兰契。书画掩文章,文章掩经济。得此良已足,风流渺谁继。”志同道合、相知相爱,这正是纳兰所向往的婚姻。他还特别艳羡才人夫妇偕隐而居的生活,“林下闺房世罕俦,偕隐足风流”。

爱，让人心醉，又让人心碎。爱，在的时候，什么都带来了；爱，不在的时候，什么都带走了。爱来了，就什么都有；爱走了，就什么都没有。所以说，爱，常常徘徊在十字路口，常常徘徊在坚持与放弃之间，常常徘徊在幸福与痛苦之间。“瘦骨不禁秋，总成愁”，纳兰已感觉自己枯瘦的身躯，再也不能经受这寒秋了，其三百年前茕茕孑立的姿态，让世人顿生哀怜。“衣上酒痕诗里字，点点行行，总是凄凉意。”纳兰词，篇篇含愁，卷卷生悲，倾其一生，写尽了情深与悲伤。一曲弦歌，弹到最后，终究是曲高和寡。而纳兰的寂寞和忧伤，终究无人能懂。

我始终相信，纳兰笔下的那一池荷，纳兰心中的那一场雨，一定能在溟濛之中感应他的笑，体验他的泪。

五月石榴红似火，六月荷花满池塘。

那年的五月三十日，爱妻亡故，纳兰在雨中哭泣，两行清泪，千缕愁丝。

这年的五月三十日，纳兰仙逝，世人在雨中回眸，一杯愁绪，几年离索。

此后，每年的五月三十日，记着纳兰，念着纳兰，梦醒了，荷花要开了，心却依然醉着。

世界上最痛苦的事情，不是从来没有得到过，而是得到了却又失去。“情在不能醒”，却不知用情太深反成伤、用情太痴反被困。纳兰十九岁那年，他孤寂伤感的心房里，住进了一位懂诗词、懂心思的卢氏。但三年后，卢氏只有二十岁，她与纳兰的那一场离殇，和罗密欧与朱丽叶的故事、梁山伯与祝英台的故事、陆游与唐婉的故事一样，悲惨地告诉世人，花期过后泪千行，散了吧，忘了吧，太多的无奈又何须感伤……

众人皆谓纳兰为至情至性之人，然而，他只能说是“至情”，却不能说是“至性”。纳兰历来是不愿去委屈别人，只得自己一个人含垢忍辱；历来是去玉成他人，只得伤了自己；历来没有自我和主张，只有附属和依附。所以说，纳兰有仓央的至情，却没有仓央的至性。

三十年的生命，从天上陨落了。纳兰，带着对词的无限眷恋，带着对挚爱的无限思念，带着对人世间说不清、道不明

“儿女心肠英雄泪”,“千里月,五更寒,此情持问欢”,“又是天涯芳草遍,年年汾水看归雁”,“青衫人老,一样伤心”。在纳兰怀恋亡妻的作品中,有着道不尽的相思,有着写不尽的别离。卢氏与纳兰之间,隔着的不只是千山万水,纵使纳兰“上穷碧落下黄泉”,伊人的身影终究无从寻觅,“两处茫茫皆不见”。真是茫茫碧落,天上人间情一诺;真是多情不是偏多别,别离只为多情设。文武双全的纳兰,却也是一个多愁善感之人。他词中的哀怨不仅“得益”于他仕途的不顺,更基于几段无奈的感情,因而在其词作中透露出的,是那无尽的苍凉与寂寞。

的无奈，一个人孤苦伶仃地走了。其实，这对用情太苦、用情痴迷的纳兰来说，正是一种解脱。天堂里，一定有温婉的卢氏，有挚爱的朋友，有缠绵的江北，有秀丽的江南。

纳兰，在那边，你一定不会孤单，你也可以写下天堂的词，随着雪花洒向大地、飘向人间。

扯一绢薄纱，买一路风尘，任那水阔山遥，定教情染三百年；觅一缕笛音，落一世浮华，许那一场轮回，人生若只如初见。

纳兰啊！历史把你轻描淡写，你却成为我心中最沉重的一份记忆、最浪漫的一段传说。

你清泪一把，抛却浮名，沉淀情感，只作倔强的沉默，却融进了万语千言、一往情深。

你深情刻骨，执着深爱，地老天荒，只是将辛苦凝成洒脱，便涣散了相思一场。

梨花落尽、月色西沉。从此，你的痴心下落不明；从此，那些远走的痴情，再无归期。

“谁念西风独自凉。”纳兰守着满川烟草，把阳春三月站成了黄叶萧萧，忘了遥望不见的距离，忘了挂在窗口的故事，忘了那场意外的回眸。“辛苦最怜天上月。”纳兰啊，你忘了转身，我忘了回头，从此，一生陌路。

世人不曾为你歌一阕，只是捧着你的词卷，念一夜、醉一宿、梦一回。因为，我们读不懂你的爱情，走不进你的梦。

山一程，水一程，纳兰的情把山山水水酸遍，连那黄泉路上，也插满了心酸的路标。昔日渌水今犹在，亭畔已非当年

“赵魏燕韩，历历堪回首”，“斜阳如弱水，只管向西流”。“燕子斜阳来又去”，“叶底歌莺梁上燕，一声声、伴人幽怨。相思了无益，悔当初相见。”纳兰，一片落红、一身孤独、一杯浊酒，万物皆成空，万事皆成过往。纳兰用近十年的孤单，近十年的清冷，告诉世人，男人，其实也可以坚贞，也可以深情，也能够专一。所以，我开始梦想，希望能穿越时空，去拜访一下这位奇男子。但时空的分离和阻隔，使我只能站在凡尘俗世之中，遥望那夜合树下的伤心人。至此，我只能恨自己晚生了三百年，不能得见这个深情的男子。纳兰的灵魂在天上，可是他的文字却浸润在人间，温暖着千万颗日渐冰冷的心。纳兰，一位不朽的词人，而这株词坛奇葩，将夺目千古、光耀万世。

人;昔日繁华如云烟,不见当年惆怅客。

如果有一场盛世的祭奠,我们一定会边行边吟。行走在寸寸柔肠中,吟唱那一阕渌水情殇,只为一个等待的约会,只为做你隔世的知音,只为在春风中盼你归来。

“一生一代一双人,相思相望不相亲。”世人眼里的纳兰,剑锋出鞘,武功盖世;俊秀明朗,玉树临风;睿智聪慧,出口成章;长吟短叹,字字牵肠。

纳兰,“不是人间富贵花,而是天上多情种”。他有英伟神武的身姿,有风流倜傥的面容,有显赫富贵的家世,有光华绽放的文笔,曾经使多少女子一见倾心。

从呱呱坠地的那一刻起,纳兰就注定是皇亲贵胄,这是命;但自由不能,爱情不得,可望而不可即,纳兰注定是落魄伤心人,这是运。

读纳兰词,常常被他细腻、真挚、缠绵的感情所感染、感动和震撼。因为,读纳兰词便是读其心,总令世人不忍一层层剥开纳兰久治不愈的痂,总令世人不忍一层层撕开纳兰刚刚愈合的伤。躁动不安的世人,应该在静谧中去痴望纳兰,去聆听纳兰的心事,去纠结纳兰的感伤。

如果有来世,我愿长伴你的左右,再没有藕风寒莲露冷,更没有红残绿瘦、独自泪零;如果有来世,我愿扮作你的书童,磨墨铺纸、掌灯奉笔,为的是可以聆听你那悠悠愁声和婉约之音。

纳兰犹如清晨时分的一滴露珠,穿越三百年的时空缓缓滴下,带着唐诗宋词的点点清愁,带着山山水水的清秀灵气,

纳兰词，痴得无端、痴得无边、痴得无理、痴得冰清玉洁；纳兰词，写真意、抒真情、摹真景、说真话。纳兰把自己细腻多情的风格导入了爱情，导入了对亡妻的款款深情，也导入了他的清词之中。家道中落、爱妻早逝、好友分散、行路艰难、疾病缠身，他一直沉溺于自己的愁绪之中，把点点泪水，凝固成一个个汉字，谱写成了一阕阕离歌。一曲离歌泪千行，妙笔难书一愁肠；红尘画卷画生死，千年诺言终成冢。康熙二十四年五月三十日，暗淡的日月，无光的星辰，竟成了纳兰最后的陪葬。“无奈朝来寒雨晚来风”，“自是人生长恨水长东”。“世事漫随流水，算来一梦浮生”，“世间行乐亦如此，古来万事东流水”。“碧野朱桥当日事，人不见，水空流”，“便作春江都是泪，流不尽，许多愁。”

带着古朴街巷的幽幽梨香,更带着梨花绽放的如梦似幻。

“料应情尽,还道有情无。”纳兰词中也有佛性,这一点与仓央一样。菩提非树、明镜非台,心碎的纳兰,一层层把内心剥开,一次次把伤口撕裂。此时,纳兰的心空了,伤也不痛了;此时,纳兰的魂丢了,口也难开了。

“一灯孤”“返生香”“妙莲花”,“何处着思量”;

“香台金经”“奉倩神伤”“一池萍水”,“唯愿结来生”。

纳兰“无限思量”的是“红妆”,是“杏花”,是“燕泥”。万般无奈之下,纳兰只得“凄清照鬓丝”,只得“临风泪数行”“断肠声里忆平生”。

纳兰容若,一个诗意名字的背后,其实是世间的一位惆怅客。纳兰,才华横溢犹如山间满月,身处繁华却又不贪恋富贵权势。其笔锋流转间,蕴藏着千般柔情、万般缠绵,余韵悠长、余音绕梁,令世人折服,亦令世人叹息。

纳兰一生为情所苦,为爱所累,为自己所困。他的词中,酝酿着无奈的凉薄和久远的沧桑。纳兰的落寞,纳兰的孤独,纳兰的痛苦,所有无法言说的心事,都被写进了他那欲说还休的词中,令人思绪百转千回、愁肠百结。

纳兰的一生凄美至极,美得让人痛心落泪滴血,美得令人扼腕捶胸顿足。因为,情感上的挫折,使纳兰心灰意冷而不再有爱。纳兰的词,直指人心,多愁温婉,惊艳绝世,柔情似水,字字珠玑,缠绵悱恻,倾倒了芸芸众生。

纳兰喜欢长河落日、大漠孤烟:

“雨打风吹都似此,将军一去谁怜。”

“成德”出自《易经》的“君子以成德为行，日可见之行也”，“容若”出自《荀子》的“君子宽而不僈，廉而不刿，辩而不争，察而不激，寡立而不胜，坚强而不暴，柔从而不流，恭敬谨慎而容”，都是形容君子的美德。名如其人，词如其人，纳兰这一生也的确担得起这“君子”二字。纳兰，在女真语中是“恋”的意思，有留恋依恋之意。容者，盛大之状；若者，香草之名。纳兰容若这个名字如水一样柔情万分，容情容意，若即若离，反复读来，竟咀嚼出一种说不出的凄婉悱恻和道不尽的惆怅伤怀。若没有遗憾，一生不必说“若”；而说再多的“若”，却无法不遗憾。读容若，感受君子之遗憾，需要配一丝情牵、二钱寂寞、三两孤独、四斤心伤、五钧忧郁的药方，并以六分微醉作药引子，在红尘中一口服下。

纳兰更喜欢烟雨婉约、小桥流水：

“江南好，城阙尚嵯峨。

故物陵前唯石马，遗踪陌上有铜驼。

玉树夜深歌。”

一尺华丽，三寸忧伤，纳兰拈一朵情花，呷一口词香，将心中的郁闷一吐而尽。纳兰那清澈的小令长调里，蕴含着最纯真的情。纳兰词中，每一句都动人心魄，每一首都感人肺腑，浸染着华贵的悲伤，抒写着优美的感伤。

我们常常告诫自己和他人，一生中，可以有过错，但不可以经常错过。

纳兰三十年无过错，完美如初，但他步步错过、时时错过、人人错过。其实，纳兰也知道自己步步错、时时错、人人错。他也抗争过命运，但纤弱的纳兰，最终也穿不过命运这张网。当今世人对纳兰有各种各样的评说，对其人生轨迹和命运路径，有认同的，也有异议的。真是纳兰心事几人知啊！

其实，命运是一条河，我们每个人都在河中。而生命是一条不系缆绳的小舟，谁知道下一刻会向哪个方向漂流呢？

所以说，生命是一场漂泊的漫旅，遇见了谁都是一个美丽的意外。

冬天的夜，很长，可总是会醒的。纳兰的梦终于醒了、泪终于干了，天也终于亮了。

时间的沙漏沉淀着无法逃离的过往，曾经的诺言也已经变成了过往。纳兰只求在生生死死的轮回中有自己的爱人，只求在真真实实的生命中有自己的人生。

无物不关情，多情必多苦。帘卷西风，纳兰把最苦的相思诉入风中，写上眉梢，用那颗最炙热敏感的心，燃起最澎湃激荡的情。当梦中的身影已飘然远去，纳兰心中久久不散的，还有那一道流转的眼波，和那淡淡的眉弯。君本天上多情种，生性重情一情痴，不是人间富贵花，错落红尘惹相思，“予生未三十，忧愁居其半”，纳兰的多情性格注定了他一世的孤独、一世的情殇。他舍得下荣华富贵，却抛不开纠缠错结的万千情丝。“自伤多情”的这一方闲章，道尽了他一生的情殇。在他看来，就连天上的那一轮明月，也在嘲笑他的多情，嘲笑他在如此美好的春光里，却暗自苦恼，不解风情。亡妻的一缕香魂，沈宛的一颦一笑，都让他柔肠寸断，落泪如雨，魂梦相依。相隔三百年，远望纳兰，就像在看一个童话故事。童话的结尾都很美好，所以，我宁愿相信，他的英年早逝就是一个华美的谢幕。

一个人会落泪,是因为痛;一个人之所以会痛,是因为在乎;一个人之所以会在乎,是因为有感觉;一个人之所以有感觉,仅因为你是三百年才能一遇的纳兰。

人生有三大悲哀:一个是得不到想要的东西,一个是得到了不想要的东西,一个是失去了已经得到的东西。这三大悲哀,纳兰都遇上了。这是多么的悲剧啊!

纳兰,一生贵胄,一世伤心;一生富贵,一世贫穷。

爱情不是没来,不是不美好,而是在马不停蹄中错过,引来了纳兰那绵绵不绝的伤心和永不停息的思念。

纳兰,本是情种,一路相误,一路错!错!错!纳兰堕入凡尘三十年,来来去去都是佳人面,但他的眼光总是在红玫瑰与白玫瑰中游离,既错过了红的热烈,又错过了白的纯洁。

"人生若只如初见","当时只道是寻常","而今猜到当时错"。有些命运,一开始就注定会错过。可是,有些错过,一开始就注定是美好的。

"唱罢秋坟愁未歇,春丛认取双栖蝶",凉意袭人,独自冷落,纳兰内心对爱妻的悲悼之情,尽情表露。他的悼亡词不做作、不雕饰,缠绵凄切,既清且冷,既孤且单,感人至深。

"不语垂鞭,踏遍清秋路","只恨西风,吹梦成今古"。天之悠悠、地之茫茫,风絮飘残、冷雨打萍,纳兰无时不怀想,无处不相思。纳兰认定卢氏这个人,做什么都对了,做什么都愿意。纳兰这份对亡妻极致的思念,穿越时空,直至天荒地老。

"年年陌上生秋草,日日楼中到夕阳"。沈宛远走江南

卢氏，出身名门，自小受“传唯礼义”“训有诗书”的文化熏陶，加上满汉文化的交融浸淫，使得卢氏“贞气天情，恭容礼典”，自有一派大家闺秀的风范。十七岁那年，这位“生而婉娈，性本端庄”的美佳人，嫁到了明珠府，做了同样“貌姣好”的纳兰之妻。“金风玉露一相逢，便胜却人间无数”。无论是门第、教养，还是年龄、相貌，两人喜结连理，都可谓是天造地设、珠联璧合。纳兰平日写的一些词，都随手一放，这些词中有的与他的初恋有关，卢氏都会小心翼翼地帮他收集起来。纳兰常常做学问到深夜，没有时间陪卢氏，而卢氏就默默地给他泡一杯热腾腾的茶，劝他早点休息。卢氏自己或刺绣或看书，安静地坐在纳兰身边。卢氏，这个温柔体贴和善解人意的女子，成了纳兰精神和生活上的好伴侣。

后,“终日望君君不至,举头闻鹊喜”,“风吹雨过百花残,香闺春梦寒”。

沈宛,“依旧,依旧,人与绿杨俱瘦”;

沈宛,“消瘦,消瘦,还是褪花时候”;

沈宛,“无味,无味,牵惹愁肠如许!”

悼亡词始于宋,堪称上乘佳作的首推苏轼的《江城子·记梦》,“十年生死两茫茫,不思量,自难忘”。

纳兰写悼亡词最多,在《饮水集》中,词题标明“悼亡”的有七阕,加上虽未标“悼亡”而词情实为追忆亡妻、纪念旧情的,有四十余首。

悼亡词,一向是纳兰词的最强音。失去爱妻后的持续悲恸,宛如一把利剑逼出了纳兰的全部心血,掏空了纳兰的所有感情。天上人间,生死相隔,但尘缘并不会就此割断,“便人间天上,尘缘未断”。只是,春花秋月成了纳兰余生触动感伤的琴弦,在他的手指舞动间,奏出了一曲曲令人肠断的伤心词。

“开向春残不恨迟,绿杨窣地最相宜。”

纳兰与卢氏,是夫妻,更是知己;是爱人,更是情人。一个“懂”字,使得这对“玉清”“飞琼”,在“寻常风月”中,“等闲谈笑”,只因为“情知”,只因为“称意”,只因为“相宜”。

“人去后,吹箫声断,倚楼人独。”卢氏走后,纳兰“而今才道当时错,心绪凄迷”,“红泪偷垂”,“铅泪难消”,“朝泪如潮”,“又将丝泪湿斜阳”;卢氏走后,纳兰“肠断天涯”,“漂泊天涯”,“多愁多病心情恶”,“离魂入夜”,“独自闲行独自吟”。

纳兰最大的心愿就是，有爱妻朝夕相处，有朋友经常往来，坐看花开花落，闲观云卷云舒。这种超然物外、宁静致远、淡泊明志的生活，是纳兰一生的向往。他只在人间驻留了三十年，便匆匆离去，似一颗划破夜空的耀眼流星。三百年后的今天，总是仿佛感觉到，纳兰站立在冷月之下，冷冰冰地和世人保持着距离。其实，这并不是因为纳兰很冷漠，而是因为他十分恐惧。在酿就了感情之后，再被命运硬生生地分离，这样的痛是如此难以承受。在纳兰的一生中，承诺如浮云飘散，只剩下了思绪如水，被风吹皱，化作一池涟漪，又消失在水的静默里。“人生若只如初见”，他害怕回忆，害怕杨柳堆烟，也害怕盛世繁华。他与卢氏曾经的一幕幕，如背影般渐行渐远，就像远行的燕子飞回那熟悉的屋梁，可屋宇的主人早已远去，无奈地盘旋之后，燕子又只得飞向山高水长。

“胭脂泪，留人醉，几时重，自是人生长恨水长东。”

这是多么的令人心碎啊！

纳兰词凄婉哀感的风格，在他的悼亡词中表现得尤为突出。卢氏离世后，纳兰摧肝裂胆，其悲愁之情、思念之怀，统统无以自遣，只能全部倾泻于他的词中，“悼亡之吟不少，知己之恨尤多”。

“小胆怯空房”，“独伴梨花影”，

“料得重圆密誓，难禁寸裂柔肠。”

字字含悲，句句泣血，首首流泪，柔肠寸断，身心俱溃，天地动容。

“怕幽泉，还为我神伤。道书生薄命宜将息。”

夫妻恩爱，情深似海，潸然泪下，柔肠百转，凄婉悱恻，夺人心魄，千古名句。

“此恨何时已？”纳兰既恨苍天不公，竟使有情人不能长相厮守，又恨自己无能，竟使爱妻长守空房、日夜盼君归，竟使爱妻只得独自去寻找“一片埋愁地”。

当纳兰看到亡妻的遗像时，睹物伤怀，无限凄楚，“泪咽却无声，只向从前悔薄情”，“一片伤心画不成”。纳兰幽怨一生、痴情一片，如泣如诉，哀思欲绝。

“曾经沧海难为水，除却巫山不是云。”纳兰对亡妻一往情深，以他满腔的清泪、刻骨的疚心、永久的悲哀、无尽的思念来遣句填词，来纪念这位生死之恋，痴极恸极，至情至性。

“若似月轮终皎洁，不辞冰雪为卿热。”“瞬息浮生，薄命如斯，低徊怎忘？”“赢得更深哭一场。”缠绵情深的纳兰，其情

纳兰自由的性灵就像一片饱满的绿叶，却不得不面对冬季里那满眼的苍凉。纳兰走的时候，正是繁花似锦的夏天。那一年的夏天，注定是一个伤感的季节，离别成了它的主旋律。他孤寂的目光，透过窗棂伸向遥远的天空，而天空下就是他可望而不可即的平实生活。他疲惫的心，在这个季节终于可以憩栖下来了，他最终把自己还给了自己。他看见了先他而去的妻子正在向他招手，他终于可以丢下早已厌倦的官场生活，可以脱离虚情假意的上层社会，像一只脱蛹而出的蝶，飞出了壁垒森严的宫殿。一阕阕挚情哀婉的词，像寒风中凝成的泪，让我隔了三百年的风尘再去凝望，依然为之伤，为之泣，为之销魂，为之叹息，为之跌入时光的洪荒里。此时，心渐渐平静如水，悲哀却由心底而生。最终，纳兰和仓央一样，遗忘了爱，丢失了心，找不到家的方向。

真意切，感人肺腑，堪称千古绝唱。

“时间删除了一个显赫王朝，却保留了一位贵胄子弟。”翩翩的纳兰公子，人间的一脉独香；千古的伤心佳人，一卷的哀婉凄凉。那些蜿蜒如山麓、透明如蝉翼的清词，是血色的利剑，刺伤了纳兰，也刺伤了无数世人寂寞的心。

空阶荒凉，心字成灰。纳兰和仓央一样，为了挚爱飞蛾扑火，为了温情地狱涅槃。“莫道不凄凉，早近持觞。暗思何事断人肠。曾是向他春梦里，瞥遇回廊。”

纳兰伤的，是爱情的美好但又短暂；

纳兰悲的，是情爱的璀璨但又凄凉。

“红笺向壁字模糊，忆共灯前呵手为伊书。”当年，纳兰和他心爱的人一起在灯下写字，温情往事历历在目。纳兰的好词，仿佛就藏在小事里，淡淡的一句清言，两人的深情呼之欲出。因为纳兰明白，爱情里的那些小事，想起来都有深情，都有深意，更有温度。

提及长相思，自李太白一曲绝唱之后，前无古人，后无来者。只是，我更爱纳兰这首“山一程，水一程”“风一更，雪一更”的《长相思》。

残雪冷，花屏冷；月光冷，心更冷。

烟雨寒，薄衫寒；日光寒，情更寒。

纳兰，一位既多情、深情，又敏感、多愁的男子，他的满腔愁苦、肠断心碎，让世人情不自禁、潸然泪下。

纳兰的《饮水集》，写满了相思，终于断裂成了永恒。这“横笛落梅”的绝唱，留在了天涯的那一边，留在了戏剧的最

纳兰，惊才绝艳的词人，软弱无奈的侍卫，似梦非梦的人生，悲欣交集的命运。他的一生，正如李煜所言："无奈夜长人不寐，数声和月到帘栊"，"江南江北旧人家，三十年来梦一场"。纳兰只想与卢氏，携一壶美酒，奏一曲清幽，一生，两人，三餐，四季。所以，纳兰，择一人深爱，等一人终老；痴一人情深，留一世繁华。但最后只落得这样一个结果：一根琴弦崩断，一曲离别低吟。纳兰至死依然认为，爱是衣带渐宽终不悔的执着，是为伊消得人憔悴的不悔，是微笑向晚、携手共阑珊的相守。走进了人生，便是走进了思念，而思念是美丽的，也是痛苦的。对于纳兰来说，离别的距离越远，思念的分量则越重。思念的刻骨，是一阵子；相思的铭心，是一辈子。而那一段情深和一阵离别，始终藏在纳兰脑海的最深处。

深处,也留在了沧海的尽头。

纳兰不是一粒沙,所以注定不能行走在撒哈拉沙漠;

纳兰不是一片雪,所以注定不能融化在喜马拉雅山。

纳兰不是一声轻叹,所以注定要牵绊在尘世间;

纳兰不是一个仙子,所以注定要定格在五月天。

五月的最后一天,这是纳兰的忌日。这一天,有清香的茉莉花作伴,有浓郁的栀子花相陪,还有紫薇和石榴的色彩渲染,世人试图用一切热情的华艳,来渲染这一片华丽的忧伤。

有些事,只是一个转折,却已是海角;

有些爱,只是一个牵绊,却已是天涯。

纳兰的美,艳丽之极,凄凉之极,无与伦比,无可比拟。

起初,史上有多少痴男怨女惊叹于他的才情,折煞在“萧萧几叶风兼雨,离人偏识长更苦”之中。

随后,世人又醉倒在他的故事里:与初恋的时空相思,与卢氏的举案齐眉,与沈宛的生死相随,与红颜的缠绵悱恻,与朋友的对酒当歌……

最后,世人扼腕怜惜于他的生世和归宿,意气风发,而立之年,却在一曲愁词中溘然长逝。

纳兰纵有惊世才能、如花美眷、良朋益友,亦难阻其整日郁郁寡欢、长吁短叹。或许,纳兰本不属于这个世界,只是上天犯了一个错,将他派到这个世界上短暂走了一遭。然而,上天却又错上加错,过早地将他收回。

纳兰,一颗璀璨的晨星消失在了三百年前的茫茫苍穹之中,留下的只是今人无尽的怀思,无边的期盼……还有那浓

林徽因说，一程山水，一个路人，一段故事，离去之时，谁也不必给谁交代。既是注定要分开，那么天涯的你我，各自安好，是否晴天，已不重要。纳兰终于明白，有些路，只能一个人走；有些事，只能一个人做；有些关，只能一个人闯。那些邀约同行的人，可以一起相伴雨季，走过几轮年华，但有一天终究会在某个渡口离散。从此，红尘陌上，只能一个人独自行走，因为，山和水可以两两相忘，日与月也可以毫无瓜葛。那时候，在这个世界上，只有一个人的浮世清欢，只有一个人的细水长流。“旋开旋落旋成空，白发多情人更惜”，“繁华事散逐香尘，流水无情草自春”，“人生自是有情痴，此恨不关风与月”。

浓的伤感。

纳兰,用自己的心泪,谱写了一曲又一曲的绝唱,而这一曲曲的绝唱,一直回荡在这三百年的时空之中。

君生我未生,我生君已走;君恨我生迟,我恨君生早;

我离君天涯,君隔我海角;化蝶去寻花,夜夜栖芳草。

其实,我也错过了。

因为三百年后的今天,不会再有独念西风凉、沉思往事残阳中的纳兰;

因为三百年后的今天,不会再有“半世浮萍随逝水,一宵冷雨葬名花”的纳兰。

纳兰,我想对你说:错过你,我一百年都遗憾;错过你,我一百年都感慨!

一生最爱纳兰词,一世最爱仓央诗。

仓央啊,茫茫红尘一直想念你;纳兰啊,凡尘俗流一直记念你。

最后,我只想通过那条三百年前的时空隧道,轻轻地对仓央和纳兰说,无论如何,我爱你们,仅此而已。

不负如来不负卿
一生一代一双人

图书在版编目（CIP）数据

至性仓央·至情纳兰／郭航远著．—杭州：浙江大学出版社，2018.1

ISBN 978-7-308-17677-4

Ⅰ．①至… Ⅱ．①郭… Ⅲ．①达赖六世（1683－1706）－生平事迹②达赖六世（1683－1706）—诗歌欣赏③纳兰性德（1654－1685）—生平事迹④纳兰性德（1654－1685）—词（文学）—诗歌欣赏 Ⅳ．①B949.92②K825.6③I207.2

中国版本图书馆 CIP 数据核字（2017）第 301818 号

至性仓央·至情纳兰

郭航远　著

责任编辑　余健波
责任校对　陈　翩
封面设计　周　灵
出版发行　浙江大学出版社
（杭州市天目山路 148 号　邮政编码 310007）
（网址：http://www.zjupress.com）
排　　版　杭州好友排版工作室
印　　刷　绍兴市越生彩印有限公司
开　　本　880mm×1230mm　1/32
印　　张　16.5
字　　数　329 千
版 印 次　2018 年 1 月第 1 版　2018 年 1 月第 1 次印刷
书　　号　ISBN 978-7-308-17677-4
定　　价　50.00 元
